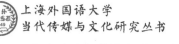

上海外国语大学
当代传媒与文化研究丛书

· 上海外国语大学重大科研项目"中国人文社会科学成果国际传
· 上海市卓越新闻传播学（国际型）人才培养基地项目
· 上海市研究生教育创新计划上海外国语大学新闻传播学学位点引导布局与建设培育项目
· 教育部"十二五"国家级媒体融合实验教学中心项目

International Communication of China's Philosophy and
Social Sciences Achievements: Status Quo and Development

中国哲学社会科学成果对外传播：现状与发展

邓惟佳　著

中国出版集团
世界图书出版公司
广州 · 上海 · 西安 · 北京

图书在版编目（CIP）数据

中国哲学社会科学成果对外传播：现状与发展 / 邓惟佳
著 . —广州：世界图书出版广东有限公司，2025.1重印
　　ISBN 978-7-5100-9922-9

　　Ⅰ．①中…　Ⅱ．①邓…　Ⅲ．①哲学社会科学—研究
成果—文化传播—研究—中国　Ⅳ．① C12

中国版本图书馆 CIP 数据核字（2015）第 162714 号

中国哲学社会科学成果对外传播：现状与发展

策划编辑　　孔令钢
责任编辑　　钟加萍
出版发行　　世界图书出版广东有限公司
地　　址　　广州市新港西路大江冲 25 号
http:// www.gdst.com.cn
印　　刷　　悦读天下（山东）印务有限公司
规　　格　　710mm×1000mm　1/16
印　　张　　14.5
字　　数　　251 千
版　　次　　2015 年 7 月第 1 版　2025 年 1 月第 2 次印刷
ISBN　978-7-5100-9922-9/G·1894
定　　价　　78.00 元

目　录

CONTENTS

第一章 导 论

第一节 问题缘起、现实背景和价值意义

有着五千年文明历史和灿烂文化的中国正处于各领域蓬勃发展的重要历史时期，进入 21 世纪以来，中华人民共和国在全球经济、政治、军事及科技等方面实力增长迅猛。中国大陆改革开放后 GDP 指数 30 年来以年均 9% 以上的速度高速增长，是历史上增长速度最快的经济实体。2010 年中国 GDP 总量超越日本，位居世界第二（居美国之后），有学者[1]认为，2020 年到 2030 年间中国 GDP 将超过美国。然而，一个国家的综合实力不能仅仅依靠经济、军事和科技等方面的"硬实力"体现，"软实力"作为国家实力的重要组成部分同样具有建构国家形象和提升国家国际影响力的积极作用。

"软实力"是 20 世纪末由约瑟夫·奈在其著作《注定领导世界：美国权力性质的变迁》中最先提出的。根据奈的定义，"软实力"是一种可使一国不依靠强迫和惩罚便获得其所需的能力。[2]"软实力"正式为中国官方话语所接受是在 2006 年，时任中共中央总书记胡锦涛在中共十七大报告中提出："当今时代，文化越来越成为民族凝聚力和创造力的重要源泉，越来越成为综合国力竞争的重要因素"，"要坚持社会主义先进文化前进方向，兴起社会主义文化建设新高潮，激发全民族文化创造活力，提高国家文化软实力"。有学者认为，"'文化软实力'概念的提出，以提高国家文化软实力为核心语汇，对社会主义文化的大繁荣大发展做出了新的战略部署"[3]。仔细解读官方话语，"软实力"这一概念从西方引入后特指"文化软实力"，

---

[1]　邹至庄．2020 年中国 GDP 超美国：预测的重估，http://www.p5w.net/news/gncj/200812/t2067476.htm，2014-12-6.

[2]　赵月枝．国家形象塑造与中国的软实力追求 [J]．文化纵横，2014（4）.

[3]　张毓强．中国国家软实力：路径现实及其问题性 [J]．山西大学学报（哲学社会科学版），2014（5）.

已将奈阐释的"软实力"另外两个来源"政治制度"和"外交政策"规避了。因此，孙英春教授认为：中国学者对软实力"最重要的理论发展是形成了'文化软实力'的概念，主张把文化作为整个软实力体系的源流和根基"。[1]

"文化"一词在西方古代的思想典籍中源于拉丁文的"cultura"，指的是对土地的耕种和培育，英国的特瑞·伊格尔顿[2]在《文化的观念》中也写到："'Coulter'与'culture'是同源词，意为犁锋"，因此西方"文化"概念的原始含义是指土地的开垦、耕作和拜神等活动。1871年，英国人类学家爱德华·泰勒[3]在著名的《原始文化》一书中将文化作为中心概念，更进一步进行了系统阐释，并对"文化"进行了重新定义："文化或文明，就其广泛的民族学意义来说，乃是包括全部的知识、信仰、艺术、道德、法律、风俗以及人作为一名社会成员而获得的任何能力和习惯在内的复杂整体。"从这个定义来看，泰勒将文化解释为人类社会发展进程中创造物的总称，包括物质技术、社会规范、行为习惯和观念精神，泰勒的这个文化定义经典流传，在中西学术界一直有非常广泛的影响。然而，学术研究是不会止步不前的，随着各个领域的学术发展，人们开始从各种不同的角度对文化重新进行定义。美国文化学创始人克罗伯和克拉克洪收集了从1871年到1951年西方学术界各个学科中有关"文化"的160多个定义，并且对它们进行了系统梳理、整合和分类，在1952年完成了一部题为《文化：概念和定义的批判性回顾》的著作。在整体研究了之前所有定义的基础上，他们给文化下了一个定义："文化是由各种外显和内隐的行为模式构成的，这些行为模式是通过符号习得和传播的，它们构成了人类群体的独特成就，其中包括体现在人工制品方面的成就。文化的本质内核是由传统的（即历史衍生的和选择的）观点，尤其是其所附带的价值观构成的。文化体系从一方面来讲，可被视为进一步行动的制约因素。"[4]正是在一代又一代学者的不懈努力下，"文化"这一概念从内涵到外延不断被人们从各个角度或维度阐释着，无论是西方还是东方，尽管学者们对文化概念诠释的切入角度有所不同，但根据范围大致可以把文化分为三个层面：第一个层面是文化包含着人类精神物质和精神财富的总和，一切包含人类精神的物质、规范和精神都属于文化范畴；第二个层面是文化包含人的

[1] 孙英春，王祎．软实力理论反思与中国的"文化安全观"[J]．国际安全研究，2014（2）：101-116．

[2] 特瑞·伊格尔顿．文化的观念[M]．方杰译．南京：南京大学出版社，2003：1．

[3] 爱德华·泰勒．原始文化[M]．连树声译．上海：上海文艺出版社，1992：1．

[4] 喻云涛．文化、民族文化概念解析[J]．学术探索，2001（2）：87-89．

知识、艺术、宗教、制度、观念、风俗习惯、道德以及思维模式和行为方式等人类精神层面的成果；第三个层面的文化特指体现一定阶级的阶级利益和阶级意识的意识形态。[1]

　　基于以上"文化"概念的内涵和外延，将文化作为整个中国国家软实力体系的源流和根基，提高其国际影响力的重要途径正是近年来国家积极提倡和推进的"中国文化走出去"战略实施的重要内容，汉语对外传播、广播影视全球传播、文化艺术国际传播和中国学术对外传播等都是此软实力战略实施的重要渠道，也是构建良好中国国家形象的有效手段和坚实保障。目前，汉语、广播影视和文化艺术等领域的全球传播已经在孔子学院、中国电影、电视剧海外推广以及很多形式多样的文化艺术国际交流活动的推动下取得了良好成效，而中国学术的国际影响力仍是亟待提高的重要阵地。从上述文化概念的第二个层面来看，思想和学术是文化成果的最高形态，它的传播和被接受程度直接影响到"中国文化走出去"战略的实际效果，而承载着中国文化集大成思想和学术成果的正是中国哲学社会科学学科。

　　如果说语言传播是基础，文化艺术交流是桥梁，大众传媒是手段的话，那么哲学社会科学的国际传播就是"中国文化走出去"战略的核心内容，也是体现国家软实力的重要指标，是世界主要国家向外部传播自己文化和思想的基本经验。任何一个国家只有语言、文化、传媒和价值理念得到全球化的高效传播，才能在世界舞台上获得全球的话语支配权。因此，中国哲学社会科学在提升国家软实力国际影响力的进程中应当承担起重要使命：向世界展示中国的发展与辉煌成就，增强中国学术在国际学术领域的话语权，扩大中国文化的国际影响力，从而提升中国国家软实力。为此，推动中国哲学社会科学优秀成果走向世界，实施哲学社会科学"走出去"战略，已经成为整个国家文化软实力战略设计和布局中的重要组成部分，成为了进一步发展和繁荣中国哲学社会科学的必经之路，也是进一步做好中国文化"走出去"的关键所在。[2]

　　2011年11月，中共中央办公厅、国务院办公厅转发《教育部关于深入推进高等学校哲学社会科学繁荣发展的意见》[3]，明确提出了实施哲学社会科学"走出去"战

[1]　钟星星.现代文化认同问题研究[D].中共中央党校，2014（4）.
[2]　张西平.中国文化走出去年度研究报告（2012卷）[R]，2012（9）：23.
[3]　陈平.高校哲学社会科学研究"走出去"问题与对策——对高校科学研究优秀成果奖的数据分析[J].重庆大学学报（社会科学版），2014（4）：107-113.

略。根据两办意见精神，教育部和财政部出台了《高等学校哲学社会科学繁荣计划（2011—2020年）》，其中明确指出："坚持'走出去'与'请进来'相结合，加强统筹规划，创新思路办法，拓宽交流途径，健全合作机制，有选择、有步骤、有层次地推进高等学校哲学社会科学走向世界，推动中华文化'走出去'，增强我国国际话语权。"由此可见，"繁荣计划"把推动中华文化"走出去"和促进哲学社会科学对外传播作为增强中国国际话语权和提升中国国家软实力的主要任务，为此教育部又出台了《高等学校哲学社会科学"走出去"计划》，全面推动高校哲学社会科学"走出去"工作。这些正是研究中国哲学社会科学成果对外传播现状和发展策略的问题缘起、现实背景和价值及意义所在。

第二节　核心概念阐释

要研究中国哲学社会科学"走出去"，首先必须诠释"哲学社会科学"这一核心概念，理清其内涵和由来。

一、哲学社会科学

（一）与"人文社会科学"之辨析

一直以来，关于本研究对象学界都有"人文社会科学"和"哲学社会科学"两种称谓。两者之间究竟是什么关系？在内涵和外延上有什么区别？本研究采用"哲学社会科学"概念的原因是什么？等等，这几个问题应该首先被厘清。

"人文社会科学"是"人文科学"与"社会科学"的总称，《辞海》[1]把"社会科学"一词界定为："以社会现象为研究对象的科学。如政治学、经济学、军事学、法学、教育学、文艺学、史学、语言学、民族学、宗教学、社会学等。"《中国大百科全书》[2]则提出了"广义社会科学"的概念，倾向于把人文科学各学科并入通常意义上的社会科学之中。而"人文科学"产生于欧洲15—16世纪，特指同人类利益直接相关的学科。随着时代的发展，人文科学又发展为泛指社会现象和文学艺术的研究科学，

---

[1]　辞海编辑委员会编.辞海1979年版（缩印本）（Ⅱ）[M].上海：上海辞书出版社，1989：1578.

[2]　中国大百科全书出版社编辑部.中国大百科全书（简明版）[M].北京：中国大百科全书出版社，1996：4028.

它研究以文化传统为负载的意义世界和价值世界。联合国教科文组织 1977 年制订的《教育分类国际标准》[1] 将史学、文学和哲学划入"人文科学"，对此，世界各国基本上都参照这个国际标准界定人文科学的分类，我国也不例外。因此，很多学者认为，以人类的经济活动、政治活动和精神文化活动等社会现象为研究对象，旨在揭示人类社会及人的精神、文化艺术世界等人类社会发展规律的科学就是人文社会科学。这一定义指明了人文社会科学研究的对象是社会和人的精神。其中，人文科学旨在涵养人的精神、提高人的素质、继承和弘扬优秀文化传统；而社会科学则重在认识社会发展规律、解决社会问题、促进社会发展。[2]

与自然科学相比，人文社会科学主要发挥着认识世界、传承文明、创新理论、咨政育人和服务社会的重要作用，承担着思想文化功能、政治功能、社会管理功能以及决策咨询等社会功能。而"哲学社会科学"是在人文社会学科强调意识形态属性的基础上生发出来的，更具明确指向性的概念。"哲学社会科学"称谓基于哲学的抽象性、统摄性和基础地位，把哲学从两类科学认识即自然科学和社会科学中抽取出来。其实，无论是西方还是东方，任何国家的人文社会科学都具有强烈的为本国统治阶级服务的政治倾向性，从而也就成了深深地打上了意识形态烙印的"哲学社会科学"。中国作为无产阶级政党执政的社会主义国家，必须始终坚持马克思主义的指导地位，正是基于这一认识，党和国家提出必须繁荣和发展哲学社会科学，并且始终强调要用马克思主义统领哲学社会科学工作，要善于把马克思主义的基本原理同中国具体实际相结合，把马克思主义的立场、观点和方法贯穿到哲学社会科学工作中，用发展着的马克思主义指导哲学社会科学。[3]

（二）哲学社会科学的内涵和价值

"哲学社会科学"是研究客观世界特别是人类社会发展的重要科学，立足社会实践，分析社会生活的本质，揭示社会发展的规律，把握社会发展的趋势，形成反映社会生活本质、社会发展规律和社会发展趋势的学术话语。开阔人们的视野，活跃人们的思想，启迪人们的智慧，指导和推动人们的社会实践活动，促进

---

[1]　杨云香. 社会科学研究管理导论 [M]. 郑州：河南人民出版社，2009：3.

[2]　余应鸿. 高校人文社会科学研究人文管理范式研究 [D]. 重庆：西南大学，2014.

[3]　郑文涛. 人文社会科学若干概念辨析 [J]. 首都师范大学学报（社会科学版），2008（3）：141–148.

社会的发展和进步，是哲学社会科学的本质功能和社会责任，也是哲学社会科学特有的社会价值。[1]

历史和实践反复证明了哲学社会科学对社会发展具有不可替代的作用[2]，毛泽东曾反复强调学习研究哲学社会科学对革命和建设事业的极端重要性；邓小平在改革开放之初就提出要大力发展哲学社会科学；江泽民在十五大报告上再次确认哲学社会科学的特殊地位。直到今天，哲学社会科学依然是国家文化建设和提升的重中之重，它体现着国家和民族的思维能力、理论素养、精神状况和文明素质，因此，其国际影响力对提升我国国家软实力至关重要。根据全国哲学社会科学规划办公室提供的权威定义，"哲学社会科学"下属分学科共26个，分别是：马列·科社、党史·党建、哲学、理论经济、应用经济、统计学、政治学、法学、社会学、人口学、民族问题研究、国际问题研究、中国历史、世界历史、考古学、宗教学、中国文学、外国文学、语言学、新闻与传播学、图书馆·情报与文献学、体育学、管理学、教育学、艺术学、军事学。[3]

二、学术传播

中国哲学社会科学成果对外传播属于学术传播研究范畴，因此"学术传播"这一核心概念也必须被界定，世界范围内对学术传播的定义很多，但内涵和核心内容大同小异。

有学者[4]认为，学术传播经常被认为主要用来指称被同行审阅的研究成果出版的过程，而从更为宽泛的角度来看，学术传播构成了研究者每天的活动。基于这样的视角，有关学术传播可以从以下五个方面来定义：①研究、发展学术思想和理念以及非正式传播；②准备、建构和传播正式的研究成果；③散播正式的学术作品；④管理个人的学术事业、研究团队和研究项目；⑤向更为广阔的学术社团传播学术思想。其中每个方面都促成学术传播具备完整一套组织和文化的实践以及历史，并

[1] 骆郁廷.论哲学社会科学的学术话语创新[J].江汉论坛，2014（8）：5-11.

[2] 张西平.中国文化走出去年度研究报告（2012卷）[R]，2012（9）：54.

[3] 张西平.中国文化走出去年度研究报告（2012卷）[R]，2012（9）：67.

[4] Rob Procter, Robin Williams, James Stewart, Meik Poschen, Helene Snee, Alex Voss, Marzieh Asgari-Targhi.Adoption and use of Web 2.0 in scholarly communications[J].Philosophical Transactions of the Royal Society, A (2010) 368: 4039-4056.

且拥有一套不断优化的获取信息资源的方法和传播技术。也有学者[1]定义学术传播是创造新的知识，通过同行审阅渗透优秀成果，并且把这些知识和成果散播给特定受众。还有学者[2]认为学术传播是所有学科领域的学者透过正式与非正式渠道使用与传播信息的过程，学术传播是一个概括性的词汇，用以表示教授、学者与研究人员分享及出版其研究发现，以提供更广大学术社群使用的过程，亦即包括与教学、研究、学术相关之知识创造、转换、传播与保存。

目前被广为接受的学术传播定义是美国南加州大学博格曼（Borgman）教授[3]所界定的：任何领域的研究者如何通过正式和非正式管道使用和散布信息。有研究者[4]认为，一般正式传播是指公开发表的文献，其种类可分为一次资料、二次资料及三次资料。非正式传播乃学术研究者个人之间非制度化、无结构的直接沟通和互相交流，其中的成员通常拥有共同研究兴趣，分属各自组织。根据维基百科的概念阐释，学术传播功能分为四类：①揭示功能，为了学术社群的利益发表研究的新发现；②刺激功能，由构想之交换激发思想；③回馈功能，学术著作被接受或被批评；④酬报功能，得到酬报的基本方式是出版，而出版首要功能是得到同行的认同及评审，其次为通知他人研究的成果。

第三节 相关研究文献综述

中国哲学社会科学成果的对外传播属于"学术传播"这一研究范畴，因此把握国内外学术传播研究现状和进行全面的文献综述是至关重要的；其次，中国哲学社会科学成果对外传播的现状在某种程度上跟我国对它的专题研究关系甚密，由此进行文献研究也必不可少。

---

[1] Frankwell W. Dulle.Acceptance and Usage of Open Access Scholarly Communication by Postgraduate Students at the Sokoine University of Agriculture and the University of Dar es Salaam, Tanzania[J].Afr.J.Lib, Arch.&Inf.Sc.2011,21(1): 17-27.

[2] 刘翠青.应对学术传播体系：美国大学图书馆新近行动分析[J].新世纪图书馆，2013（5）：55-57.

[3] C.L.Borgman.Scholarly, Communication and Bibliometrics[M].Sage Publications, Newbury, CA, 1990.

[4] 李碧凤.网际网络资源对学术传播影响之探讨[J].书苑季刊，1999（39）：65-76.

一、学术传播的相关文献研究

（一）国外文献研究综述

本研究利用 Web of Science 引文索引数据库在社会科学索引（SSCI）和艺术人文引文索引（A&HCI）两大索引中查询过去 10 年（2005—2014）篇名含有"学术传播（Scholarly Communication）"的期刊文章，共搜得 62 篇学术论文和 4 篇会议论文。数据显示，论文涉及 7 个研究方向，具体见表 1-1：

表 1-1：Web of Science 引文索引数据库社会科学索引和艺术人文引文索引中篇名含有
"学术传播"的期刊文章（2005—2014）

信息与图书馆科学	计算机科学	艺术人文其他话题	传播学	历史学	政府法律	社会科学其他话题
54 篇	14 篇	7 篇	3 篇	2 篇	2 篇	1 篇

由于部分论文属于交叉学科或方向，因而此表文章篇数总和大于搜索结果，统计数字清晰显示国外学术传播相关研究主要集中在信息与图书馆科学和计算机科学领域中。此外，有关研究者国籍的数据统计显示，该研究领域论文作者所属国家绝大部分是美国学者（32 篇），英国学者次之（6 篇），第三梯队是亚洲的韩国（3 篇）、日本（2 篇）和印度（2 篇），其他国家皆为平均 1 篇，其中偶有作者为华裔但并非中国国籍。

经过对这 66 篇论文的仔细研读和系统梳理，本研究发现过去十年国际学术传播研究主要集中在以下四个方面：

1. 学术传播中传统核心渠道研究：机构渠道和技术渠道的整合发展

学术传播无论发生在任何领域或任何学科，其主体行为总是一种传播行为，而传播必然有媒介，因此，学术传播中的学术期刊、图书馆（图书馆出版）、机构知识库和开放获取这四个核心渠道及其在学术传播中的作用始终被很多学者关注并且反复研究，而最后一个"开放获取"又往往是和前三者融合在一起被探究的。

学术期刊一直是学术传播正式管道中非常重要的组成部分，研究者的学术成果经过同行审阅之后在这个平台上得以分享和传播，因此，不断对其进行以荷兰教育学期刊为例，从发展的角度阐释了学术期刊在现代社会科学中的核心作用。研究呈现了教育类学术期刊在 1920—1975 年间经历的三次发展：合著者的增加和随之而来的出版格式标准化；编辑部尤其是科学传播守门人在学术期刊中作用的变化；期刊引用工作中"全球化"特质的增加和变迁。迈克（Michelle）和梅勒妮（Melanie）[1]针对历史类学术期刊的电子文本，运用文本编码交换的方法进行编码，结果发现编码的某些类型应该在内部进行，而不是利用外部资源，同时文章还描述了多种捕获期刊细微元数据的机制，这在之前相关文献中是没有被发现过的，从而为其他类似电子文本的编码工作起到了指导和借鉴作用。大卫（David J. Solomon）[2]则从历史的视角总结和讨论了学术期刊数字发行问世20年来，开放获取及其资金来源的多种模式在科学学术期刊中的作用和重要意义。而帕特丽夏（Patricia Hudson）[3]等4位期刊编辑在"第22届北加州期刊会议"报告中，从期刊编辑亲身经历的视角对《城市历史和科学》、《环境流行病学》及《美国文学》3份期刊进行了深入研究，全面探讨了期刊出版业目前的变化和发展趋势，具有很强的现实意义。

图书馆（出版）在学术传播中和学术期刊一样都担任着重要角色，也同样面临人类社会发展所带来的新挑战和新机遇。随着1990年学术传播办公室的创立，研究图书馆协会（ARL）就启动了一项计划，给予学术出版系统的机能障碍以更为广泛的关注。玛丽（Mary M. Case）[4]通过收集、散播和记录期刊危机的数据发现：一项引导创建"可扩充处理器架构（SPRAC）"的偏好行动、对与这些危机有相似兴趣的国际网络机构的使用和一个在韦伯斯特领导下稳健的教育项目（ARL）催化了一场全球性运动以积极创建学术出版的新模型。此外，图书馆出版作为学术传播的新模式被学者从历史、当下实践和发展趋势等角度进行了探讨，夏静风（JINGFENG XIA）[5]聚焦在学术图书馆期刊出版领域，通过介绍国外高校出版模式，建议图书馆期刊以机

[1] Michelle Dalmau, Melanie Schlosser. Challenges of serials text encoding in the spirit of scholarly communication[J].Library Hi Tech, 2010, 28 (3): 345-359.

[2] David J. Solomon.Digital Distribution of Academic Journals and its Impact on Scholarly Communication: Looking Back After 20 Years[J].The Journal of Academic Librarianship, 2013(39):23-28.

[3] Patricia Hudson,David Goldfield,Robert Lee Bailey,Elaine Cohen Hubal,Priscilla Wald. Serials from the Other Side: An Editorial Perspective on Current Trends in Scholarly Communication[J]. Serials Review, 2013(39): 190-192.

[4] Mary M. Case.Scholarly Communication: ARL as a Catalyst for Change[J].Libraries and the Academy, 2009(7),9(3): 381-395.

[5] JINGFENG XIA.Library Publishing as a New Model of Scholarly Communication[J].Journal of Scholarly Publishing, 2009(7):370-383.

构集中代替主题定位，并且使图书馆出版更多样和多元化。另外有研究[1]通过对北美8所研究性大学图书馆出版服务的分析和分类，在学术传播四个功能维度（注册功能、归档功能、认证功能和认知功能）上探究了图书馆出版服务对于学术传播的促进作用。还有学者[2]通过对91个图书馆协会机构的管理员和工作人员发放问卷的方式研究后发现，学术传播中的图书馆和信息库已经超越了原先的知识守门人功能。杰纳[3]等人则运用文献计量法对电子图书馆在2003—2009年间的学术传播做了系统分析，结果发现大部分由电子图书馆出版的文章属于个案研究或回顾性的类别研究论文，而其中大部分引用来自期刊，网络资源和书籍次之，研究还得出论文的平均长度是13页，并且文章来源集中在少数国家。

　　机构知识库作为获取和保存一个或多个大学智力产出的数字化集合，在众多学者的研究下经历了从"资源"向"服务"的转变。多纳德和米杨（Ronald C. Jantz and Myoung C. Wilson）[4]探究了机构知识库中选定学科的教师知识存储问题，并且识别了从图书馆主页去机构知识库网站不同的路径；同时他们还研究了机构知识库的发展和网站现状之间的统计学关系及其对传统学术传播的变革作用；此外，整个研究中机构知识库发展的意义和内涵是尤其被强调的。科尔[5]等人以卢布尔雅那大学的机构知识库为研究对象，通过统计网站访问者数量证明了其在提高学术出版可见度上的重要功绩，同时研究发现该大学的知识库所收录的成果大部分没有在其他地方出版过，并且统计数据显示89%的访问者来自公共领域，只有11%来自大学内部。

　　开放获取（Open Access）是近年来学术传播领域中的研究热点，与学术期刊、图书馆（出版）和机构知识库这三个内容载体不同，它是学术传播的技术载体。因

[1] Ji-Hong Park,Jiyoung Shim.Exploring How Library Publishing Services Facilitate Scholarly Communication[J].Journal of Scholarly Publishing,2011(10):76-89.

[2] Sugimoto, Cassidy R.,Tsou, Andrew,Naslund, Sara.Beyond Gatekeepers of Knowledge: Scholarly Communication Practices of Academic Librarians and Archivists at ARL Institutions[J].College & Research Libraries,2014(3),75(2):145-161.

[3] Jena, Kamal Lochan; Swain, Dillip K.; Sahu, Sada Bihari.Scholarly communication of The Electronic Library from 2003-2009: a bibliometric study[J].Electronic Library,2012,30(1):103-119.

[4] Ronald C.Jantz and Myoung C.Wilson.Institutional Repositories: Faculty Deposits, Marketing, and the Reform of Scholarly Communication[J].The Journal of Academic Librarianship, 2008, 34(3): 186-195.

[5] Koler-Povh, Teja, Mikos, Matjaz, Turk, Goran.Institutional repository as an important part of scholarly communication[J].LIBRARY HI TECH, 2014,32(3): 423-434.

此，除了对其本身特征和发展的研究外，学者们更多关注其与另外三者的融合发展。开放获取的出现对学术传播来说是革命性的转变，学者们对它的起源、发展和数字技术都做了大量说明，并且从传统学术传播的危机角度阐发了其重要的变革意义。开放获取在学术传播研究论文中存在两个体系：开放信息库或知识库和开放获取期刊，两者的区别在于后者是经过同行审议的，而前者没有。克丽丝汀（Kristin Yiotis）[1] 在此基础上讨论了这两大系统的具体运作，例如开放信息库、本地机构知识库、元数据抓取和跨库检索等。开放获取的出现和由大学及学术图书馆推进的机构知识库发展公开挑战了传统的学术传播体系，罗威纳和布伦达（Rowena Cullen and Brenda Chawner）[2] 在研究了全球机构知识库发展的基础上，运用全国范围的调查重点剖析了传统学术传播的原则和益处以及与开放获取好处之间的矛盾，并且提出了缓解矛盾的建设性方案。另外，有关开放获取期刊的研究大部分集中在科学学科领域，并且都是探究其不断增长的影响，而研究学术传播体系中开放获取期刊的接受度和整合的却不多。如托弗（Tove Faber Frandsen）[3] 用文献计量法探究了生物学、数学和药理学三大科学学科开放期刊的引用行为，研究利用多元线性回归分析显示横跨领域和媒体的引用行为有很多相似之处，但同时也发现了其在开放期刊整合资源过程中的显著差异。为了能够进一步提高开放获取资源的利用率和找寻发展途径，杜尔（Dulle Frankwell W.）[4] 调查研究了两所高校的研究生对学术传播开放获取的接受和使用情况，结果显示 58% 的学生对开放获取这一概念是熟悉的，大部分学生对开放获取的态度是积极的。另外，虽然 60.9% 的学生曾经通过开放资源获取知识信息，但只有 10.9% 的学生会将自己的研究成果通过其散播。研究建议通过审查和正规化现有研究生信息素养培训模块的方式来提高学生获取开放信息和开发在线资源的综合能力。

[1]　Kristin Yiotis.The Open Access Initiative: A New Paradigm for Scholarly Communications[J]. Information Technology and Libraries; 2005(12), 24(4): 157-164.

[2]　Rowena Cullen and Brenda Chawner.Institutional Repositories, Open Access, and Scholarly Communication: A Study of Conflicting Paradigms[J].The Journal of Academic Librarianship,2011, 37(6):460-470.

[3]　Tove Faber Frandsen.The integration of open access journals in the scholarly communication system: Three science fields[J].Information Processing and Management, 2009(45): 131-141.

[4]　Dulle, Frankwell W..Acceptance and Usage of Open Access Scholarly Communication by Postgraduate Students at the Sokoine University of Agriculture and the University of Dar es Salaam, Tanzania[J].African Journal of Library Archives and Information Science,2011(4),21(1):17-27.

2. 面向网络资源及新技术的学术传播研究：从行动到态度的全面考察

随着计算机和网络的问世及发展，学术传播与时俱进地融合了互联网时代的各种技术和内容优势，在夯实原有核心渠道的基础上不断创新和发展，有关学术传播的科学研究主要集中在以下两个方向：

（1）学术传播中网络信息（资源）的使用情况。有研究[1]专注科学家如何利用互联网进行非正式的学术传播，其中一些解释变量和来自欧洲7国以及5个领域（天文学、化学、计算机科学、经济学和心理学）的科学家网络使用之间的关系被充分考察，这从而证实了一个积极的研究生产力和互联网使用之间的正相关关系，但那些富有成效的高产科学家的网络使用却比预期的要低，而那些非生产性科学家的网络使用却比预期高。研究最终显示，任何想要在科学研究中名列前茅并且跟得上科研前沿步伐的科学家必须使用互联网。通过对8本美国化学学会期刊的引用考察和内容分析，塞西莉亚[2]描述了化学学术文献作者和读者的网络信息使用情况，结果显示虽然在1996—2006年的10年内网络信息资源不断增加，但化学家们并没有加以充分利用，他们使用的是美国化学学会的电子支持信息档案库，而在被使用的网络信息资源中大部分是基于文本的，且统一资源定位主要出现在参考文献和实验部分；研究还通过比较引文和在线访问数据量发现，往往是引文处于最高水平的时候，文章会获得更多的在线访问量，这尤其是对那些描述技术和研究方法的文章来说更为明显；研究最后说明，即使化学家们没有在他们的出版成果中大量使用自由获取的网络资源，但通过网络获取的方式正在成为他们支持学术研究的信息资源使用行为主流。

除了使用行为研究，学术传播中网络资源的质量和可信度开始被一些学者关注，有研究[3]利用引文分析法对1996—2005年间14本期刊共35 698篇文章使用的网络资源进行了定量分析，并将其中1 000 724条引文分成两组（传统引文和网络引文）进行考察。研究最终发现，虽然网络引文的数量不是很多，以致无法得出结论性的

[1]　Franz Barjak.The Role of the Internet in Informal Scholarly Communication[J].Journal of the American Society for Information Science and Technology, 2006,57(10):1350−1367.

[2]　Cecelia Brown.The Role of Web−Based Information in the Scholarly Communication of Chemists: Citation and Content Analyses of American Chemical Society Journals[J].Journal of the American Society for Information Science and Technology, 2007,58(13):2055−2065.

[3]　CHUANFU CHEN, KAI SUN,GANG WU,QIONG TANG,JIAN QIN,KUEI CHIU,YUSHUANG FU,XIAOFANG WANG,JING LIU.The Impact of Internet Resources on Scholarly Communication: A Citation Analysis[J].Scientometrics,2009, 81(2): 459−474.

数据以显示其在科学研究上的影响，但其稳步增加是显而易见的；不同学科对网络资源的使用也是不一致的，应用学科和跨学科的科学呈现出更多使用网络信息的趋势，而传统的和实验性学科则较少；引用的频率与信息提供者或者机构的声誉有关，而与信息提供的网站或网站类型无关；研究者们对网络信息信心不足，此外与之前一些出版成果不同的是，网络信息并没有被频繁引用，因此研究认为建立一个评估网络资源质量和其权威性的指导体系是非常必要和迫切的。

当今，数字技术已经成为各类传播活动的核心技术和普遍技术，学术传播自然也不例外，因此除了网络资源使用，学术传播的数字化转型和发展也是很多学者研究的对象。和网络资源使用相似，研究者们在最初研究学术传播如何使用数字技术方面取得丰硕成果的基础上，进而开始关注这一资源的可信度和权威性。尼古拉斯[1]等几位学者对数字时代里作为学术信息资源的生产者和消费者的研究人员展开调查，重点关注他们对使用、引用和出版的资源可信度和权威性的态度和随之的行动。研究运用文献回顾、访谈和问卷调查等方法对 14 个焦点小组的研究者进行了考察，结果发现：研究者们开始对数字资源建立信任，这与他们在研究方法方面接受良好的培训有关；社交媒体对研究起到辅助作用，但大都是用来促进研究创意的；研究者对开放获取资源存有怀疑和困惑，而对传统出版商提供的信息资源怀疑大大减少；在不考虑学科、国籍和年龄的情况下研究者们的认知和行为是相对统一的；虽然一些资质浅的学者在行为上与资深的同行相似，但他们真正的想法并非如此，只是因为出于学术体系内的敬畏、害怕和趋同而已。

（2）Web 2.0 和社交媒体在学术传播中的应用与作用。Web 2.0 指的是一个利用网络的平台，由用户主导而生成的内容互联网产品模式，为了区别于传统由网站雇员主导生成的内容，因而被定义为第二代互联网，这种创新模式和技术自然也被引用到学术传播研究中，而在一种新的模式和技术在某领域流行之前，该领域的主要使用者的接受度总是首先被研究的。一项测量 349 位来自不同学科研究者"对能够激发学术传播的协作和 Web 2.0 的潜在接受度"的调查结果[2]显示，学者们对 Web

---

[1] Nicholas David, Watkinson Anthony, Volentine Rachel.Trust and Authority in Scholarly Communications in the Light of the Digital Transition: setting the scene for a major study[J].Learned Publishing,2014,27(2):121–134.

[2] Diego Ponte,Judith Simon.Scholarly Communication 2.0: Exploring Researchers' Opinions on Web 2.0 for Scientific Knowledge Creation, Evaluation and Dissemination[J].Serials Review, 2011,37:149–156.

2.0和通过其公开发布成果的态度是积极的，而主要挑战在于如何将丰硕成果的自由发布和可信的质量控制机制完美结合起来。还有研究[1]考察了两个对比鲜明的学术出版商如何应对 Web 2.0 的机遇和挑战以创新他们的服务，结果表明出版商的重要角色必须被充分认真对待，因为他们在实现加速发展开放学术传播的愿景过程中作用卓著，同时也必须探索出版商作为中介机构的创新之路，而这些都是基于 Web 2.0 展开的。

社交媒体（Social Media）指允许人们撰写、分享、评价、讨论、相互沟通的网站和技术。社交媒体是人们彼此之间用来分享意见、见解、经验和观点的工具和平台，现阶段主要包括社交网站、微博、微信、博客、论坛、播客等，它也是基于 Web 2.0 发展起来的。于是社交媒体在学术传播中的使用和作用同样是研究者们关心的，有研究[2]用数据统计和质化研究的方法调查发现了来自 10 个不同领域学者在使用微博网站中的学科差异。结果显示，和之前研究一般网民微博使用情况不同的是，学者们使用微博的方式大部分是分享链接和转发帖子，并且不同学科之间存在明显差异：生物化学家转发内容和行为大大超过其他学科的研究人员，数字人文科学和认知科学的研究人员更多利用微博进行人际交流和对话，而经济学研究人员则更多分享链接。整体而言，研究人员在生物化学、天体物理学、化学信息学和数字人文等领域似乎大都利用微博进行学术传播，而这种方法在经济学、社会学和历史科学等学科领域则看起来好像被边缘化了。另外，除了使用情况，社交媒体对学术传播中的影响也被探究，有论文[3]通过网络调查和 SPSS 统计法测量了研究人员（如教授、老师、研究员和博士生）对 Web 2.0 技术和信息的使用行为，结果发现 Web 2.0 技术已经被研究人员们所熟知，大部分研究者对博客、维基、社交网络、多媒体分享和在线文件等技术内容都是非常熟悉的；社交媒体为学术传播提供了一个便捷的环境；根据不同学术传播目的，研究人员在他们的研究工作中都选择并且找到了合适的沟通交流方式。这一研究对 Web 2.0 技术在学术传播的影响探索上提供了新的见解，

[1] James Stewart, Rob Procter, Robin Williams, Meik Poschen.The role of academic publishers in shaping the development of Web 2.0 services for scholarly communication[J].New Media Society,2013,15(3): 413-432.

[2] Kim Holmberg,Mike Thelwall.Disciplinary differences in Twitter scholarly communication[J]. Scientometrics, 2014(101):1027-1042.

[3] Feng Gu,Gunilla Widén-Wulff.Scholarly communication and possible changes in the context of social media[J].The Electronic Library, 2011,29(6): 762-776.

并且发展了适合于社交媒体学术传播环境的新的信息使用行为，同时也为学术传播在社交媒体环境中进行协作服务提供了智力支持。

3. 学术传播领域存在问题的应对研究：在改革实施和未来设想中不断前行

无论哪个领域的革新和发展都是在从与时俱进地发现问题到因地制宜地寻求出路中披荆斩棘的，学术传播在过去 10 年同样经历了这一过程，不少学者也为此进行了大量的学术研究。

（1）针对存在问题的改革方案实施研究。很多对学术传播的研究都基于社会技术视角，并且扎根于科学和技术研究，然而就算关系如此紧密，学术传播和科学技术研究之间的关系仍然不清楚。鉴于这种差距，两个领域之间的概念关联、两者之间的重合部分和对各自领域的回顾进入了学术传播研究人员的关注范围。成果[1] 反映了一个事实：科学技术研究的一个领域涉及科学知识内容，也就是众所周知的科学知识社会学，这一领域与学术传播的过程密切相关，包括发布、搜索、合作、引用和写作；而科学技术研究的另外一个领域则关注机构、规范、评价和创新，也就是所谓的科学社会学或者机构科学社会学，这一领域关系到学术传播结构，能够体现这一关联的例子有学科、创新和生产力之间的关系以及文献评价研究等。此外，还有学者[2] 通过文献分析法探究了不同学科之间学术传播的差异，他们对 1968—2007 年间 391 篇论文中的 29 289 个引文进行了考察分析，这些来自 16 个学科用分层抽样法取得的样本经过系统分析所得出的结论显示，这些学术领域的论文引用方式和特征都是不同的，具体体现在文献综述、引用资料的语言、使用期刊或者专著、引用数量以及作者等方面。除此之外，还有几位学者[3] 在伯格曼（Borgman）1989 年提出的学术传播文献分析法三个框架（工件、生产者和概念）的基础上，拓展出了第四个框架：守门人。这四方面的框架过去应用于图书馆和信息科学领域以测量网络变化，并且相互之间是独立操作的；而这个研究通过对 58 本来自信息科学和图书馆科学目录期刊的研究，将这四个方面糅合起来进行测量，由此产生的网络因为使用

[1]　JI-HONG PARK.The Relationship between Scholarly Communication and Science and Technology Studies(STS)[J].Journal of Scholarly Publishing, 2008(8):257-273.

[2]　Ucak Nazan Oezenc, Al Umut.The Differences Among Disciplines in Scholarly Communication: A Bibliometric Analysis of Theses[J].LIBRI, 2009,59(3):166-179.

[3]　Chaoqun Ni,Cassidy R.Sugimoto,Blaise Cronin.isualizing and comparing four facets of scholarly communication: producers, artifacts, concepts, and gatekeepers[J].Scientometrics,2013(94):1161-1173.

二次分配过程的潜在相关性而同样被考察了。对于学术传播整体的测量要考虑到多个方面，这项研究的创新之处在于以度量为驱动力并且加入了评估意识。

除了利用计算机和网络等新资源或新技术之外，学术传播在其自身的发展过程中也有一些创新举措和转变，这也是依靠研究人员不断努力而获得的。随着学术传播市场的不断发展，一些指标显示信息流通单位从主要关注期刊文章转向更广泛的学术传播要素"数据集"，这种转变和进展在希拉里（Hilary）和约翰（John）[1] 的文章中被总结和强调了，同时他们还考虑了这一转变对收集和购并过程中核心功能的影响。此外，基于"数据集"的"合作实验室"创立也是其中另一项促进学术传播的举措，有学者 [2] 在历史科学领域探究了其推广的价值。随着历史科学对大量数据需求的增加，特别是全球历史和世界历史受到越来越多的关注，历史学家之间的合作变得更加有用和必要。一个学者用整个学术生涯都无法收集到足够的其研究假设所必需的支持数据，而研究人员之间又不愿意分享自己耗去大量时间和精力所得到的数据。其结果造成大量有价值的数据通常无法到达那些感兴趣的研究伙伴那里，即使大家能够获取这些数据，但许多数据集又被证明是不符合其他数据集的，两者不能兼容。于是一种新的学术传播和学术合作方法"合作实验室"被研究者特别关注，这个实验室没有围墙，并且可以保存、分享和维护人文社会学科中大量高质的数据集。同时，建立一个合作实验室的困难与其他数据收集方法和交互方式也被充分讨论，比如数据档案建立、创办数据可用性政策期刊，以及如何从历史科学中获益等。除了对一些学术传播转变的研究外，还有学者 [3] 对学术传播主体期刊作者关于数字时代引发转变的态度、行为和观念进行了全球性考察。该研究对全球 5 513 名资深期刊作者进行闭合式问题调查，结果获得了 11 个方面的发现，例如这些资深作者和那些重新搜索者都认为下载比传统引文方法更可信、更实用，并且可能会生发出新的出版商机；这些作者坚信开放获取方式的结果会使期刊文章变得更容易获得，从而图书馆等的出版预算压力将被大大缓解，但他们不相信文章质量会有所提高；并且他

[1] Hilary M.Davis,John N.Vickery.Datasets, a Shift in the Currency of Scholarly Communication: Implications for Library Collections and Acquisitions[J].Serials Review,2007(33):26-32.

[2] TINE DE MOOR, JAN LUITEN VAN ZANDEN.Collaboratories as a New Method for Scholarly Communication and Cooperation for Global History[J].Historical Methods, Spring 2008, 41(2):67-78.

[3] Ian Rowlands,Dave Nicholas.Scholarly communication landscape: an international survey of senior researchers[J].Learned Publishing,2006(19):31-55.

们认为大规模进行开放获取将破坏学术出版；此外调查还发现，期刊作者们对机构知识库并不了解，只有10%不到的受访者表示自己知道或者熟悉这一学术传播的发展。这类研究的意义在于充分了解学术传播主体对于自身所处领域革新的接受度和态度行为，从而为进一步推进学术传播创新转变提供现实依据和实践基础。

（2）推进学术传播发展的策略研究。一切转变和创新都是为了推动主体不断向前发展，在对促进学术传播的不懈追求过程中，图书馆管理员们做了大量的工作，付出了极大努力，这包括建立正式程序、创办委员会，或在机构中采取其他与之相一致的各项行动。然而，虽然图书馆管理员们已经为此目标进行了相当一段时间的努力尝试，但他们始终没有试图描述这究竟是个什么样的成功项目。因此，在推进学术传播转变和发展的尝试中，有学者[1]提出了"五个阶段"的操作方式以提供一个可以解决一些棘手问题的方法和途径，并且他们定义了这些阶段（意识阶段、理解阶段、拥有阶段、行动阶段和改革阶段）、提供了说明性例子、制定了成功的措施和支持努力改变的细节性策略。还有学者[2]提出了这样一个问题："在学术传播方面我们是否应该做得比现在更多、更好呢？"他认为对于学术传播的美好期望是否能够实现与我们如何处理和构想学术传播中"传播"这一部分密切相关，因此未来学术传播研究应该有更多的注意力和努力聚焦并且投注到"传播"这个范畴中。

发展策略是对于未来的挑战，"2025年图书馆将在学术传播过程中起到什么样的作用？"20位美国研究图书馆协会所辖图书馆的负责人[3]就此问题提出了建设性意见，每人根据自己的经验和观点选择最合适的发展方案，并给这项发展方案命名。最后共总结出6个未来可能的发展前景，例如图书馆作为出版商，经济利益问题和协作的必要性是必须要被关注和讨论的；如何处理对美好未来的渴望和特定前景实现可能性之间的关系也被这项研究所提及和论证。

4. 学术传播领域中的个案展示：为了各国学术传播研究的共同繁荣

国际学术传播研究在各个国家和领域学者们的共同努力下成果辈出，除了上述

[1] Joyce L.ogburn.Defining and Achieving Success in the Movement to Change Scholarly Communication[J].LRTS,2007, 52(2):44–53.

[2] Ted Striphas.Performing Scholarly Communication[J].Text and Performance Quarterly, January 2012,32(1):78–84.

[3] Maria Carpenter, Jolie Graybill, Jerome Offord, Jr., and Mary Piorun.Envisioning the Library's role in Scholarly communication in the Year 2025[J].Libraries and the Academy, April 2011,11(2):659–681.

三个方向的研究之外，一些具体领域和国家的个案及其成果介绍也是近 10 年的主要成果之一。大部分国际期刊中学术传播研究都是以欧美国家为研究地域，作者也都是来自这些发达国家，虽说这并不代表只有欧美国家学者研究学术传播，但至少在国际学术舞台上由于语言、学术话语体系等原因还是由他们唱主角，这可能是大部分人文社会科学普遍存在的问题。经过对 2005—2014 年相关文献的梳理和综述，本研究发现大部分成果都是以欧美尤其是美国的学术传播作为研究对象，美国学术传播话题和内容似乎被默认为就是国际学术传播的最新动态和成果，并且在文章标题中也不用出现"美国"字样，因此造成了"美国的就是世界的"假象。在一些具体领域学术传播个案研究中，基本以介绍美国经验为主，例如有学者[1]分享了美国明尼苏达大学里尔森（Liaison）图书馆如何在自己的核心职责内倡导学术传播改革：当其他图书馆还在雇佣一个协调员或依靠一个委员会进行项目拓展时，明尼苏达大学就已经开始将那些作为学科研究成员的图书馆管理员们的基本事业定义为学术传播，这项通过开放式访谈进行的研究为其他同类图书馆学术传播在人员管理和培养方面起到了很好的借鉴作用。另外，一个关于美国计算机科学学院学术传播的个案研究[2]介绍，对研究实践的详细检查可能为系统的总体设计提供资源以支持协作的科学工作，并且我们可以通过探索现实世界实践中的社会信号嵌入所产生的有价值信息来理解学术传播。

虽说国际学术传播研究成果大都来自欧美发达国家，但其他国家学者仍然孜孜不倦地进行着相关研究，为了能在国际学术期刊上占有一席之地，他们通常以个案研究为主，并且在标题中会明确"国家"身份，以传播和推荐自己国家的学术研究成果。日本的学术传播研究和经验介绍便是其中之一，日本学者[3]认为电子期刊在日本学术传播中已经被普遍使用，一方面可以说学术传播很大程度上依靠电子资源；但另一方面，又不能简单地说学术传播现在极大地依赖于电子期刊是因为研究人员

[1] Malenfant, Kara J..Leading Change in the System of Scholarly Communication: A Case Study of Engaging Liaison Librarians for Outreach to Faculty[J].College & Research Libraries, 2010,71(1):63–76.

[2] Shen yi.Scholarly communication in scientific research practice: A study of computer sciences faculty[J].LIBRI, 2006,56(4):239–251.

[3] Keiko Kurata, Mamiko Matsubayashi, Shinji Mine, Tomohide Muranushi, Shuichi Ueda. Electronic journals and their unbundled functions in scholarly communication: Views and utilization by scientific, technological and medical researchers in Japan[J].Information Processing and Management, 2007(43): 1402–1415.

很少使用其他电子资源。因此该论文基于日本研究人员对信息的使用行为和估计，重点展示了日本电子期刊在其学术传播过程中的地位，研究在日本高校和研究机构的 3 729 名研究人员中以问卷调查的方式展开，结果显示研究人员在科学、技术和医学领域理所当然都是使用电子期刊的，但从某种程度看他们对其他电子资源的使用主要是获取信息，这一现象似乎并不是一种转变，而是对传统使用方式的一种修正；日本研究人员仍然依靠传统学术期刊出版来获取信息，尽管他们承认这种转变已经开始了。另外，国家之间的学术传播合作也是非常重要的研究内容，韩国学者们 [1] 以韩国教育研究信息院（Korea Education & Research Information Service）和日本国家信息研究所（The National Institute of Informatics）为例，调查了两者合作中的文档服务发展趋势。研究介绍，2004 年两院之间的文档供给管理系统是依靠中介完成的，而到 2007 年 4 月由于系统改进已经发展成可以无需中介直接完成；直接传输系统完善后，文档需求的请求数量增加了，而且完成文档提供的时间也大大降低，因此直接传输系统带来了更有效的合作和用户服务。这个研究的价值在于，此文件供给服务是北亚国家韩国和日本高校图书馆之间第一个官方合作网络，这对于推动国际学术传播合作意义重大。

除了日韩，印度高等教育中的学术传播研究 [2] 也出现在国际期刊中，它主要研究了通过信息和图书馆网络进行统计数据这一趋势。论文描述了印度大学拨款委员会倡议建立数字图书馆联盟（图书馆的信息网络），从而为印度学术界提供学术传播途径。研究发现通过对这一信息网络的整体使用，学术传播质量有所提高，但同时也发现这类使用依赖于高带宽连接，从而证明了印度高等教育中学术传播对这类信息网络的需求在增加。此外，乌拉圭 [3] 作为南美洲的"代表"出现在了国际学术传播研究队伍中，其中乌拉圭国家研究人员系统中那些活跃研究者们的出版物（2009—2010）被作为分析对象。研究中与变量相关的一些数据，如知识领域、出版类型、

[1]　Ji Won Lee,Heejung Kim.Scholarly communication and cooperation between Korea and Japan: document supply trends and services between KERIS and NII[J].Interlending & Document Supply, 2008,36(2): 91-98.

[2]　Prem Chand,Jagdish Arora.Access to scholarly communication in higher education in India: Trends in usage statistics via INFLIBNET[J].Electronic library and information systems, 2008,42(4): 382-390.

[3]　Picco Paola, Aguirre-Liguera Natalia, Maldini Juan.Scholarly communication in Uruguay: Study of publications of active researchers from the National System of Researchers(2009-2010)[J]. Transinformacao, 2014,26(2):155-165.

责任类别、出版所在地、支持语言、同行审查和索引等被注册成为一个特定数据库，通过对这个数据库中各项数据的统计分析发现，学术传播方式很大程度上取决于知识领域；而学者们的简历先不论其局限性，倒也是一种获得全球性科学生产研究的丰富资源；同时该数据库也通过允许其他领域研究进入国际数据库而对文献计量法进行了有益补充。还有伊拉克学者[1]通过和西方国家学术传播比较，对本国学术传播进行了全面关照，结果发现由于历史、宗教、文化、社会和政治等因素对学术传播的影响，伊拉克和西方国家的学术传播存在诸多差异。

5. 小   结

国际学术传播领域在过去10年的研究成果其实远多于此，例如国际一般学术期刊论文、学术出版专著、硕士和博士论文，还有那些以学术传播具体研究内容为标题的成果。但为了能够体现研究的最高水平，并且综述总要有相对合理的研究范围，因此本研究将国际核心期刊中篇名含有"学术传播"的论文作为分析对象。经过梳理和综述，国际学术传播研究的大致内容和发展趋势逐渐清晰，从整体来看，该领域的研究内容丰富，基本涵盖了相关的大多数具体分支，并且呈现出了四个方面的内容和特点：核心渠道研究除了对传统研究的继承外，更关注整合传播发展；网络和新技术时代的学术传播不仅关注对新资源、新技术的使用及其带来的影响，也强调对其可信度和权威性的考察；对于学术传播发展中存在的问题，制定发展策略并在实践中反复修正是有效的解决方法；国际学术传播研究需要全世界科研人员的共同努力，除了美国，其他各国学者以个案展示的方式推进本学科共同繁荣。研究方法方面，几乎所有成果都采用内容分析法、问卷调查法、文献计量法、引文分析法中的一种或多种量化分析方法，以得出更为科学和准确的研究结论。最后，本研究认为国际学术传播研究内容的丰富多样、研究方法的科学量化以及积极推进各国协同发展等都是中国应该借鉴和重点开展的。

（二）国内学术传播文献研究综述

与国外此方面文献相比，国内在研究成果的数量上明显偏少，本研究在中国知网2005—2014年CSSCI来源期刊中搜索篇名含有"学术传播"的论文，总共显示8篇，因此不得不扩大搜索范围，在所有知网期刊中展开搜索，又获得24篇学术论文，本

[1] Galyani-Moghaddam G,Momeni E.Scholarly Communication in Iran: An Overview[J].Science Communication,2014, 36(6): 811-820.

研究将对这 32 篇论文在三个方面进行文献综述。

1. 传统学术传播研究：关注传播主体和传播渠道

学术传播作为一种行为必然有其实施行动的主体，无论是个人还是一群人，对于传播主体的研究无疑都是国内外学术传播研究者们关注的对象。国外曾对图书馆管理员有过系统研究，国内学者则多对学术编辑的学术传播能力[1]进行整体论证和规划。学术编辑的学术洞察力是从事科研活动的客观需要，更是从事编辑工作的迫切要求，学术编辑不仅要对自己所从事的研究领域或学科发展了如指掌，其对分管的有关学科同样需要洞察敏锐、反应敏捷和认识到位；此外，学术编辑在敏锐洞察新成果、新进展的基础上，还要通过编辑工作自觉、有目的地引导和推动学术探索，促进学术研究的深入以及新学科和新领域的形成；按照工作分工，学术编辑的基本任务是审阅论文和编辑论著，因此必须与作者、专家以及机构等保持联系，以协调关系、沟通交流和解决问题，因而学术沟通能力也非常重要；由于编辑出版工作的复杂性和特殊性，对于学术编辑而言，除了一般素质要求外，还需要很强的科研能力，尤其是娴熟的学术驾驭能力，而所谓学术驾驭力既是一般的科研力，也是一种特殊编辑能力。学术编辑的学术传播能力的研究属于单向传播，而任何一种传播活动都存在双向互动的可能，因此学术传播主体在读者与作者互动中也肩负着重要的责任。有研究[2]以学术期刊这一学术交流平台作为对象，认为学术传播体之间的互动交流是学术传播的一个基本特征，读者与作者之间存在着某种程度的互动关系，其互动水平则由读者、作者和编辑共同决定。研究主张作者要树立读者意识，提供具有创新性和可读性论文，以回应读者的互动要求；读者要提高互动意识和能力，参与学术争鸣，写作时规范引用行为；编辑则应树立读者本位观，提高刊物质量，采取技术措施，促进读者与作者的互动。由此看来这三类学术传播主体都对互动过程起到关键性作用，这比之前针对"学术编辑"的研究增加了考察维度，建立了一种环形的立体关系，具有一定的学术价值和应用价值。除了对传播主体的群体性研究之外，还有学者[3]针对余秋雨先生的学术传播进行了经验总结和分享，研究主要围绕余先生倡导学术传播的高效性、建议借助于散文传播学理和召唤学术传播的领军作用等方

[1] 肖建新.论学术编辑的学术传播能力 [J].中国出版，2009（11）：10-13.

[2] 陶范.学术传播体在读者与作者互动中的责任 [J].湖北警官学院学报，2010（9）：110-112.

[3] 王萍.试谈余秋雨的学术传播 [J].新闻爱好者，2008（6）：70-71.

面进行了观念阐述，有一定的借鉴价值。

对于传统学术传播渠道的考察，国内相较于国际学术传播研究略显单一和陈旧，主要关注传统学术期刊的发展问题。有学者[1]认为教育部社科"名刊、名栏"工程的实施，使得学术期刊开始进入竞争状态，这种竞争给学术期刊界带来了新气象和新格局，打破了传统的千刊一面的传播景象，从名刊、名栏甚至到名篇，都成了学术期刊追求的新目标。通过对这种竞争态势中名刊、名栏的学术传播生态效果分析，研究发现这种举措从整体上提高了学术期刊的办刊质量和水平，加强了学术期刊的竞争力，同时也清醒地找出了优势和不足，为今后的学术期刊发展提供了现实依据和理论基础。同样是以"名刊、名栏"工程作为研究背景，比之前那篇论文晚了10年的一项研究[2]以"地方高校社科学报"为例对特色化办刊与学术传播转化问题进行了探讨，研究认为在"名刊、名栏"工程带动下，很多高校社科学报走特色化办刊道路，推动了地方历史文化和区域经济研究发展，有助于特色学科建设和地方社科学术成果的传播与转化；但地方高校社科学报仍存在特色栏目稿件短缺、文章低水平重复、转载率和征引率不高以及传播效果不理想等问题。地方高校社科学报如欲坚持特色化办刊，加快地方社科学术成果的传播与转化，可考虑在四个方面进行改进：依托学校强势学科，加强动态策化；拓宽栏目学术视野，广邀名家，提携新秀；适当宣传、"炒作"特色栏目，打造学报品牌；"内容"与"渠道"并进，加快数字化出版转型。

2. 学术传播借助其他媒介手段发展的研究：从发布学术内容的电视栏目到网络数字化的整体转型

近10年国内关于学术传播的研究主要集中在互联网和数字化发展对其产生的影响领域中，偶尔也有讨论学术传播如何利用大众传媒来拓展受众面和增强传播效果的。其中有一项研究[3]在对电视栏目《百家讲坛》学术、文化传播的性质和价值评判等争论焦点上展开，在分析阐述了两种对立的观点（"大众化不等于娱乐化，把历史、文化娱乐化不是普及文化的好思路"和"老百姓需要这个讲坛，需要这些知识，

[1] 陈燕，黄鹏. 社科"名刊、名栏"的学术传播生态分析 [J]. 编辑之友，2005（3）：18-20.

[2] 李夕菲. 特色化办刊与学术传播转化——基于地方高校社科学报的讨论 [J]. 汕头大学学报（人文社会科学版），2014，30（4）：75-80.

[3] 朱云涛. 大众传媒与学术传播——从《百家讲坛》的热播说起 [J]. 新闻界，2006（5）：63-64.

需要这种学术，更需要这种享受"）之后，研究者摆出了自己的学术主张：大众传媒可以成为学术传播的新途径，并且对《百家讲坛》这种进行学术传播的电视栏目的发展提出了建设性意见。另外一位学者[1]运用批判思维从讲坛类栏目中学术传播与电视间的价值冲突与调和入手，分析了学术传播与电视之间的价值差异，并提出了调和策略。研究主张学术要走向民间，转高雅为通俗，提高大众的文化素养需要学术与传媒之间的调整和磨合。一方面，讲坛类节目应该探索层递式发展模式，学术名家在传道授业时应由浅诉求于深，所讲内容和授课方式不能只停留在浅层领域；另一方面，媒体要充分探求和利用"后电视开发"所搭建的平台，无论是印刷品、影音制品还是互联网，都可充分借助他们以克服电视传播的局限性，达到良好的传播效果。

互联网诞生以及网络和数字化技术高速发展为学术传播带来的巨大影响和推动作用也是国内学者重点关注的，研究主要在"网络时代的学术传播整体转变"和"新技术对具体传播手段和渠道的影响"两个领域展开。首先，有关"网络时代的学术传播整体研究"，田阡[2]以"人类学在线"这一学术网站作为个案，探究了基于 Web 2.0 的学术传播与互动问题，研究认为网络技术为人类学学科研究提供了良好的信息组织结构、丰富的学术资源、新的传播载体和信息实时互动的平台，为该学科系统和专业发展制造了机会。研究个案是一个基于 Web 2.0 的学术网站，也是以用户为核心，实现可读、可写、可搜索和可交互的资源交流平台。"人类学在线"的学术传播与互动，不仅体现了学术网站可将传统交流体系下的各项功能进行整合的优势，也证明了网络载体可以为我国人类学研究资源起到传承开发和增值的作用，因此极具借鉴和推广价值。黄凯文[3]分析了由网络环境下学术信息媒介演变引发的学术传播一系列变化：学者查找信息、创造知识和公布研究成果行为的变化、新的学术传播方式如开放获取的运用、学者之间合作如合作实验室的创立、基于互联网的"无形学院"范围的扩大和新的融合大学、研究图书馆和学术机构的学术出版联合体等。除了关注网络各种技术和传播特征对学术传播的影响之外，还有学者[4]对大数据这一基于

[1] 王羽.从讲坛类栏目看学术传播与电视之间的价值冲突与调和[J].新闻窗,2007(6):51-52.

[2] 田阡.基于Web 2.0的学术传播与互动——以"人类学在线"网站为个案[J].电话教育研究,2009(12):59-62.

[3] 黄凯文.网络环境下学术传播的变迁研究[J].新世纪图书馆,2007(2):66-68.

[4] 张楠.大数据应用与学术传播的变迁[J].图书情报知识,2014(5):101-109.

互联网而产生的元素如何改变学术传播做了一番探究，大数据既是可以重新整合利用的新资源，又是一项新技术、新工具。大数据技术在对传统科学研究带来新观念、新资源和新工具的同时，也对学术传播领域产生诸多影响。随着数据处理技术的不断开发和成熟，大数据采集和分析技术被广泛应用到学术研究和传播领域，学术传播的内在运作和外显特征都发生了变革，学术传播链条也发生了一系列变化和重构，进而引发了学术传播的整体变迁。研究将这一变迁具体分解在大数据技术的成熟和广泛应用于学术研究模式、学术研究队伍构成、学术传播媒介形态和学术传播生产链等层面进行逐一考察。学术传播变迁是互联网和新技术环境下的必然结果，如何应对新环境带来的变迁也是研究者们非常关注的话题，张攀[1]认为新媒体改变了学者获得学术资源的传统手段，赋予了学术传播新的特点和意义，从而对学术传播产生了深远影响，学术传播也由过去的学术机构处于主导地位，进入到"以学者为中心"的时代。新环境下学术传播的效果不仅取决于学术成果的品质，还与其表现形式和传播模式等密切相关，因此为了适应新媒体时代的学术传播变迁，学术机构必须快速适应、积极探索，从而帮助学者更容易地获取文献资源；并且鼓励学者通过新媒体优先发布新观点和新成果；同时，学术机构也应该有文化担当的责任意识，努力提供理论性强、有深度、有前瞻性和有吸引力的学术产品。

关于学术传播的传播渠道在新媒体和新技术环境中的变革研究，主要集中在图书馆、学术期刊和学术出版三个方面。其中近5年的此类研究主要是针对图书馆学术传播发展，张盛强[2]认为网络环境下，学术传播经历了从纸张印刷向数字网络的变革，媒介融合是主要技术特征之一，在学术传播中主要表现为技术融合、平台融合和机构融合。图书馆作为学术传播的重要机构，其技术环境、服务模式和机构属性必然因为面临媒介融合而受到严峻挑战，因此它必须在应对用户行为变化、系统环境升级和机构功能及角色调整等方面积极应对。然而，如何积极应对却没有在研究中具体论述，这一点在唐晓玲的研究中得到了关注。唐晓玲[3]觉得在数字时代到来之际，大学图书馆需要重新审视学术传播的改变及因应之道，因此其论文由勾勒大学图书馆未来发展趋势开始，探讨了学术传播的定义与功能、学术传播的变迁与相关

[1] 张攀. 新媒体时代的学术传播 [J]. 中州学刊, 2014（7）: 174-176.

[2] 张盛强. 网络学术传播媒介融合性对图书馆的影响研究 [J]. 四川图书馆学报, 2013（3）: 26-28.

[3] 唐晓玲. 大学图书馆在学术传播中的角色研究 [J]. 科技经济市场, 2014（4）: 91-93.

议题以及学术传播的新模式，最终建议大学图书馆在学术传播体系中可以扮演的角色和具体可操作途径：大力宣传开放学术的意义与做法、关注引文分析与学术评价的议题、落实机构典藏库的整合与推广、引进学科专家馆员的制度和培育大学图书馆员的新技能，这些都为中国图书馆学术传播发展提供了有益策略。还有学者的研究更为具体和细致，贾莉莉[1]分析了传统学术传播系统的弊病，利用社会—技术互动网络（STIN）模型，建立了高校开放获取式学术传播系统结构，分析系统各要素及其相互关系，并从政策支持、版权保护合法传播、保证长期有效传播和保证开放获取资源质量等方面剖析了该系统的运行机制。这一高效的学术传播系统促进了高校图书馆有效、快速、大范围地传播学术成果，对积极促进学术交流和高校学术发展起到良好的推动作用。仔细分析这些研究成果不难发现，很多学者都是在借鉴国际先进的学术传播研究基础上发展出的本土化研究，刘翠青[2]对同样面对现代网络、信息科技和学术传播冲击的美国大学图书馆的应对举措做了系统梳理，例如发展大学学术传播计划、充分支持研究历程和开创学术传播体系的新模式等，这些都为中国大学图书馆的发展提供了参考。

除了图书馆，学术期刊在互联网技术和环境下的学术传播也是学者们的研究成果之一。胡剑胜[3]分析了网络环境下学术期刊的网络利用状况，并在此基础上提出了建议：在网络化高度发展的大环境下，学术期刊要顺应形势，充分利用网络资源加快学术传播速度和扩大期刊载量；由于学术期刊的主流仍是纸质载体，受我国国情影响这种情况依然会长期存在，因此利用网络与传统技术必须紧密结合。而陈少华[4]则将这类研究具体到了科技学术期刊领域，他认为互联网改变了学术传播及其模式，也改变了科技期刊形态和出版传播平台。科技期刊由过去单纯的媒介演变为学术信息社区和学术共同体，只有加强科技期刊的数字化发展规划、建立覆盖科技期刊出版全过程的数字平台、形成若干主要数字期刊群落和建立好数字化科技期刊产业链及评价制度，才可能使科技期刊出版适应网络时代学术传播发展的要求，从而促进科技期刊的发展。学术出版是学术传播不可或缺的重要组成部分，面对信息化和网

[1] 贾莉莉.高校图书馆 OA 式学术传播系统要素分析 [J].图书馆学刊，2013（9）：45-48.

[2] 刘翠青.应对学术传播体系：美国大学图书馆新近行动分析 [J].新世纪图书馆，2013（5）：55-57.

[3] 胡剑胜.网络环境下学术期刊的学术传播 [J].现代农业科技，2009（18）：350.

[4] 陈少华.网络环境下学术传播与科技期刊发展研究 [C].2008 年第四届中国科技期刊发展论坛论文集，2008（10）.

络化的冲击，伴随着学术传播方式的变化，大学出版社和图书馆一样在学术传播中的作用也发生了相应改变，并面临着挑战与机遇。巢乃鹏和黄娴[1]对国外网络出版学术传播模式的梳理及介绍和以中国CNKI为研究对象的学术传播模式研究在理论价值层面有所突破，而宁晓青[2]对具体实施过程中的对策性分析和建议也具有十分重要的实践价值，他认为大学出版社应充分利用网络优势，加强自身信息化建设；以网络为平台，提高自身的学术影响力；注意加强与数字图书馆的协调与合作，通过设计一个对彼此都有利的合作基础共同促进学术的传播与发展。

3. 具有中国特色的学术传播历史研究：中国古代学术传播中的人际传播策略可为今日鉴

与国际学术传播研究有很大差异的是，国内学者对中国学术传播的历史研究情有独钟。金生杨[3]研究了宋代巴蜀对邵雍学术传播的贡献，从历史学的视角讲述了邵雍为宋代象数说《周易》之大宗，其学通过友朋、弟子、子孙、术士等途径广泛传播，而友朋、子孙、术士传其学多在巴蜀。因此宋代巴蜀对邵雍学术传播的贡献极大，其中蜀人张行成得司马光、牛师德和牛思纯之传，又得邵雍十四图及王提《皇极经世》之学，影响最大。此外，邵雍子孙长期留居巴蜀，使邵氏学术在巴蜀乃至全国各地广泛传播。王晓龙[4]则以宋代理学传播为中心进行了中国古代学术传播的途径探析，分别对宋代理学在民间和官方进行的多种形式学术传播进行了细致分析。王春阳分别对颜元[5]和李塨[6]的学术思想进行了历史研究，颜李学术具有强烈的现实需求，但在清初却面临诸多困难。颜元是清初著名的思想家和教育家，虽然他在学术传播上建树不多，但通过纵观其一生的学术活动可以发现，他对学术传播的理解在不同时期亦有不同的认识，整个学术生涯中其学术传播思想亦有较为明显的嬗变：从内向的自我传播到外向的人际传播；李塨继承颜元学术后，极力承担起了弘扬和传播颜

[1] 巢乃鹏，黄娴. 基于网络出版的学术传播模式研究 [J]. 南京邮电学院学报（社会科学版），2005（9），7（3）：43-47.

[2] 宁晓青. 网络时代大学出版社保持学术传播主导地位研究 [J]. 现代财经，2006（4）：78-81.

[3] 金生杨. 宋代巴蜀对邵雍学术传播的贡献 [J]. 周易研究，2007（1）：69-88.

[4] 王晓龙. 中国古代学术传播途径探析——以宋代理学传播为中心的探讨 [C]. 中华文明的历史与未来国际学术研讨会论文集，2007.

[5] 王春阳，王新旺. 略论颜元学术传播思想的嬗变 [J]. 湖北社会科学，2010（8）：118-120.

[6] 王春阳. 略论李塨的学术传播思想 [J]. 新闻爱好者，2010（2）：30-31.

元学术的重任，为了实现学术传播的目标，志欲行道的李塾十分注重学术传播方法和技巧，通过大量人际交往构建传播网络，并运用传播技巧扩大传播空间和社会影响。此外，还有学者[1]根据朱熹在浙江的为官和交游经历，阐述了其学术思想在浙江的传播情况，从历史角度论证了朱熹门人及后学通过不断努力终于使朱子学在浙江出现了繁荣局面，并为南宋浙江学术教育发展做出了重要贡献，成为南宋浙学的重要组成部分。

4. 小 结

为了和国外综述相匹配，本研究对国内文献的考察也是对篇名中含有"学术传播"论文进行梳理和综述，结果发现数量很少，并且大部分发表在非核心期刊上。但这并不代表中国学者不做学术传播研究，他们只是不以"学术传播"为题来进行论文撰写和发表，搜索知网中研究"图书馆出版"、"学术期刊"和"开放获取"等内容的文章数量还是很庞大的，这足以证明我国学术传播成果较为丰富。但这一国内外差异从另外一个角度也许可以反映出中国学术传播研究人员的整体学科意识没有国外高，学术传播作为一个概念被整体研究并没有被国内学者重视。另外，研究方法一直是国内人文社会科学学科的薄弱之处，学术传播研究也不例外，因此向国外学术传播研究学习量化研究方法可以帮助中国学术传播提高科学研究能力，并且在国际学术舞台上发出自己的声音。

二、中国哲学社会科学"走出去"研究综述

邓正来教授[2]指出，中国哲学社会科学自改革开放以来与西方哲学（人文）社会科学之间的碰撞和关系大致经历了三个阶段：1978年以来开始大规模的知识引进运动，把西方大量的哲学社会科学知识通过翻译"引进"过来，这个"引进"阶段直到今天还在延续，未来也有必要延续下去。第二个阶段始于20世纪90年代初，是"复制"西方知识的阶段，最早是经济学和统计学这些学科，现在还包括社会学和政治学等其他学科。在这个阶段里，我们把西方的概念工具和分析框架拿来解释中国经验，企图复制西方哲学社会科学的理论创新模式，这个阶段也在继续。第三阶段从20世纪90年代末一直延续到21世纪初，中国开始在学术规范和学术体制等方面全面与

[1] 李同乐.朱熹在浙江的活动及其学术传播[J].兰台世界，2014（1）：82-83.
[2] 邓正来，黄琳.走向世界的中国哲学社会科学[J].对外传播，2009（1）：59-61.

国际"接轨"。客观地说，经过这三个阶段，我们取得了很大的成就，也为其进一步发展奠定了比较扎实的基础。目前，我国正处于第四阶段：中国哲学社会科学及其成果全面走向世界，力争在国际学术舞台上获得国际话语权，从而提升中国文化国际影响力和国家软实力。

本研究在中国知网数据库中查找与"哲学社会科学"或"人文社会学科""走出去"、"走向世界"和"国际化"等内容相关的论文，通过仔细研读、梳理和综述后发现，在中国哲学社会科学全面走向世界的进程中，我国研究人员主要在整体规划和实践探索两个层面对其进行了有益的思考。

（一）中国哲学社会科学"走出去"战略"整体规划"的定性研究

推进中国哲学社会科学"走出去"战略必须首先在思想观念层面解决若干问题，只有解决了这些问题才能更加行之有效地实施该战略以达到预期目标。近10年来，学者们分别在重要性、可行性、存在问题和发展策略四个方面对此战略进行了思想观念的阐释。

1. 重要性

学者们认为，哲学社会科学"走出去"是应对全球化挑战和提升国家文化软实力的必然要求[1]，是将中国介绍给世界、塑造及展示中国世界大国新形象的现实需求和重要途径[2]，同时它也是贯彻落实六中全会精神、深入推进哲学社会科学繁荣发展的重大举措[3]。此外，哲学社会科学"走出去"也是繁荣我国哲学社会科学和为人类共同进步做贡献的迫切需要。[4] 因此，邓正来[5]教授认为实施该战略是主动参与国际"话语争夺"的过程，是在全球化背景下实施中国大国战略和促进中华民族和平崛起这一伟大事业的重要组成部分。

[1] 李卫红.努力开创高校哲学社会科学"走出去"工作新局面[J].中国高等教育，2012（9）：4-7.

[2] 朱有志，胡跃福，马贵舫.推动我国哲学社会科学优秀成果和优秀人才走向世界[J].社会科学管理与评论，2008（2）：1-6.

[3] 李卫红.努力开创高校哲学社会科学"走出去"工作新局面[J].中国高等教育，2012（9）：4-7.

[4] 朱有志，胡跃福，马贵舫.推动我国哲学社会科学优秀成果和优秀人才走向世界[J].社会科学管理与评论，2008（2）：1-6.

[5] 邓正来，黄琳.走向世界的中国哲学社会科学[J].对外传播，2009（1）：59-61.

2. 可行性

如此意义重大的战略要得以顺利展开，先认清其实施的可能性和可行性是非常必要的。随着中国综合国力的不断提升，"中国经验"和"中国模式"在世界上受到越来越广泛的关注，特别是中国在举办重大活动和应对危机事件中的出色表现及成功实践，进一步彰显了中国发展理念、发展道路和发展模式的独特优势。当前，国际社会对中国的关注已经超越经济层面，开始认真对待和研究中国的政治制度与治理模式，这都为中国哲学社会科学走向世界提供了大好机遇和发展可能性。[1] 正因如此，邓正来教授[2] 认为，对中国经验的解释有可能帮助我国哲学社会科学走向世界，因为在改革开放短短 30 多年来，中国发生了翻天覆地的变化，而这变化之中一定隐含着所谓的中国经验，因为中国并没有按照西方的发展模式但是却达到了发展的目的。在这种中国经验中，不仅存在着中国人特有的希望结构和运作模式，而且也存在着中国人的哲学、中国人对制度的认识，而所有这些都是西方哲学社会科学所无法解释的，需要我们通过自己的研究成果来解释。此外，还有学者[3] 认为，经济发展为造就哲学社会科学优秀成果和人才走向世界奠定了基础；改革开放的伟大时代为哲学社会科学的进一步繁荣创造了条件；哲学社会科学许多领域的优秀成果和人才具备了走向世界的水平和能力。

3. 现存问题

中共中央 2004 年 3 月就发出《关于进一步繁荣发展哲学社会科学的意见》[4]，要大力实施哲学社会科学"走出去"战略，采取各种有效措施扩大我国哲学社会科学在世界上的影响。虽然各个领域的专家和学者也一直在努力实施和推进该战略，但和经济领域的发展相比，中国哲学社会科学成果的国际影响力似乎还是有待提高，因此，有不少学者开始分析现存问题，为制定策略提供现实基础。

[1] 陈俊乾. 当前中国人文社会科学出版"走出去"机遇问题及策略 [J]. 中国出版，2010（8）：59-61.

[2] 邓正来，黄琳. 走向世界的中国哲学社会科学 [J]. 对外传播，2009（1）：59-61.

[3] 朱有志，胡跃福，马贵舫. 推动我国哲学社会科学优秀成果和优秀人才走向世界 [J]. 社会科学管理与评论，2008（2）：1-6.

[4] 《关于进一步繁荣发展哲学社会科学的意见》，中国政府网：http://www.gov.cn/test/2005-07/06/content_12421.htm，2015-1-8.

有学者[1]认为，目前我国哲学社会科学在学科体系本身、学术研究范式与研究方法、教师学术研究能力以及学术绩效考核导向等方面与国际学术发展要求还存在着一些差距，这些都不同程度地影响着我国哲学社会科学国际化进程。这具体表现在：首先，在学科体系建设方面，我国哲学社会科学（尤其是具有明显国际通行特色的社会科学）与国际一流的人文社会科学有明显差异；其次，我国哲学社会科学在研究范式和研究方法上还存在一定程度的滞后，因为新中国高等教育在很大程度上是模仿苏联模式建立与发展起来的，其在学科发展上主要采用马克思主义话语研究范式和研究方法；最后，作为推动哲学社会科学发展的主体，教师队伍的整体国际化水平偏低、教师个人的国际学术能力参差不齐和学术绩效考核机制不科学不完善等都是阻碍我国哲学社会科学国际化发展的重要因素。

还有学者[2]从哲学社会科学出版的角度分析了存在的问题：①工作进展不平衡。从内容来看，自然科学以及传统文化类图书多，当代哲学社会科学图书少；从地区来看，输出到东亚及东南亚周边地区的多，到欧美发达国家的少；从哲学社会科学图书本身来看，人文类图书多，社会科学类图书少。②出版单位和翻译者积极性不高。出版社对人文社会科学图书翻译出版的积极性不高，主要是因为投入大、工作环节多、利润低。译者积极性不高，主要是由于目前高校和大多数科研机构学术著作翻译不算科研成果，而且翻译收入较低。③翻译人才缺乏，翻译水平不高。目前我国哲学社会科学界能够直接以外文写作的科研人员不多，因此，哲学社会科学"走出去"主要靠翻译。但是，由于哲学社会科学著作的专业性较强，再加上中外语言之间的巨大差异，我国哲学社会科学著作的翻译质量亟待提高。④哲学社科类图书海外传播力较差。长期以来，我们较多依靠国内出版社出版哲学社科图书的外文版，但这些图书很难进入外国的主流销售渠道，无法进入国外图书馆、大学和科研机构，发挥不了应有的作用。

4. 发展策略

无论是对重要性、可行性还是现存问题的研究，都是为制定中国哲学社会科学"走出去"发展策略服务的，因此大部分思想观念层面的研究主要集中在这个方向。

---

[1] 张伟. 关于新时期我国人文社会科学国际化发展若干问题的思考 [J]. 中国人民大学教育学刊，2013（3）：123-134.

[2] 陈俊乾. 当前中国人文社会科学出版"走出去"机遇问题及策略 [J]. 中国出版，2010（8）：59-61.

　　从中国哲学社会科学"走出去"战略的传播内容角度来看，有学者[1]认为，我们的优势在于对中国的认识，因此至少可以拿出三样东西走向世界：①让中国的哲学文化传统走向世界；②让对当下中国的深度研究走向世界；③让我们基于中国立场对世界秩序性质、走向的重构与理解走向世界。这三个方面都深深地打下了中国烙印，也是中国可以为世界学术做出贡献的地方。而从阶段性策略制定的角度，有学者[2]认为中国哲学社会科学走向世界是个具有复杂性、系统性和长期性的工程，需要多方面的努力，甚至需要几代人的努力，可以实行近期、中期和长期三阶段的发展战略：近期战略主要侧重于外部推动，以举国之力为中国哲学社会科学的创新发展创造条件，重点是把已经形成的中国优秀论著，以及中国已有的西方学术界不得不承认的强势学科，比如考古、中国文化研究和中国艺术研究等通过翻译的方式推向世界；中期战略主要是争取在中国哲学社会科学的自主造血和健康发展上取得初步突破，打造"中国学派"；远期战略旨在全面突破，其关键是在各种学派不断建立和涌现的基础上，建构中国哲学社会科学的学术传统，真正完全建构起中国特色、中国风格和中国气派的哲学社会科学。还有学者[3]则从战略与战术、形式与内容、本土化与国际化、传统与创新以及"竞争性"与"吸引性"五组关系角度进行了策略制定与分析。

　　此外，还有一些具有针对性和操作性的发展策略同样是专家学者们重点研究的。首先，以人才培养为突破口，选拔和培养大批具有国际水平的优秀人才，着力解决"走出去"的瓶颈问题。[4]落实到具体操作层面就可以培养一支高水平的学术翻译队伍，通过与国外学者的合作，将中国人文社会科学的优秀成果译成英文，在国际学术刊物上发表或在国际权威出版社出版[5]；也可以从外语院校的人才培养入手，强化外语院校办学特色、提高办学质量，加强学生跨文化沟通能力培养，造就高端翻译人才、

　　[1]　邓正来，黄琳.走向世界的中国哲学社会科学 [J].对外传播，2009（1）：59-61.

　　[2]　邓正来，黄琳.走向世界的中国哲学社会科学 [J].对外传播，2009（1）：59-61.

　　[3]　张伟.关于新时期我国人文社会科学国际化发展若干问题的思考 [J].中国人民大学教育学刊，2013（3）：123-134.

　　[4]　李卫红.努力开创高校哲学社会科学"走出去"工作新局面 [J].中国高等教育，2012（9）：4-7.

　　[5]　王宁.人文社会科学评价的多元化和国家化标准 [J].重庆大学学报（社会科学版），2009，15（4）：83-89.

营造国际化校园文化环境，实现人才培养理念、模式和国家化的创新突围[1]。其次，以文化传承创新为主线推出大批有国际影响力的优秀成果，着力解决走出去的话语体系问题。[2]可以组织学术造诣深厚且英文写作好的学者集体攻关，力争在公认的国际权威刊物上发表数量可观的原创性论文，并使有分量的学术专著在国际权威出版社出版[3]；此外还可以把中国优秀的哲学社会科学成果翻译和传播出去，推进中国优秀文化走向世界[4]。再次，以国际交流平台建设为抓手，深化国际学术合作水平，着力解决"走出去"的渠道问题。[5]为此，有学者认为应该努力打造中国哲学社会科学的精品刊物和精品出版社，绝不以盈利为目的，争取在今后5年内，向汤姆森科技信息集团推荐100种SSCI或A&HCI来源期刊[6]；也可以设立国家级中外合作研究项目，以研究"走出去"带动成果"走出去"[7]；还可以运用高校资源，组织师生开展国际文化交流和文化演出等活动，增强国际社会对我国的亲和力[8]。最后，建设具有中国特色的国际项目，推进中国哲学社会科学成果海外"软着陆"。例如，有学者[9]提议建立一批国际、区域和国别问题研究中心和"智库"，提升中国在国际问题上的话语权；还有学者[10]认为孔子学院为中国哲学社会科学"走出去"搭建了新平台（人员交流平台、文化交流平台、学科合作平台），应该继续发挥其重要作用，并在对

[1] 张占奇.哲学社会科学"走出去"战略背景下国际化外语人才培养的思考[J].天津市教科院学报，2013（6）：10-12.

[2] 李卫红.努力开创高校哲学社会科学"走出去"工作新局面[J].中国高等教育，2012（9）：4-7.

[3] 王宁.人文社会科学评价的多元化和国家化标准[J].重庆大学学报（社会科学版），2009，15（4）：83-89.

[4] 施建军.推进哲学社会科学"走出去"战略，加强国际文化和学术的沟通与交流[J].北京教育，2012（6）：19-21.

[5] 李卫红.努力开创高校哲学社会科学"走出去"工作新局面[J].中国高等教育，2012（9）：4-7.

[6] 王宁.人文社会科学评价的多元化和国家化标准[J].重庆大学学报（社会科学版），2009，15（4）：83-89.

[7] 陈俊乾.当前中国人文社会科学出版"走出去"机遇问题及策略[J].中国出版，2010（8）：59-61.

[8] 施建军.推进哲学社会科学"走出去"战略 加强国际文化和学术的沟通与交流[J].北京教育，2012（6）：19-21.

[9] 施建军.推进哲学社会科学"走出去"战略 加强国际文化和学术的沟通与交流[J].北京教育，2012（6）：19-21.

[10] 樊钉.孔子学院在高校哲学社会科学"走出去"中的作用初探[J].世界教育信息，2013（23）：64-67.

当下孔子学院的困难和问题分析基础上，提出了综合协调、市场采购和多元投入三种创新机制。

（二）中国哲学社会科学"走出去"战略的"实践领域"探索

整体规划要想得以有效实施，就必须落实到实践层面，理论引导实践，然后再用实际问题研究验证规划的可行性和有效性，从而达到预期目标。中国哲学社会科学"走出去"战略问题研究在"实践领域"的探索主要在"中国学者在国际核心学术期刊上的论文发表"、"中国哲学社会科学类学术期刊走出去"和"中国学术出版走出去"三个方面展开。

1. 中国国际 SSCI 和 A&HCI 期刊论文发表研究

这一层面的研究是实践探索领域中成果最丰富、论证最充分、方法最科学的部分，学者们主要运用文献计量法、引文分析法、问卷调查等定量分析方法，在对基本态势和整体情况做数据统计和分析阐释的基础上，通过和日本、韩国等国家以及和中国台湾、香港地区之间的比较，重点研究了中国哲学社会科学成果国际化中的高校科研生产力、学科分布、年代变化、高产作者、成果内容和国家合作情况等问题。

基本态势和整体情况方面，有学者[1]运用文献计量方法，通过美国汤森路透公司的核心期刊论文数据库 Web of Science 中的社会科学专题数据子库，检索了中国大陆在世界核心刊物上自 1900 年至 1949 年间发表的几乎全部论文，并从文献量、著者、机构、学科主题、核心期刊、引文等角度进行了归类统计和分析，用定量数据从一个侧面反映了 20 世纪上半叶中国社会科学研究的历史实况、研究水平和科研布局等具体信息。研究证明，社会科学研究在很大程度上受到了中国社会变革的影响，也受到了战争的重创，这从另外一个角度再次印证了现在正日益强大的中国各方面协调发展为中国哲学社会科学"走出去"提供的各种可能。除了对解放前的历史研究，还有学者[2]对改革开放之后（1978—2007）我国 SSCI 论文发表的基本态势进行了整体考察，研究同样运用科学计量学分析后发现：1978—2007 这 10 年论文发表数增长速度较快；发表作者所在单位中高校在国内机构里占有优势；合作论文比例大于唯

[1] 华薇娜，羌丽. 20 世纪上半叶走向世界的中国社会科学研究 [J]. 科学学研究，2011（5）：670-677.

[2] 刘莉，刘念才. 1978-2007 年我国 SSCI 论文发表的基本态势研究 [J]. 情报科学，2009，27（10）：1590-1594.

一作者论文比例；国际合作论文比例较高，且呈上升趋势；研究内容更多的关注国内问题；经济管理领域发表 SSCI 论文的数量较多；发表期刊的影响力具有明显学科差异。类似这样的研究还有不少，绝大部分都是运用这种方法对一定时间段内中国哲学社会科学学者在国际核心学术期刊上的论文发表为分析对象，研究之后发现[1]中国学者被 SSCI 和 A&HCI 收录的文献数量虽然呈现明显的阶段性特征，但总体上具有稳步增长的特点，其未来发展前景具有较高的可预测性。随着我国综合国力的不断增强，国家对科研领域经费投入的不断加大，科研人员专业外语表述能力的不断增强，我国会有越来越多的哲学社会科学研究成果走向世界。此外，在我国高校人文社会科学走向世界的初期，贡献比较大的高校有上海大学、辽宁大学、北京大学、南京大学、复旦大学、吉林大学、清华大学、东吴大学（现苏州大学）等，学术成果主要集中在政治学、教育和教育研究、亚洲研究、国际关系和哲学等学科领域。

除了整体情况分析，还有不少学者针对一些具体指标进行了细致而又系统的分析阐述。例如有学者[2]通过核心期刊数据库 Web of Science，收集了 1956 年以来我国高校人文社会科学领域走向世界的几乎全部核心期刊研究成果，截取大陆高校 38 所高校（60 篇以上的产出量）和 9 所香港澳门高校（90 篇以上的产出量）作为我国人文社会科学研究走向世界的核心机构，对其发文量、高层次文献比例、发文较多的学科领域／主题以及合作研究等方面进行详细分析，更好地反映我国高校在人文社会科学研究国际化方面所做出的努力和取得的成果。此外，这些学者[3]还在 1956 年以来我国高校人文社会科学领域国际核心期刊成果研究中截取了大陆和香港各 29 位作者作为高产作者，并对大陆高产作者的基本信息、科研生产力和香港高产作者的科研生产力进行了定量统计分析，多角度地反映我国高校人文社会科学走向世界的高产作者实况。研究发现，大陆地区绝大部分高产作者在未来几年之内依然扮演着我国人文社会科学走向世界的主力军角色；作者的地域分布呈不均衡性，主要集中在北京及周围的省市，科研机构主要是人文社会科学实力最强的北京大学、师范类院校以及清华大学、北京航空航天大学等理工科院校；男性学者依然是大陆人文

[1] 华薇娜，刘艳华. 中国高校人文社会科学走向世界的历史进程——基于 SSCI 和 A&HCI 的数据调研与分析 [J]. 中国高教研究，2009（12）：30-34.

[2] 袁顺波，华薇娜，刘艳华. 走向世界的中国人文社会科学研究中高校科研生产力调研与分析 [J]. 中国高教研究，2010（11）：27-33.

[3] 刘艳华，袁顺波，华薇娜. 走向世界的中国高校人文社会科学研究中的高产作者分析 [J]. 中国高教研究，2011（4）：15-18.

社会科学领域的主体力量，而获得博士学位或者具有海外留学或工作经历的学者具有较强的科研能力和国际对话能力；大陆高产作者在国内及国际上都具有了一定的影响力，个别高产作者的文献影响力及个人学术成就与香港高学术成就作者达到了同一水平，但是整体来说无论是在发文量还是文献影响力以及科学家学术成就方面，大陆高产作者整体要逊于香港高产作者。大陆高产作者所发表的高学术水平文献如论文、综述和会议论文较多，科研实力较强，研究方向主要集中在心理学、语言和语言学、经济学、文学、计算机科学、医学、情报与图书馆学等领域，而香港高产作者的研究则较多在心理学、医学、公共健康、交通科技等领域，这些研究成果都对我国高校进一步发展和培养国际学术研究人才起到了借鉴作用。还有学者[1]对建国以来我国人文社会科学学术研究国际化发展中的学科和年代进行了重点分析，结果显示：在学科分布总排在前列的是心理学、经济学、文学、管理学、卫生学、政治学、人类学与考古学、教育学、社会学等，总体显示社会科学中的一些学科在国际期刊上发文量比较多，而人文学科除文学较多外，语言学处于中间状态，哲学、历史、艺术、宗教和建筑等学科都很弱势。社会科学中法学、统计学、新闻传播学等文献量非常少，国际学术影响非常微弱。而对年代分析[2]的结果发现三个差异明显的发展阶段，从而清晰地勾勒出我国人文社会科学研究的国际化发展轨迹，也反映出我国社会政治经济发展的阶段性。年代分析显示了大陆人文社科研究国际化基本格局和总体态势是上升的，在国际学术界的影响正在不断扩大。

2. 中国哲学社会科学学术期刊"走出去"研究

有关中国哲学社会科学学术期刊"走出去"的研究主要出现在"中国学术期刊走出去"研究成果中，其中专门针对"哲学社会科学类期刊"的数量倒不是很多，但其他研究对其同样具有很积极的借鉴作用，这一领域的研究主要从现状、问题和发展策略三个层面展开。

有学者[3]利用相关数据库，通过量化统计后发现：虽然大部分期刊以不同方式实现了"走出去"，但并没有在国际社科学术界发挥足够的影响力；主要"走出去"

---

[1] 何小清.建国以来我国人文社会科学学术研究国际化发展学科分析——基于SSCI、A&HCI（1956—2006）的定量分析[J].东岳论丛，2008（5）：25-31.

[2] 何小清，徐松.建国以来我国人文社会科学学术研究国际化发展年代分析——基于SSCI、A&HCI（1956—2006）的定量分析[J].山东社会科学，2008（3）：141-144.

[3] 刘杨.中国社科学术期刊"走出去"现状研究[J].出版科学，2014（3）：63-69.

的学科集中在历史学、语言学、艺术学、文学、考古学、经济学等学科；专业化办刊模式更适应国际学术期刊出版环境和要求；以英文出版是中国社科学术期刊走向国际市场的有力媒介，但我国英文社科学术期刊还存在数量少、细分程度不高和刊物质量亟待提升等问题；中外合作出版增强了英文社科学术期刊的国际竞争力，为"走出去"提供了良好的平台和强大的动力。还有学者[1]认为由于数量偏少、质量偏低以及被国际知名数据库检索情况不乐观等原因，中国社科学术期刊走出去成效不明显，这些都是由一些制约因素导致的。比如中西方意识形态差异、中国社会科学研究自主性较弱、中国期刊出版管理体制制约和语言障碍等客观因素，以及办刊理念滞后、编辑出版规范与国家规范存在差距、集约化、规模化经营落后和科研评价导向偏离等主观因素。

针对中国学术期刊"走出去"的现状和存在问题，学者们积极探索发展道路，制定发展策略。有学者[2]认为期刊应专业化定位，实施集群化战略，打破自我封闭，进行国际化运作；突出学术影响力，提高稿源质量；强化主编的主体意识，调整编辑队伍，等等，这些策略可以有效推进学术期刊国际化进程。也有学者[3]认为，在中国经济和文化"走出去"战略的时代语境下，人文社科学术期刊"走出去"已成历史必然。而营造中国文化的"世界化"氛围，建设一批高水平的中文版和英文版人文社科学术期刊，建立专业化转型和数字化的学术平台，应该是人文社科学术期刊"走出去"的主要途径。还有学者[4]从"增加期刊内容国际化含量"和"开拓国际化的发行渠道"两个方面入手，认为扩大稿源，面向国际作者市场；严格把关，建立国际同行评议体制；努力推广订阅渠道，争取相关国际知名机构订阅；力争加入国际大型数据库；与国际大型出版社理性合作；打造自己的网络出版平台等方法都可以有效解决现存问题，推动中国学术期刊更好走向世界。此外，其他类型中国期刊"走出去"的十个着力点[5]也可以成为中国哲学社会科学学术期刊对外传播发展策略的有益借鉴：争取当地相关部门支持，进入主流传媒市场；对谁说、说什么、怎么说；

[1] 刘杨. 中国社科学术期刊走出去困境及制约因素分析 [J]. 中国出版，2013（1）：19-22.

[2] 刘素梅. 学术期刊实现"走出去"的策略探析 [J]. 赤峰学院学报（汉文哲学社会科学版），2014（9）：146-147.

[3] 武文茹. 人文社科学术期刊"走出去"的路径 [J]. 出版广角，2013（6）：22-24.

[4] 商建辉，王建平. 我国学术期刊"走出去"的国际化操作策略探微 [J]. 出版发行研究，2012（9）：77-79.

[5] 毕磊. 中国期刊"走出去"的十个着力点 [J]. 中国出版，2010（9）：66-68.

选择合适的合作伙伴；举办活动，扩大影响；通过版权合作，融入世界期刊竞争的大潮；发挥优势，找准切入点，打造自己的品牌；借助资本上市，提升核心竞争力；发展新兴媒体，增强传播的宽度与广度；培养复合型传媒人才；做"走出去"整体的战略布局和谋划。

3. 中国出版"走出去"研究

在中国知网数据库中，专门研究中国哲学社会科学研究成果出版的文章并没有，基本都是以"中国出版"或者"学术出版"为主题词的，但本研究认为其部分成果同样可以作为研究中国哲学社会科学"走出去"的参考。

有学者[1]从发展文化战略的角度，认为中国出版业应该以社会主义核心价值观为引领，增强出版走出去的自主性；丰富发展中华传统优秀文化内涵，提升出版走出去的亲和力；培养跨文化意识，扩大出版走出去的交融性，通过多渠道、多方式向世界讲好中国故事，传播好中国声音。也有学者[2]认为，要做好学术出版与学术走出去工作，首先，要保证学术出版的质量，提升学术出版的声誉；其次，要做好需求调查与需求分析；再次，要根据读者和市场的需要搞好学术出版，引领市场的发展，并保证翻译的质量；从次，要处理好学术成果和学术出版的关系；最后，要处理好版权转让与合作出版的关系。还有学者[3]针对中国出版走出去的目的、形式和内容提出了"走出去"的政策建议：加大对邻国以及亚非拉国家图书输出的扶持力度；调动中央和地方两个积极性做好"思想文化走出去"；加大思想理论走出去的力度，政策调控是关键；让图书实物出口能充分收到传播中国思想文化的效果；解决好"走出去"的瓶颈，大力培养翻译人才和版权人才。

除了对中国出版"走出去"整体进行分析规划外，还有一些学者[4]进行了针对性研究。当前，翻译人才问题是制约我国出版走出去的瓶颈因素，分析翻译人才与出版走出去的关系，进一步探讨化解我国出版走出去中翻译人才的问题思路，是出版界、译界和文化管理部门关注的重要课题。翻译人才在解除跨文化交流语言隔阂，实现

[1]　黄英．中国出版走出去的文化思考 [J]．中国出版，2014（12）：57-59.

[2]　庄智象．学术出版与学术走出去的若干问题 [J]．编辑学刊，2014（1）：13-18.

[3]　和龑．对"中国出版走出去"若干问题的思考 [J]．中国编辑，2010（6）：19-22.

[4]　尚亚宁，曹敏杰．我国出版走出去中的翻译人才问题思考 [J]．中国出版，2012（10）：13-15.

中西文明交融，推动国内文化产品进入国际市场和促进我国出版走出去中发挥着举足轻重的作用。因此，高度重视翻译人才及其培养工作，改善翻译人才培养的基础环境，创新翻译人才培养的机制体制等是化解翻译人才困境的途径选择。还有学者[1]对我国出版的国际话语权问题进行了深入探讨，研究指出我国出版走出去虽然已经取得了一定的成绩，但在很多方面还没有真正掌握国际话语权，因此必须在全球化背景下提高中国出版的文化创新自觉并占领国际出版和文化发展的制高点，提升中国出版内容的质量和先进性；在全球化和互联网新媒体时代，加强中外出版理念和出版运作机制的交流与沟通，建立我国出版的比较优势，树立我国出版的优势地位；构建我国出版的价值体系，并在营造具有国际出版共同价值内涵的前提下突出中国出版特色；积极采用互联网时代数字出版技术的优势，结合传统纸质出版，以立体化、综合性的出版形式呈现中国出版的优质内容。

4. 小　结

中国哲学社会科学"走出去"战略从 2004 年提出至今已有 10 个年头，回望学界的研究成果可谓是百花齐放、成果颇丰，正是在"理论领导"和"实践探索"齐头并进的学术研究推进下，我国哲学社会科学"走出去"取得了一定的成绩。然而，正如很多学者指出的，中国文化对外传播还没有取得像经济领域的国际影响力，虽然各方面原因繁多且互相交织，但围绕此问题的学术研究应该依托现有成果在广度、深度和整合性上进一步展开。所谓广度，就是要拓宽研究范围，从过去主要研究国际期刊论文发表、国际型学术期刊和学术出版国际化，拓展到国际合作与交流、国际学者互访和特色项目培养等新的领域；所谓深度，就是研究不要仅仅局限于提纲式的现状呈现、原因分析和策略制定，要深度剖析每项考察指标的具体表现和实施，提出具有针对性的、行之有效的应对策略；所谓整合，就是不能将理论研究和实践探索割裂开来进行，而是要针对实践领域现状和存在问题进行理论研究，也不要只做量化的数字描述，要将定量的科学性优势和定性的思辨逻辑性整合起来共同为中国哲学社会科学"走出去"研究服务。

[1]　张宏. 中国出版走出去的话语权问题及对策 [J]. 编辑学刊，2014（4）：6-11.

第四节 研究问题、研究方法和研究框架

在国际经济全球化和国际信息互联网飞速发展的历史时代，国际化成为中国哲学社会科学所面临的重要课题，其对外传播也就成为了我们必须思考的重要问题。本研究从文献综述中发现，国内外关于学术传播的研究不尽相同，国外学术传播研究内容更为丰富多样，且研究方法更为量化科学，但却没有学术传播国际传播研究的相关成果；国内围绕中国哲学社会科学"走出去"问题的研究成果主要集中于学术期刊论文，因此显得比较零散和单一，且理念阐释和实践探索的有机结合还有待提高。因此，本研究将从国外学术传播的研究成果中找寻理论依据，从国内研究中找寻实践依托，从学术传播模式和渠道的角度确定研究问题的具体内容，并制定研究分析框架。

一、研究问题

从印刷时代开始，学者们就从不同的角度提出了有关以文献为主要载体的传统学术传播模式的构想，其中以联合国教科文组织与科学协会国际委员会共同提出的 UNISIST 模式、社会学家威廉姆（William Garvey）和贝尔韦尔（Belver Griffith）共同提出的 G-G 模型、A·H·米哈依洛夫提出的科学交流模式和拉斯韦尔 5W 模式最为典型。[1]

UNISIST 模式[2]（图 1-1）主要针对科学技术领域的学术交流过程，由于定量调查以及实验产生了大量的列表数据，然而出版文献并不能很好的传播这些信息，因此要通过数据中心对其进行收藏，以便于用户检索和计算。联合国教科文组织以及科学协会国际委员会的 UNISIST 模型起点是知识生产者传递的信息资源，它将学术资源的传播途径分为三种：非正式渠道、正式渠道与列表渠道。

---

[1] 马振萍，杨姗媛.基于 web 3.0 的网络信息交流模式 [J].情报资料工作，2011（1）：61-64.

[2] Trine Fjordback Sondergaard et al.Documents and the communication of scientific and scholarly information[J].Journal of Documentation, 2003,59(3):278-320.

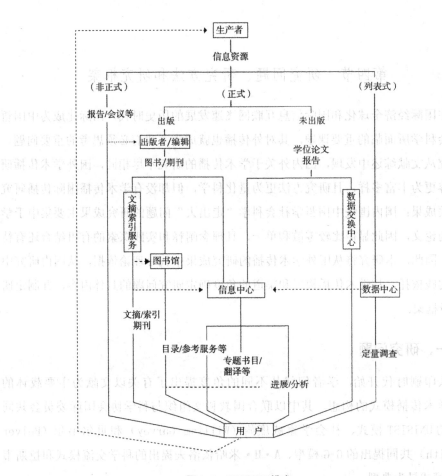

图 1-1：UNISIST 模式

  G-G 模型[1]（图 1-2）简洁明晰地将学术传播的几种方式罗列在学术成果的传播过程中，将研究成果进行学术会议交流是一种学术传播的方式，会议结束后会议内容总结成会议报告，会议论文集以及会议论文索引，成为由学术会议交流这种传播方式衍生出来的传播方式，研究成果的手稿会成为预印本交流，最终经过期刊的出版可以通过目录及文摘索引进行传播。

[1] 周雨阳. 中国新闻传播学研究成果国际传播方式的研究 [D]. 上海：上海外国语大学，2013.

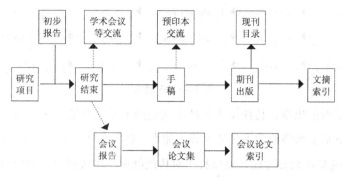

图 1-2：G-G 模型

A·H·米哈依洛夫的科学交流模式[1]（图1-3），是首先由社会学家H·门泽尔提出，在前苏联的情报学家A·H·米哈依洛夫整理之后得出的。该模型展示了科学交流中的 9 个基本的过程，正式过程和非正式过程构成了这九项。非正式过程是由科学家和专家本人完成，并且通过个人接触进行的科学交流过程。如学者之间的直接对话、学者参观同行实验室以及学者对听众口头讲演、交换出版物预印本或书信单行本，以及在研究成果发表前的准备工作；而正式过程则是借助于科学技术文献进行科学情报交流的过程，如编辑出版、出版及发行过程等。

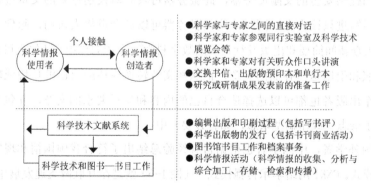

图 1-3：科学交流模式

拉斯韦尔 5W 模式（图1-4）是美国政治学家拉斯韦尔从大众传播的角度对大众信息交流进行了深入的研究，他认为大众信息交流过程由五个要素构成，即谁（传播者）、说什么（信息）、通过什么渠道（媒介）、给谁（接受者）、取得什么效果（效果），这就是信息交流学上著名的 5W 模式，是大众信息交流的古典模式。

[1]　A·H·米哈依洛夫.科学交流与情报学[M].徐新民，等译.北京：科学技术文献出版社，1980：47-70.

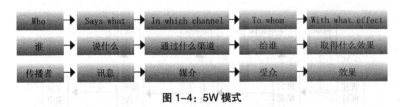

图1-4：5W 模式

由于互联网的出现，传统学术传播模式已经不能完全适用了，因此学者们开始研究新环境下基于网络的学术传播模式。加维／格里菲斯（Garvey/Griffith）学术传播模式[1] 就是在充分考虑计算机技术对传统纸质学术传播模式的影响的基础上提出来的，其原型来源于兰开斯特于 1978 年提出的学术传播模式，因此也可以说它是传统学术传播模型在电子环境下的延伸。它保留了传统纸质学术传播系统的基本元素，通过从纸张到电子介质的变化，新的学术传播模式的传播速度得到了提高，传播的范围更广。网络出版技术的引入发展出了诸如电子预印本、电子会议报告、电子期刊等新的传播途径。金斯帕（Ginsparg）的公共域（Public Domain）学术传播模式[2] 则是对现行的传统学术传播模式在互联网环境下的改进。金斯帕和其他人极力主张把写好的文章直接投给网络上的公共域，为达到该目的，大学、学术性团体或图书馆应当提供安全的文献服务器，此服务器可及时对投递过来的文章进行永久性标记，然后写进只读内存。同时，这些服务器可以被全世界人访问，起到了与平凡世界中的大众新闻简要和出版发行相同的数字科学等价物的作用。任何人可以阅读、打印、参照和引用这些存储的文章，把这些文章转换成适应自己的环境或转交给其他人。每个出版者也都可以选择适合自己的内容和质量要求的文章，并包含在其他出版的电子杂志（或印刷型杂志，如有必要）中。

除了国外学者，中国学者也根据自身经验总结出了符合我国国情和现实状况的学术传播模式。CNKI 网络学术传播模式[3]（图 1-5）就是在互联网飞速发展中产生的，CNKI 全面深化并且开发利用国内外学术信息资源，在知识的产生、传播、扩散与应

---

[1]　巢乃鹏，黄娴. 基于网络出版的学术传播模式研究 [J]. 南京邮电学院学报（社会科学版），2005，9，7（3）：43-47.

[2]　巢乃鹏，黄娴. 基于网络出版的学术传播模式研究 [J]. 南京邮电学院学报（社会科学版），2005，9，7（3）：43-47.

[3]　巢乃鹏，黄娴. 基于网络出版的学术传播模式研究 [J]. 南京邮电学院学报（社会科学版），2005，9，7（3）：43-47.

用过程中，建立起知识和技术创新以及应用的社会化网络环境，从而为学术传播开创出一种全新的发展模式。有学者认为，随着信息的爆炸式增长与开展跨国合作研究的需要，传统的学术交流体系已处于疲于应对的状态。因此，借网络技术，通过网络出版进行学术交流已经逐渐被人们接受并予以应当的重视，从而逐步引发用户群体知识交流行为变化，在此基础上初步形成基于网络出版的学术传播体系。

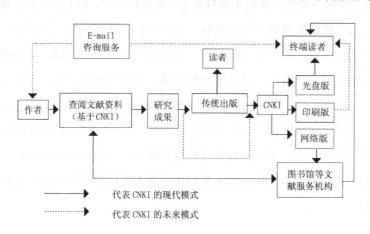

图 1-5：CNKI 网络学术传播模式

本研究将在已有国内外学术传播模式研究成果的基础上，以学术传播的传统和非传统渠道为研究维度，通过对中国哲学社会科学成果对外传播现状考察和问题分析，尝试提出其学术成果对外传播的发展策略。

二、研究方法

（一）文献研究法

文献研究法主要指搜集、鉴别和整理文献，并通过对文献的研究形成对事实科学研究的方法。本研究除了对国内外"学术传播"和中国哲学社会科学"走出去"等相关内容进行文献综述外，还将在中国哲学社会科学对外传播现状探究这个部分搜集、梳理和分析已有成果的文献和数据等资料，从中获取对研究对象的全面观照。

（二）案例分析法

案例分析法就是对实践领域中与研究主题密切相关的典型案例进行深度剖析，从中找到现存问题并对其进行详细阐释的一种研究方法。本研究将对目前承担中国哲学社会科学成果对外传播的中国经典国际学术期刊、国际学术会议和国际学术社交网络平台中的典型案例进行具体分析，找寻他们的先进经验或现存问题，为构建网络时代中国哲学社会科学成果对外传播新模式提供现实依据和策略借鉴。

（三）深度访谈法

质化研究中最重要的一种收集资料的方式就是访谈[1]，顾名思义就是研究者"寻访"和"访问"被研究者并且与其进行"交谈"和"询问"的一种活动。访谈是建立在一种信念之上的，即通过语言交流，人可以表达自己的思想，不同的人之间可以达到一定的相互"理解"；通过提问和交谈，人可以超越自己、接近主体之间视域的融合，建构出新的、对双方都有意义的社会现实，而要从深层次上达到"接近"和"融合"，深度访谈对于研究者来说非常关键。本研究将在相关数据检索和统计的基础上进行质化研究，重点对国际学术期刊编委、国内外派访问学者、国内高校外聘国际教授或访问学者和国际学术共同体负责人等进行深度访谈，以获得更鲜活的一手资料。

三、研究框架

本研究的缘起、意义、相关研究综述、概念阐释、研究方法以及研究问题和框架将在第一章导论中首先完成；接下来的第二章将从学术传播传统渠道的核心内容"国际核心学术期刊文献发表"角度探讨中国哲学社会科学成果对外传播在近 10 年的现状、存在问题和发展契机及新的增长点；第三章将在学术传播传统渠道的又一重要阵地——"学术期刊"研究领域，特别关注中国哲学社会科学学术期刊"国际化"发展道路的现存问题，并通过对其影响因素的分析制定相对应的"国际化"发展策略；本研究的第四章将从学术传播传统渠道的第三种主流模式——"图书出版"分析中国哲学社会科学成果"走出去"所面临的问题，并从"内容"、"手段和渠道"以及"系列工程和特色项目"三方面探究其未来发展路径；在以上三章关于"学术传播传统渠道"研究的基础上，本研究将在最后一章对"非传统渠道的学术对外传播"进行重点考察，主要从"举办和参与国际学术会议"、"以国际学者互访和跨国学术共同体建设为主要方式的学术人际传播"以及"全球学术社交网站"三种渠道探

[1] 陈向明. 质的研究方法与社会科学研究 [M]. 北京：北京教育出版社，2006：165-169.

究中国哲学社会科学成果非传统渠道的对外传播现状和发展，以此积极推进中国哲学社会科学"走出去"、中国文化"走出去"战略。研究框架详见图 1-6：

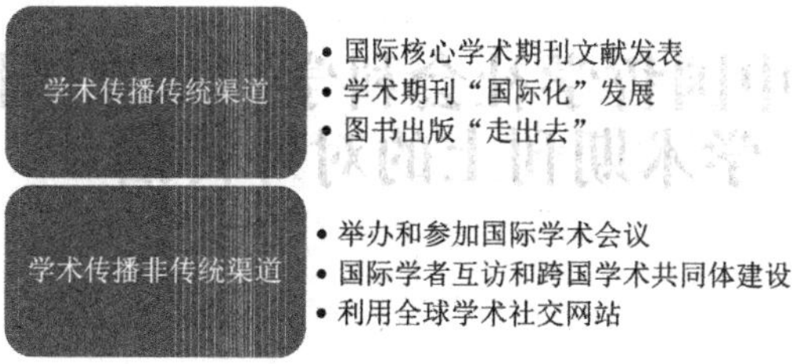

图 1-6：中国哲学社会科学成果对外传播：现状与发展

第二章 中国哲学社会科学成果在国际核心学术期刊上的对外传播

第一节 中国哲学社会科学学者国际核心学术期刊文献发表现状考察

正如第一章文献研究中所述，中国学者在国际期刊发表学术文献状况的研究成果比较多，从各种时间段和多种角度部分反映了中国哲学社会科学成果在国际学术期刊中的发表情况，本节将在此基础上对 2005—2014 年[1] 近 10 年的整体情况做全面考察。

本节研究所考察的数据均来自汤森路透公司的 Web of Science[2]（简称 WOS）数据库，它是一个大型综合性、多学科、核心期刊引文索引数据库，包括三大引文数据库 [科学引文索引（Science Citation Index，简称 SCI）、社会科学引文索引（Social Sciences Citation Index，简称 SSCI）和艺术与人文科学引文索引（Arts & Humanities Citation Index，简称 A&HCI）] 和两个化学信息事实型数据库（Current Chemical Reactions，简称 CCR；Index Chemicus，简称 IC），以及科学引文检索扩展版（Science Citation Index Expanded，SCIE）、科技会议文献引文索引（Conference Proceedings Citation Idex-Science，CPCI-S）和社会科学以及人文科学会议文献引文索引（Conference Proceedings Citation index-Social Science & Humanalities，CPCI-SSH）三个引文数据库，以 ISI Web of Knowledge 作为检索平台。WOS 共包括 8 000 多种世界范围内最有影响力的、经过同行专家评审的高质量的期刊。该数据库每周更新，除了选收录刊（Selected Journals）外，其中，A&HCI 全收录刊（All Covered Journals）共有世界一流人文

---

[1] 之所以选择从 2005 年开始考察，是因为国家在 2004 年提出了中国哲学社会科学要"走出去"。

[2] WOS 信息来源：百度百科，http://baike.baidu.com/link?url=wz36qmclDXJzU8JKM0ICVm4GvSKgucbumyAM55Krz6v97uq9IOlxYT-05KMVNNFH37Qx5xcIRn_5RABXfvxGlK，2015-1-16.

科学刊物 1 140 多种，目前其回溯数据到 1975 年；SSCI 共收录有世界一流社会科学刊物 1 700 多种，回溯数据目前到 1900 年；SCI 扩展版（SCI Expanded）是 SCI 在 Web of Science 中的名称，共包括世界一流科技期刊 5 600 种，比印刷版和光盘版多 2 000 种左右，目前的回溯数据到 1900 年。

根据学科划分和归属，中国哲学社会科学领域的学术文献主要发表在社会科学引文索引（SSCI）和艺术与人文科学引文索引（A&HCI），因此本节将重点对这两大引文索引数据库中 2005—2014 年的相关数据进行提取、统计和分析，同时参照科学引文索引（简称 SCI）中的相关类似数据，试图通过比较发掘所要研究问题的发展策略。

一、中国学者在 SSCI 和 A&HCI 发表学术文献总体数量情况（2005—2014）

通过在 WOS 平台上以"CU=China（国家＝中国）"，"时间跨度＝2005—2014"或"时间＝2005、2006…2014"为检索条件，本研究获得数据显示：中国学者（含港澳，但不含台湾地区，这是 WOS 默认的分类方法）2005—2014 年在 SSCI 上共发表文献 54 368 篇，在 A&HCI 上共发表文献 6 448 篇，在 SCI 上共发表文献 1 502 498 篇，具体情况和每年的文献发表数量见表 2-1[1]：

表 2-1：中国学者在国际核心学术期刊上发表的论文（2005—2014）

年份	SSCI（篇）	A&HCI（篇）	SCI（篇）
2005	1 699	230	75 325
2006	2 017	315	91 548
2007	2 616	342	99 626
2008	4 044	520	115 133
2009	4 586	659	131 982
2010	5 545	788	146 586
2011	6 601	846	169 703
2012	8 127	855	194 856
2013	9 162	927	232 070
2014	9 971	966	245 669
共计	54 368	6 448	1 502 498

[1]　数据查询和统计时间：2015.1.16–2015.1.26.

　　从表 2-1 可以看出，2005—2014 这 10 年间，中国学者无论在 SSCI、A&HCI 还是在 SCI 引文数据库中发表的学术文献数量逐渐递增，呈现稳步增长的态势；SSCI 数据库中中国学者 2014 年发表文献篇数是 2005 年的 5.86 倍，增幅为 487%；A&HCI 数据库中中国学者 2014 年发表文献篇数是 2005 年的 4.2 倍，增幅为 320%；SCI 数据库中中国学者 2014 年发表文献篇数是 2005 年的 3.26 倍，增幅为 226%。文献发表数量增长情况详见图 2-1、2-2 和 2-3：

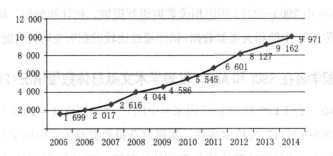

图 2-1：中国学者在 SSCI 数据库中学术期刊上发表的文献增长情况（2005—2014）

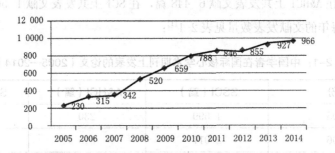

图 2-2：中国学者在 A&HCI 数据库中学术期刊上发表的文献增长情况（2005—2014）

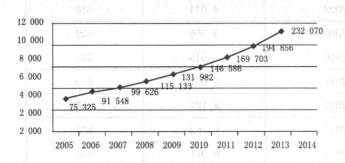

图 2-3：中国学者在 SCI 数据库中学术期刊上发表的文献增长情况（2005—2014）

从上述三张中国学者在国际核心学术期刊上发表文献的增长图可以看出，中国学者在 SSCI 和 A&HCI 数据库期刊发表论文的增长曲线比 SCI 数据库更为明显，这说明中国学者从 2005—2014 年在国际核心学术期刊发表的哲学社会科学领域文献数量增长较快，尤其是 2007 年之后，增幅尤为明显。然而，虽然中国学者在国际核心学术期刊哲学社会科学领域发表论文的增长速度快于科学领域，但从总体数量上来看，仍然处于弱势地位。将 SSCI 和 A&HCI 合并计算表示哲学社会科学领域成果，并与 SCI 的科学领域成果比较便可看出两者之间的明显差距，详见图 2-4：

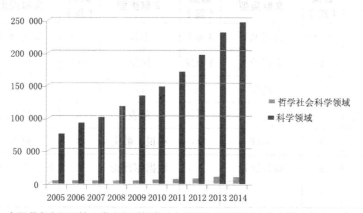

图 2-4：中国学者在国际核心学术期刊哲学社会科学和科学领域发文数量比较（2005—2014）

图 2-4 显示，中国学者在国际核心学术期刊哲学社会科学领域发表文献的数量远远低于科学领域，但经过数据统计可以发现，科学领域发表文献数量相较于哲学社会科学领域从 2005 年的 39 倍下降到了 2014 年的 22 倍，也就是说两者之间的差距在缩短；此外，虽然从比较看来中国哲学社会科学成果国际化还有相当大的发展空间，但两者的差距不能单单从数量上下定论，因为其中国际学科发展和要求的不同、国际可发刊物总数差距甚大以及两个学科在国内起源和发展的差异等都是造成这一明显差距的原因。

二、中国学者在 SSCI 和 A&HCI 发表学术文献类型情况（2005—2014）

中国学者在国际核心学术期刊发表的文献包括很多类型：SSCI 和 A&HCI 数据库包括论文、会议摘要、书评、编辑材料、评论、会议论文、快报、更正、传记、新闻、诗、书目、艺术展评论、再版、年表、文献目录、剧评、影评、小说和散文、剧本、音评、硬件评论、数据库评论、舞蹈表演评论和摘录；SCI 数据库中包含论文、评论、会议摘要、编辑材料、快报、会议论文、更正、新闻、书目、传记、书评、再版、软件评论、硬件评论。所有文献类型排序按各数据库中文献数量多少依次排列。

根据 WOS 平台中的数据显示，2005—2014 年中国学者在 SSCI 和 A&HCI 两个引文索引数据库中共发表文献 59 754 篇，各类型的具体数据详见表 2-2：

表 2-2：中国学者在 SSCI 和 A&HCI 数据库来源期刊上发表文献的类型及数量（2005—2014）

文献类型	数量（篇）	文献类型	数量（篇）	文献类型	数量（篇）	文献类型	数量（篇）
论文	49 499	会议摘要	3 658	书评	2 009	编辑材料	1 562
评论	1 451	会议论文	1 027	快报	314	更正	107
传记	29	新闻	22	诗	18	书目	18
艺术展评论	7	再版	6	年表	6	文献目录	4
剧评	3	影评	3	小说、散文	3	剧本	2
音评	2	硬件评论	1	数据库评论	1	舞蹈表演评论	1
摘录	1						

所有发表文献中数量占据最多的前六种类型依次是：论文（Article）49 499 篇，会议摘要（Meeting Abstract）3 658 篇，书评（Book Review）2 009 篇，编辑材料（Editorial Material）1 562 篇，评论（Review）1 451 篇，会议论文（Proceedings Paper）1 027 篇，其中论文占据了总数的 83%，具体比例详见图 2-5：

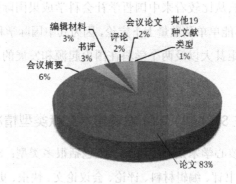

图 2-5：中国学者在 SSCI 和 A&HCI 数据库来源期刊上发表文献的类型及比例（2005—2014）

三、中国学者在 SSCI 和 A&HCI 发表文献的类别和学科分布（2005—2014）

2005—2014 年中国学者在 SSCI 和 A&HCI 两个引文索引数据库中发表的 58 709 篇文献分布在超过 100 个的学科类别（按照 WOS 的分类方法）中，由于代表性和可操作性等因素，本研究选取发表文献数量较多的前 20 个学科类别进行数据提取和分析，详见表 2-3：

表 2-3：中国学者在 SSCI 和 A&HCI 数据库来源期刊上发表文献的
WOS 学科类别情况（2005—2014）

学科类别	文献数量（篇）	所占百分比
经济学	6 529	11. 121%
管理学	4 301	7. 326%
精神病学	2 895	4. 931%
公共环境与职业健康	2 815	4. 795%
运筹管理学	2 769	4. 716%
环境研究	2 704	4. 606%
心理学	2 621	4. 464%
商科	2 379	4. 052%
教育学	2 141	3. 647%
环境科学	2 033	3. 463%
前 10 位学科类别总计	31 187	53. 121%
信息与图书馆科学	1 786	3. 042%
神经科学	1 695	2. 887%
商务金融	1 685	2. 870%
语言学	1 656	2. 821%
心理学实验	1 638	2. 790%
文学	1 478	2. 518%
心理学	1 448	2. 466%
多学科科学	1 430	2. 436%
数学跨学科应用程序	1 379	2. 349%
计算机科学与信息系统	1 349	2. 298%
第 11—20 位学科类别总计	15 544	26. 477%

从表 2-3 中可以清晰地看出 2005—2014 年中国学者在 SSCI 和 A&HCI 两个引文索引数据库中发表的文献主要集中在前 10 位的学科类别中，尤其是经济学和管理学，文献发表数量最多。在总共超过 100 个的学科类别中，前 10 位的总量占据了 53.12%，仅经济学和管理学就占据了 18.45%；而累加上第 11—20 位学科类别的发文数量后，发表在前 20 位学科类别中的文献就达到了 79.6%。

然而，这前 20 位的学科类别并非都属于哲学社会科学，因此不能完全视为中国哲学社会科学国际化成果，比照中国"哲学社会科学"下属 26 个分学科：马列·科社、党史·党建、哲学、理论经济、应用经济、统计学、政治学、法学、社会学、人口学、民族问题研究、国际问题研究、中国历史、世界历史、考古学、宗教学、中国文学、外国文学、语言学、新闻与传播学、图书馆·情报与文献学、体育学、管理学、教育学、艺术学、军事学，在前 20 位学科类别中属于这 26 个分学科的有经济学、管理学、运筹管理学、商科、教育学、信息与图书馆科学、商务金融、语言学、文学、多学科科学 10 个，发表文献数量占到前 20 位总数的 56%。由于 WOS 平台中的学科类别不同于我国的学科分类，因此必须重新整理归类才能得出有关发表文献所在哲学社会科学各分类学科的有效数据。本研究所得结果显示，2005—2014 年中国哲学社会科学学者在 SSCI 和 A&HCI 数据库来源期刊上发表文献的学科主要集中在经济学（理论经济与应用经济）、管理学、教育学、图书馆·情报与文献学、语言学、文学（中国文学与外国文学）和多学科交叉领域这 7 个学科领域，具体数据详见图 2-6：

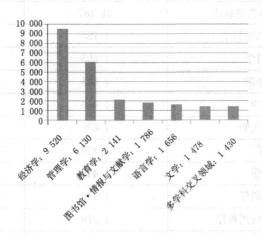

图 2-6：中国哲学社会科学学者在 SSCI 和 A&HCI 数据库来源期刊上发表文献的学科分布（2005—2014）

由于发表文献有重复归类或者多类别归属的情况，因此图 2-6 中经济学（包括 WOS 类别中的经济学、商科和商务金融）和管理学（包括 WOS 类别中管理学和运筹管理学）两个学科的发文数量均要低于所辖 WOS 平台类别中各分项的总和。此外，从图 2-6 可以看出，经济学、管理学和教育学是中国哲学社会科学文献在国际核心学术期刊发表中最强势（尤其是前两个）的 3 个学科。

四、中国学者在 SSCI 和 A&HCI 发表文献的质量状况（2005—2014）

中国哲学社会科学学者在国际核心学术期刊发表文献数量的快速增长某种程度上可以说明我国学术对外传播所取得的成绩，但有时候却未必能完全体现中国哲学社会科学成果的国际影响力，这些国际核心学术期刊上中国学者发表文献的质量也应该被纳入考察范围。由于本研究所关注的时间跨度较长且学科众多，研究所有发表文献的质量状况可实现度不高，因此这一部分有关发表文献质量的调查将在对外传播最强势的三个学科经济学、管理学和教育学中展开，而发表文献的质量状况将主要通过文献被引情况和所发表期刊质量两个方面来呈现。

（一）经济学学科领域发表文献的被引情况和所发表学术期刊的质量调查

1. 文献被引情况

根据 WOS 中的引文分析报告，2005—2014 年中国学者在 SSCI 和 A&HCI 中经济学（包括 WOS 类别中的经济学、商科和商务金融）学科领域共发表文献 9 520 篇，被引次数总计 57 260，每项平均引用次数为 6.01，h-index 值为 75，平均每年引用次数为 4 771.67，具体数据详见表 2-4：

表 2-4：中国学者在 SSCI 和 A&HCI 数据库中经济学学科领域发表文献的
被引情况（2005—2014）

年份	发文量(篇)	被引频次	每项平均引次	h-index	每年平均引次
2005	306	7 530	24.61	43	684.55
2006	409	6 550	16.01	39	545.83
2007	514	8 057	15.68	42	805.70
2008	690	8 753	12.69	42	1 094.12

续表 2-4

年份	发文量（篇）	被引频次	每项平均引次	h-index	每年平均引次
2009	859	7 921	9.22	37	990.12
2010	960	7 387	7.69	33	1 055.29
2011	1 156	5 210	4.51	25	868.33
2012	1 404	3 882	2.76	20	554.57
2013	1 653	1 611	0.97	10	322.20
2014	1 569	359	0.23	4	119.67
2005—2014	9 520	57 260	6.01	75	4 771.67

毋庸置疑，2005—2014 年中国学者在 SSCI 和 A&HCI 中经济学学科领域中发表的文献数量逐年递增，但数据中的被引频次和每项平均被引频次却因为时间跨度逐渐缩短而逐渐降低，引次并不能说明文献被引的发展情况；而"每年平均引用次数"从计算方法来看应该不受时间跨度长短的影响，引次也没有随着时间跨度缩短而递减，只是在 2007—2011 年间有明显的增长。因此，这几个数据并不能说明研究对象自身的发展情况，只能呈现客观现状。此外，引文分析报告中还有一个数据"h"，所谓"h-index"[1]，又称为 h 指数或 h 因子（h-factor），是一种评价学术成就的方法，h 代表"高引用次数"（high citations），一名科研人员的 h 指数是指他至多有 h 篇论文分别被引用了至少 h 次。h 指数能够比较准确地反映一个人的学术成就，一个人的 h 指数越高，则表明他的论文影响力越大。这里的引文分析报告并不是针对某一位学者的 h 指数，而是对所有被查文献在某个时间段的 h 指数的统计，表中"h-index = 75"说明 2005—2014 年所有发表在 SSCI 和 A&HCI 中经济学（包括 WOS 类别中的经济学、商科和商务金融）学科领域中国学者的文献中被引用 75 次的论文有 75 篇。

虽然 h 指数目前是比较科学的学术产出和学术水平体现方法，但其计算方法决定了它的特性：适合在相同时间段内统计或者资历差不多的学者间比较，且不适用于跨学科间的比较。因此，本研究将用同样的方法在中、日、韩、意大利、法国和

---

[1] 信息来源：百度百科，http://baike.baidu.com/link?url=TWfdmBzSBGQaGFd4J_ZtdI0anOIcg
UNQrzFFxgGKaLSUP8QKEYdp3gf21iz5rfZS8tA134rslNOyJbTqG_ALEq，2015-1-18.

西班牙六国之间进行数据统计和比较，以体现中国在国际期刊中发表学术文献的质量水平状况。选择其余五国进行比较的原因为：①日本、韩国和意大利与中国一样官方语言都不是英语；②日本和韩国与中国同属亚洲，且经济比较发达，具有较高的可比性；③欧美国家的国际学术影响力较高，本可以作为中国的参照对象，但由于 WOS 系统中的显示特性（超过 10 000 个记录便不显示引文分析报告），因此美国、英国和德国的相关数据无法获得，只获得了意大利的数据；④法国和西班牙在经济学领域发表文献如果不算商科和商务金融两个类别的数据，便可获得引文分析报告数据，因此可以和中国此类别的数据进行横向比较。

日本、韩国和意大利的相同数据详见表 2-5、表 2-6 和表 2-7，法国、西班牙和中国单个类别 10 年总和数据详见表 2-8：

表 2-5：日本学者在 SSCI 和 A&HCI 数据库中经济学学科领域发表文献的
被引情况（2005—2014）

年份	发文量（篇）	被引频次	每项平均引次	h-index	每年平均引次
2005	308	2 585	8.39	26	235.00
2006	385	3 077	7.99	24	307.70
2007	434	2 706	6.24	25	300.67
2008	508	2 622	5.16	21	327.75
2009	571	2 471	4.33	20	308.88
2010	577	1 863	3.23	16	310.50
2011	569	1 239	2.18	13	206.50
2012	664	1 115	1.68	13	223.00
2013	658	453	0.69	7	90.60
2014	599	153	0.26	5	51.00
2005—2014	5 273	18 284	3.47	41	1 662.18

表2-6：韩国学者在SSCI和A&HCI数据库中经济学学科领域发表文献的
被引情况（2005—2014）

年份	发文量（篇）	被引频次	每项平均引次	h-index	每年平均引次
2005	166	2 270	13.67	26	206.36
2006	240	2 626	10.94	28	262.60
2007	319	2 851	8.94	26	316.78
2008	405	3 381	8.35	27	422.62
2009	441	2 581	5.85	22	322.62
2010	515	2 101	4.08	19	350.17
2011	558	1 515	2.72	15	252.50
2012	581	1 117	1.92	12	223.40
2013	601	484	0.81	7	161.33
2014	555	90	0.16	3	45.00
2005—2014	4 381	19 016	4.34	50	1 728.73

表2-7：意大利学者在SSCI和A&HCI数据库中经济学学科领域发表文献的
被引情况（2005—2014）

年份	发文量（篇）	被引频次	每项平均引次	h-index	每年平均引次
2005	445	6 179	13.89	39	561.73
2006	477	5 625	11.79	36	562.50
2007	586	6 191	10.56	37	687.89
2008	830	7 633	9.20	37	954.12
2009	879	6 317	7.19	31	789.62
2010	933	5 456	5.85	28	779.43
2011	1 061	3 757	3.54	20	626.17
2012	1 217	2 883	2.37	17	576.60
2013	1 285	1 373	1.07	10	274.60
2014	1 144	286	0.25	5	71.50
2005—2014	8 857	45 700	5.16	63	4 154.55

表 2-8：法国、西班牙和中国学者在 SSCI 和 A&HCI 数据库中经济学类别发表文献的
被引情况（总和）（2005—2014）

国家	发文量（篇）	被引频次	每项平均引次	h-index	每年平均引次
法国	9 312	42 460	4.56	62	3 538.30
西班牙	8 245	34 928	4.24	56	3 175.27
中国	6 529	30 821	4.72	56	2 568.42

通过对表 2-4 至 2-8 的数据统计和分析，本研究有以下几个发现：①拥有经济学学科三个类别数据引文分析报告的四个国家中 h 指数最高的是中国（75），意大利次之（63），虽然日本发文量超过韩国，但 h 指数仍然是日本最低（41）。②中国学者近 10 年在 SSCI 和 A&HCI 数据库中经济学学科领域发表文献总量比韩国和日本高出许多，比意大利略高一筹，而稍逊于法国和西班牙，但这些都是基于绝对值的比较，因为中国学者从数量上远超过其他国家，引次发文量超过其他国家不足为奇。③虽然绝对值比较不能说明什么问题，但各国相对自身的涨幅却可以证明中国哲学社会科学成果对外传播的现状。2005—2014 年中国学者在 SSCI 和 A&HCI 数据库中经济学学科领域（包含三个类别）发表文献涨幅为 413%，韩国 234%，意大利 157%，日本 94%。④中国学者在 SSCI 和 A&HCI 数据库中经济学学科领域（经济学单个类别）发表文献总量比法国和西班牙要略少一些，但 h 指数与西班牙持平。⑤中国与日本在 2005 年的发文数量近乎相同，但被引频次中国要超出 2 倍，且由于增长速度不同，2014 年中国学者的发文数量已经是日本学者的 2.6 倍。⑥2005—2014 年各国在 SSCI 和 A&HCI 数据库中经济学学科（包含三个类别）领域发表文献的每年平均被引次数中国最高（4 771.67），意大利次之（4 154.55），日本最低（1 662.18）。

2. 文献发表期刊的质量状况

2005—2014 年中国学者在 SSCI 和 A&HCI 数据库经济学（包含经济学、商科和商务金融三个学科类别）学科领域发表文献所在期刊的质量调查将在原有 WOS 平台里的期刊统计数据基础上结合"期刊引证报告（Journal Citation Reports）"，且分为两个部分进行。一方面，本研究将从中国学者所有文献发表期刊里选取前 20 位（以发表论文数从多到少排序），再将这 20 本学术期刊放入期刊引证报告中查询其影响

因子（Journal Impact Factor）及其排名。所谓"期刊影响因子"[1]，是美国 ISI（科学信息研究所）的 JCR（期刊引证报告）中的一项数据，即某期刊前两年发表的论文在这两年中被引用总次数除以该期刊在这两年内发表的论文总数。它是一个国际通行的期刊评价指标，不仅是一种测量期刊有用性和显示度的指标，而且也是测量期刊的学术水平乃至论文质量的重要指标。因此，中国学者最常发表的经济学国际核心学术期刊的影响因子及其在该学科国际学术期刊影响因子的排名便可部分说明这些发表文献的质量水平。另一方面，本研究在期刊引证报告中查找经济学学科领域影响因子排名前 10 位的学术期刊，再根据之前的数据报告统计中国学者在这 10本学术期刊上的发文数量，以此说明我国经济学学科科研成果的国际学术影响力。

WOS 平台数据显示，2005—2014 年中国学者在 SSCI 和 A&HCI 数据库经济学（包含经济学、商科和商务金融三个学科类别）学科领域发表文献的所在期刊按发文数量从多到少排名前 20 位的依次是：《健康价值》、《中国经济评论》、《经济模式》、《中国和世界经济》、《保险：数学和经济学》、《经济学快报》、《银行与金融杂志》、《商业伦理期刊》、《应用经济学快报》、《商业研究杂志》、《中国农业经济评论》、《运输研究 B：方法论》、《应用经济学》、《运输研究 E：物流和运输评论》、《计量经济学杂志》、《国际商业研究杂志》、《非洲商业管理杂志》、《能源经济学》、《太平洋经济评论》和《生态经济学》，具体数据详见表 2-9：

表 2-9：中国学者在 SSCI 和 A&HCI 数据库中经济学学科领域发表文献所在期刊
前 20 位（2005—2014）

排名	期刊名称	发文数量	占总数比例	影响因子（排名）
1	*Value in Health*	405	4.254%	2.891（32）
2	*China Economic Review*	322	3.382%	1.142（183）
3	*Economic Modelling*	288	3.025%	0.736（283）
4	*China & Woeld Economic*	229	2.405%	0.772（268）
5	*Insurance: Mathematics and Economics*	226	2.374%	—
6	*Economics Letters*	197	2.069%	0.457（365）

[1] 信息来源：百度百科，http://baike.baidu.com/link?url=tgCICh0wtFEviIjZdLVxFOnSQaRwLC9OgCOVknDkyDnLECHj6ucM8D4DVIfzQAUNifFCEz7ymWx20LHdw6vdzK，2015-1-19.

排名	期刊名称	发文数量	占总数比例	影响因子（排名）
7	*Journal of Banking & Finance*	180	1.891%	1.362（151）
8	*Journal of Business Ethics*	165	1.733%	1.552（126）
9	*Applied Economics Letters*	142	1.492%	0.265（421）
10	*Journal of Business Research*	136	1.429%	1.306（159）
11	*China Agricultural Economic Review*	135	1.418%	0.54（340）
12	*Transportation Research Part B: Methodological*	134	1.408%	3.894（9）
13	*Applied Economics*	113	1.187%	0.518（346）
14	*Transportation Research Part E: Logistics and Transportation Review*	105	1.103%	2.193（70）
15	*Journal of Economics*	101	1.061%	1.533（128）
16	*Journal of International Business Studies*	100	1.050%	3.594（13）
17	*African Journal of Business Management*	93	0.977%	—
18	*Energy Economics*	91	0.956%	2.58（47）
19	*Pacific Economic Review*	87	0.914%	0.649（306）
20	*Ecological Economics*	80	0.840%	2.517（52）

　　WOS 数据库中经济学学科领域（包含三个类别）核心学术期刊影响因子排名总共有 482 位，中国学者 2005—2014 年在此领域中发文最多的期刊排名 32 位，发文量前 20 位的期刊中有 1 本期刊排名前 10 位（第 9 位），3 本排名前 11—50 位，1 本排名第 51—100 位，6 本排名 101—200 位，2 本排名 201—300 位，4 本排名 301—400 位，1 本排名 400 位以后。总体看来，发文量前 20 位的期刊中 5% 排在前 10 位，25% 排在前 100 名，排名在前一半（200 位以内）的期刊比例超过 50%。因此，该学科领域内中国学者发表的学术文献从发表期刊影响因子排名看，总体质量还是不错的，但在增加影响因子排名前 100 位的发文期刊比例方面仍有进步空间。

　　再从另一个角度看，国际学术核心期刊经济学学科（包含三个学科类别）领域内 2013 年（WOS 中最新数据）影响因子排名前 10 位的期刊依次为：《管理学会评论》、《管理学杂志》、《经济学文献杂志》、《金融杂志》、《经济学季刊》、《管理科学学报》、

《家庭商业评论》、《经济展望杂志》、《运输研究 B：方法论》和《市场营销杂志》，它们的影响因子以及中国学者近 10 年在上面发表文献数量和比例的具体数据详见表 2-10：

表 2-10：中国学者在经济学学科领域影响因子排名前 10 位的国际核心期刊
发文情况（2005—2014）

排名	期刊名称	影响因子	中国学者发文数量（比例）
1	*Academy of Management Review*	7.817	6（0.063%）
2	*Journal of Management*	6.862	31（0.326%）
3	*Journal of Economic Literature*	6.341	5（0.053%）
4	*Journal of Finance*	6.033	35（0.368%）
5	*Quarterly Journal of Economics*	5.996	0
6	*Academy of Management Journal*	4.974	50（0.525%）
7	*Family Business Review*	4.242	4（0.042%）
8	*Journal of Economic Perspectives*	4.23	0
9	*Transportation Research Part B: Methodological*	3.894	134（1.408%）
10	*Journal of Marketing*	3.819	23（0.242%）
合计			288（3.027%）

根据数据显示，2005—2014 年中国学者在 SSCI 和 A&HCI 数据库中经济学学科领域的科研学术文献中 3% 发表在影响因子排名前 10 位的核心期刊上，虽然这个数字的绝对值并不是很高，但对于母语不是国际学术期刊主流语言英语的中国学者来说，这个成绩已经代表了学术质量，未来的发展可以在增加总体数量和某些期刊"零"的突破等方面展开。

（二）管理学学科领域发表文献的被引情况和所发表学术期刊的质量调查

1. 文献被引情况

根据 WOS 中的引文分析报告，2005—2014 年中国学者在 SSCI 和 A&HCI 中的管理学学科（包含管理学和运筹管理学两个学科类别）领域共发表文献 6 130 篇，被引次数总计 57 140，每项平均引用次数为 9.32，h-index 值为 82，平均每年引用次数为 4 761.67，具体数据详见表 2-11：

表 2-11：中国学者在 SSCI 和 A&HCI 数据库中管理学学科领域发表文献的被引情况（2005—2014）

年份	发文量（篇）	被引频次	每项平均引次	h-index	每年平均引次
2005	208	7 937	38.16	48	661.42
2006	225	5 923	26.32	43	493.58
2007	306	7 553	24.62	44	753.30
2008	433	9 347	21.59	46	1 038.56
2009	552	7 882	14.28	40	985.25
2010	630	6 420	10.19	34	917.14
2011	874	5 712	6.54	25	952.00
2012	918	4 131	4.50	22	688.50
2013	929	1 829	1.97	12	457.25
2014	1 055	426	0.40	5	85.20
2005—2014	6 130	57 140	9.32	82	4 761.67

中国从经济学和管理学发表文献被引情况的两份图表来看，管理学学科发表论文的数量虽然没有经济学学科多，但在被引频次和 h 指数两个指标上却反超经济学，因此可以看出中国学者在管理学学科的国际学术影响力在被引情况方面略高一筹。这是中国内部之间的比较，和经济学一样，本研究将选取亚洲的日本、韩国和欧美国家中可以显示引文分析报告的意大利、法国、西班牙和德国，将这 6 个国家 2005—2014 年在管理学（包含两个类别）学科领域发表文献的被引情况与中国进行比较，具体数据详见表 2-12：

表2-12：德、法、意等6国和中国学者在SSCI和A&HCI数据库中管理学类别发表文献的
被引情况（总和）（2005—2014）

排名	国家	发文量（篇）	被引频次	每项平均引次	每年平均引次	h-index
1	中国	6 130	57 140	9.32	4 761.67	82
2	德国	4 598	35 207	7.66	2 933.92	68
3	西班牙	4 022	20 142	7.25	2 428.50	64
4	法国	2 787	23 090	8.28	1 924.17	62
5	韩国	1 919	16 375	8.53	1 488.64	52
6	意大利	2 547	19 092	7.50	1 735.64	48
7	日本	1 029	7 507	7.30	682.45	37

　　7个国家中，中国无论在发文量、被引频次还是h指数等指标上均处于领先地位，且比另外两个亚洲国家高出许多，除了发文量是韩国的3倍、日本的6倍外，h指数也遥遥领先。此外，以上数据还显示出另外一个状况，从国际间的横向比较来看，中国学者在管理学学科领域发表的学术文献国际影响力比在经济学学科领域更为突出，除了美国和英国这世界排名最靠前的几个国家始终领先之外，经济学学科领域德国、法国和西班牙是优于中国的，但在管理学学科中却是中国胜出。

　　2.文献发表期刊的质量状况

　　2005—2014年中国学者在SSCI和A&HCI数据库管理学（包含管理学和运筹管理学两个学科类别）学科领域发表文献所在期刊的质量调查和经济学学科一样将在原有WOS平台里的期刊统计数据基础上结合"期刊引证报告（Journal Citation Reports）"，且分为两个部分进行。

　　WOS平台数据显示，2005—2014年中国学者在SSCI和A&HCI数据库管理学（包含两个类别）学科领域发表文献的所在期刊按发文数量从多到少排名前20位的依次是：《欧洲运筹研究期刊》、《国际生产经济学期刊》、《专家系统与应用》、《决策支持系统》、《国际人力资源管理杂志》、《社会运筹研究期刊》、《旅游管理》、《亚太管理杂志》、《国际生产研究杂志》、《运输研究B：方法论》、《中国管理研究》、《国际管理科学杂志》、《运输研究E：物流和运输评论》、《管理科学》、《国际商业研究杂志》、《非洲商业管理杂志》、《运筹学》、《系统研究和行为科学》、

《管理和组织评论》和《信息管理》，具体数据详见表2-13：

表2-13：中国学者在 SSCI 和 A&HCI 数据库中管理学学科领域发表文献所在期刊
前 20 位（2005—2014）

排名	期刊名称	发文数量	占总数比例	影响因子（排名）
1	*European Journal of Operational Research*	296	4.829%	1.843（64）
2	*International Journal of Production Economics*	279	4.551%	无记录
3	*Expert Systems with Applications*	221	3.605%	1.965（54）
4	*Decision Support Systems*	160	2.610%	2.036（51）
5	*International Journal of Human Resource Management*	155	2.529%	0.928（153）
6	*Journal of the Operational Research Society*	143	2.333%	0.911（157）
7	*Tourism Management*	143	2.333%	2.377（40）
8	*Asia Pacific Journal of Management*	142	2.316%	2.742（27）
9	*International Journal of Production Research*	134	2.186%	1.323（106）
10	*Transportation Research Part B: Methodological*	134	2.186%	3.894（9）
11	*Chinese Management Studies*	114	1.860%	0.338（236）
12	*Omega-International Journal of Management Science*	113	1.843%	3.190（19）
13	*Transportation Research Part E: Logistics and Transportation Review*	105	1.713%	2.193（44）
14	*Management Science*	102	1.664%	2.524（33）
15	*Journal of International Business Studies*	100	1.631%	3.594（14）
16	*African Journal of Business Management*	93	1.517%	—
17	*Operations Research*	91	1.458%	1.500（86）
18	*Systems Research and Behavioral Science*	85	1.387%	—
19	*Management and Organization Review*	77	1.256%	3.277（16）
20	*Information Management*	74	1.207%	—

WOS 数据库中管理学学科领域（包含两个类别）核心学术期刊影响因子排名总共有 252 位，中国学者 2005—2014 年在此领域中发文最多的期刊排名 64 位，发文量

前 20 位的期刊中有 1 本期刊排名前 1 位（第 9 位），4 本排名前 11—50 位，3 本排名第 51—100 位，3 本排名 101—200 位，1 本排名 200 位以后，4 本查询不到相关记录。总体看来，发文量前 20 位的期刊中 5% 排在前 10 位，25% 排在前 50 名，排名在前一半（120 位以内）的期刊比例超过 65%。因此，该学科领域内中国学者发表的学术文献从发表期刊影响因子排名看，总体质量还是不错的，且比经济学学科位居前一半排名的数值要高，但仍可以在跻身前 10 名的道路上继续努力。

同样的，另一方面，国际学术核心期刊管理学学科（包含两个学科类别）领域内 2013 年（WOS 中最新数据）影响因子排名前 10 位的期刊依次为：《管理学会评论》、《管理学会年鉴》、《管理学杂志》、《管理信息系统季刊》、《管理学会杂志》、《人事心理学》、《运筹管理学期刊》、《应用心理学期刊》、《运输研究 B：方法论》和《组织科学》，它们的影响因子以及中国学者近 10 年在上面发表文献数量和比例的具体数据详见表 2-14：

表 2-14：中国学者在管理学学科领域影响因子排名前 10 位的国际核心期刊
发文情况（2005—2014）

排名	期刊名称	影响因子	中国学者发文数量（比例）
1	*Academy of Management Review*	7.817	6（0.098%）
2	*Academy of Management Annals*	7.333	3（0.049%）
3	*Journal of Management*	6.862	31（0.506%）
4	*MIS Quarterly*	5.405	33（0.538%）
5	*Academy of Management Journal*	4.974	50（0.816%）
6	*Personnel Psychology*	4.540	25（0.408%）
7	*Journal of Operations Management*	4.367	28（0.457%）
8	*Journal of Applied Psychology*	4.23	66（1.007%）
9	*Transportation Research Part B: Methodological*	3.894	134（2.186%）
10	*Organization Science*	3.807	22（0.359%）
合计			398（6.424%）

根据数据显示，2005—2014 年中国学者在 SSCI 和 A&HCI 数据库中管理学学科领域的科研学术文献中将近 6.5% 发表在影响因子排名前 10 位的核心期刊上，是经济

学学科的 2 倍多，但其发文量只有经济学学科的 64%，这些数据说明了中国学者在管理学学科领域期刊中的国际学术影响力要比经济学学科略高一筹。

（三）教育学学科领域发表文献的被引情况和所发表学术期刊的质量调查

1. 文献被引情况

根据 WOS 中的引文分析报告，2005—2014 年中国学者在 SSCI 和 A&HCI 中的教育学学科领域共发表文献 2 141 篇，被引次数总计 8 213，每项平均引用次数为 3.84，h-index 值为 33，平均每年引用次数为 746.64，具体数据详见表 2-15：

表 2-15：中国学者在 SSCI 和 A&HCI 数据库中教育学学科领域发表文献的被引情况（2005—2014）

年份	发文量(篇)	被引频次	每项平均引次	h-index	每年平均引次
2005	79	852	10.78	16	77.45
2006	73	909	12.45	17	90.90
2007	116	1063	9.16	16	118.11
2008	147	1073	7.30	17	119.22
2009	237	1403	5.92	17	200.43
2010	248	1033	4.17	14	172.17
2011	248	969	3.62	12	161.50
2012	298	599	2.01	9	119.80
2013	319	255	0.80	5	63.75
2014	356	57	0.16	2	19
2005—2014	2 141	8 213	3.84	33	746.64

从数据上看，虽然中国学者在 SSCI 和 A&HCI 数据库教育学学科领域发表的文献无论从数量还是被引情况看都不如经济学（数量最多）和管理学（h 指数最高）两个学科，但它仍然是中国哲学社会科学领域中学术期刊发表成果国际影响力较高的第三大学科。和经济学与管理学一样，本研究将选取亚洲的日本、韩国和欧美国家中可显示引文分析报告的意大利、法国、西班牙和德国，将这 6 个国家 2005—2014 年

在教育学学科领域发表文献的被引情况与中国进行比较，具体数据详见表 2-16：

表 2-16：德、法、意等 6 国和中国学者在 SSCI 和 A&HCI 数据库中教育学学科发表文献的
被引情况（总和）（2005—2014）

排名	国家	发文量（篇）	被引频次	每项平均引次	每年平均引次	h-index
1	德国	3 480	11 408	3.28	1 037.09	40
2	中国	2 141	8 213	3.84	746.64	33
3	西班牙	3 184	5 569	1.75	506.27	25
4	意大利	633	2 409	3.81	200.75	23
4	法国	624	2 675	4.29	243.18	23
6	韩国	838	2 696	3.22	245.09	22
7	日本	618	1 830	2.96	166.36	17

7 个国家中，中国在发文量和 h 指数两个指标上都稍逊于德国；虽然发文量比西班牙少了 1 000 篇，但被引用的频次却反超出将近 3 000 次，且 h 指数也高于西班牙，这足以证明中国文献的被引情况和由此反映出的质量状况都要优于西班牙；此外，中国无论在发文量、被引频次还是 h 指数等指标上均高于意大利、法国、韩国和日本这 4 个国家。从发文量和被引频次等综合来看，中国教育学学科在这 6 个国家横向比较中的排名要略高于经济学，略低于管理学，处于中间地位，具体详见表 2-17：

表 2-17：7 国学者在 SSCI 和 A&HCI 数据库中三个学科间的发文和
被引情况比较（2005—2014）

排名	经济学	管理学	教育学
1	德国	中国	德国
2	法国	德国	中国
3	西班牙	西班牙	西班牙
4	中国	法国	意大利
5	意大利	韩国	法国
6	韩国	意大利	韩国
7	日本	日本	日本

2. 文献发表期刊的质量状况

2005—2014 年中国学者在 SSCI 和 A&HCI 数据库教育学学科领域发表文献所在期刊的质量调查和经济学及管理学一样将在原有 WOS 平台里的期刊统计数据基础上结合"期刊引证报告（Journal Citation Reports）"，且分为两个部分进行。

WOS 平台数据显示，2005—2014 年中国学在 SSCI 和 A&HCI 数据库教育学学科领域发表文献的所在期刊按发文数量从多到少排名前 20 位的依次是：《中国教育与社会》、《亚太教育研究者》、《计算机与教育》、《亚太教育评论》、《系统》、《亚太教育期刊》、《国际教育发展杂志》、《英国教育技术期刊》、《教学与教师教育》、《对外英语教学季刊》、《高等教育》、《英语教学杂志》、《教育技术与社会》、《阅读与写作》、《艾滋病教育与预防》、《澳大利亚教育技术期刊》、《亚太教师教育期刊》、《BMC 医学教育》、《国际科学教育杂志》和《教育学研究》，具体数据详见表 2-18：

表 2-18：中国学者在 SSCI 和 A&HCI 数据库中教育学学科领域发表文献所在期刊前 20 位（2005—2014）

排名	期刊名称	发文数量	占总数比例	影响因子（排名）
1	Chinese Education and Society	108	5.044%	—
2	Asia Pacific Education Researcher	86	4.017%	—
3	Computers & Education	85	3.970%	2.630（13）
4	Asia Pacific Education Review	69	3.223%	0.375（197）
5	System	65	3.036%	0.889（103）
6	Asia Pacific Journal of Education	61	2.849%	0.328（212）
7	International Journal of Educational Development	58	2.709%	0.841（114）
8	British Journal of Educational Technology	55	2.569%	1.394（46）
9	Teaching and Teacher Education	48	2.242%	1.607（36）
10	TESOL Quarterly	44	2.055%	1.000（83）

续表 2-18

排名	期刊名称	发文数量	占总数比例	影响因子（排名）
11	*Higher Education*	41	1.915%	1.124（71）
12	*ELT Journal*	40	1.868%	0.759（131）
13	*Educational Technology & Society*	36	1.681%	0.824（120）
14	*Reading and Writing*	34	1.588%	1.331（52）
15	*Aids Education and Prevention*	32	1.495%	1.505（41）
16	*Australasian Journal of Educational Technology*	29	1.355%	0.875（107）
17	*Asia Pacific Journal of Teacher Education*	27	1.261%	—
18	*BMC Medical Education*	27	1.261%	1.409（44）
19	*International Journal of Science Education*	26	1.214%	1.516（40）
20	*Educational Studies*	25	1.168%	0.351（205）

WOS 数据库中教育学学科领域核心学术期刊影响因子排名总共有 255 位，中国学者 2005—2014 年在此领域中发文最多的期刊由于查不到其记录，因此无法了解其排名，发文量前 20 位的期刊中在排名前 10 位的为 0，6 本排名前 11—50 位，3 本排名第 51—100 位，6 本排名 101—200 位，1 本排名 200 位以后，4 本查询不到相关记录。总体看来，发文量前 20 位的期刊中没有影响因子排名前 10 位的，有 30% 排在前 50 名，排名在前一半（120 位以内）的期刊比例超过 50%。因此，该学科领域内中国学者发表的学术论文从发表期刊影响因子排名看，总体质量还可以，相对数值跟经济学学科差不多，比管理学略微差一点，未来可在跻身前 10 名的道路上有所突破。

同样的，从另一个角度看，国际学术核心期刊教育学学科领域内 2013 年（WOS 中最新数据）影响因子排名前 10 位的期刊依次为：《教育学研究评论》、《教育心理学家》、《教育效果研究杂志》、《教育研究述评》、《学习与指导》、《科学教学研究杂志》、《教育研究者》、《科学教育》、《学习科学期刊》和《智障研究》，它们的影响因子以及中国学者近 10 年在上面发表文献数量和比例的具体数据详见表 2-19：

表 2-19：中国学者在教育学学科领域影响因子排名前 10 位的国际核心期刊
发文情况（2005—2014）

排名	期刊名称	影响因子	中国学者发文数量（比例）
1	*Review of Educational Research*	5	4（0.187%）
2	*Educational Psychologist*	4.844	2（0.093%）
3	*Journal of Research on Educational Effecriveness*	3.154	0
4	*Education Research Review*	3.107	6（0.280%）
5	*Learning and Instruction*	3.079	6（0.280%）
6	*Journal of Research in Science Teaching*	3.02	0
7	*Educational Researcher*	2.963	5（0.234%）
8	*Science Education*	2.921	13（0.607%）
9	*Journal of the Learning Sciences*	2.862	0
10	*Research in Developmental Disabilities*	2.735	0
合计			36（1.68%）

根据数据显示，2005—2014 年中国学者在 SSCI 和 A&HCI 数据库中教育学学科领域的学术文献中只有将近 1.7% 发表在影响因子排名前 10 位的核心期刊上，且有 4 本期刊是零发表，这数据与经济学及管理学还存在一定差距。

（四）小　结

至此，在经济学、管理学和教育学三个学科层面展开的中国学者国际学术期刊发表文献质量调查已经全部完成，从获得的数据和初步分析来看，发表文献被引情况方面，中国三个较强学科之间存在一些差别，虽然经济学发表文献在数量上优于管理学，但被引情况和 h 指数却被管理学反超，教育学领域的国际核心期刊发文量虽然是中国哲学社会科学中第三大学科，但无论在数量还是被引情况和 h 指数方面都与前两位的经济学和管理学有一定差距；国际横向比较层面，这三个学科国际发表文献的被引情况与德国、法国、西班牙、意大利、韩国和日本 6 国相比结果显示，中国在管理学和教育学这两个学科中与德国交替摘冠，而经济学则排在第 4 位，德国、法国和西班牙都要略胜一筹。此外，三个学科发表文献所在期刊的质量调查显示，管理学虽然没有经济学发文数量庞大，但所发期刊的影响因子排名以及在各自学科排名前 10 位期刊中所占比例都要高于经济学，而教育学仍然与前两个学科存在一定差距。综上所述，从国内和国际双重比较视角所得，中国学者在 SSCI 和 A&HCI 数据库管理学学科领域发表文献的质量最佳，经济学次之，教育学第 3 位，当然三者都还有发展空间。

五、中国学者在 SSCI 和 A&HCI 发表文献的语言使用情况（2005—2014）

SSCI 和 A&HCI 数据库中的期刊是国际学术论文发表的重要阵地，而既然是"国际的"理应是多元文化和多种语言交汇融合的场域，因此学术语言成为了国际学术传播中非常重要的因素，本研究将对 2005—2014 年中国学者在 SSCI（共 54 443 篇）和 A&HCI（共 6 457 篇）发表文献的语言使用情况进行调查统计，具体数据详见表 2-20（SSCI）和表 2-21（A&HCI）：

表 2-20：中国学者在 SSCI 数据库期刊中发表文献的语言使用情况（2005—2014）

语种	篇数	百分比
英语	54 301	99.7%
中文	64	0.12%
法语	36	0.07%
俄语	13	0.02%
德语	10	0.02%
西班牙语	9	0.02%
韩语	3	0.005%
日语	3	0.005%
波兰语	2	0.004%
挪威语	1	0.0018%
爱沙尼亚语	1	0.0018%

表 2-21：中国学者在 A&HCI 数据库期刊中发表文献的语言使用情况（2005—2014）

语种	篇数	百分比
英语	4 856	75.22%
中文	1 461	22.63%
德语	58	0.90%
法语	48	0.74%
西班牙语	15	0.23%
俄语	4	0.06%
葡萄牙语	3	0.05%
斯洛文尼亚语	3	0.05%
斯洛伐克语	2	0.03%
丹麦语	2	0.03%
克罗地亚语	2	0.03%
日语	1	0.01%
意大利语	1	0.01%
荷兰语	1	0.01%

从表 2-20、2-21 可以看出，英语在国际学术话语体系中占有绝对的主导地位，尤其是 SSCI 数据库中收录的中国学者文献几乎全部都是用英语撰写的，由于是母语的关系，中文占到了 0.12% 排名第 2 位，其他 9 种语言几乎可以忽略不计，这足以证明英语在国际学术领域中的霸权地位；相对而言，A&HCI 数据库中的状况要令人欣喜一些，英语作为学术语言的比例下降到 75.22%，中文比例上升到了 22.63%，这从侧面反映出中国的学术期刊跻身国际核心学术期刊数量在增加。此外，A&HCI 数据库中期刊的语种也较 SSCI 更丰富和多元化，说明中国学者在掌握英语作为学术语言的基础上，逐渐开始涉猎其他各国语言，并且用其他语种进行学术研究的能力也在逐步加强。

六、中国学者在 SSCI 和 A&HCI 发表文献的机构来源情况（2005—2014）

（一）发文量排名前 50 位的机构

中国学者近 10 年在国际核心学术期刊上发表文献数量呈几何倍数地增长，2011 年中国教育部《高等学校哲学社会科学"走出去"计划》，明确了高等院校和所属科研机构在中国哲学社会科学成果对外传播战略中的重要作用和历史使命，因此本研究将对 2005—2014 年中国学者在 SSCI 和 A&HCI 来源期刊发表文献的机构来源情况做全面梳理和数据统计。在 WOS 平台中 SSCI 和 A&HCI 里查询 2005—2014 年"国家＝中国"的所有文献，并选择"机构（Organizations）"这项指标进行数据统计，去除由于合作发表而出现的境外机构后，排名在前 50 位的发文机构相关数据详见表 2-22：

表 2-22：中国学者在 SSCI 和 A&HCI 来源期刊中发表文献数量的机构
前 50 位排名（2005—2014）

排名	机构名称	发文数量（篇）	百分比
1	香港大学	5 954	10.128%
2	香港中文大学	5 223	8.884%
3	香港理工大学	3 867	6.578%
4	中国科学院	3 398	5.780%
5	香港城市大学	3 305	5.622%
6	北京大学	3 254	5.535%
7	北京师范大学	1 743	2.965%
8	清华大学	1 735	2.951%
9	浙江大学	1 649	2.805%
10	复旦大学	1 471	2.502%
11	香港科技大学	1 459	2.482%
12	上海交通大学	1 394	2.371%

排名	机构名称	发文数量（篇）	百分比
13	中山大学	1 226	2.085%
14	香港浸会大学	1 206	2.051%
15	中国人民大学	1 131	1.924%
16	香港教育学院	1 000	1.701%
17	武汉大学	873	1.485%
18	南京大学	804	1.368%
19	四川大学	784	1.334%
20	香港岭南大学	716	1.218%
21	华中科技大学	686	1.167%
22	中南大学	668	1.136%
23	澳门大学	645	1.097%
24	华东师范大学	623	1.060%
25	西安交通大学	621	1.056%
26	厦门大学	583	0.992%
27	同济大学	534	0.908%
28	山东大学	517	0.879%
29	上海财经大学	483	0.822%
30	中国科学技术大学	429	0.730%
31	中央财经大学	424	0.721%
32	东南大学	421	0.716%
33	中国社会科学院	418	0.711%
34	西南大学	414	0.704%

续表 2-22

排名	机构名称	发文数量（篇）	百分比
35	首都医科大学	391	0.665%
36	南开大学	389	0.662%
37	对外经济贸易大学	367	0.624%
38	中国疾病预防控制中心	366	0.623%
39	华南师范大学	317	0.539%
40	大连理工大学	313	0.532%
41	哈尔滨工业大学	309	0.526%
42	北京交通大学	292	0.497%
43	中国农业大学	280	0.476%
44	吉林大学	268	0.456%
45	天津大学	265	0.451%
46	华中师范大学	264	0.449%
47	北京理工大学	259	0.441%
48	华南理工大学	246	0.418%
49	北京航空航天大学	245	0.417%
50	暨南大学	240	0.408%

　　WOS 统计数据清晰显示，排名前 3 位的全部是香港的大学，且发文比例占据了总数的 25.6%，也就是相当于 1/4 的发表文献是由排名前 3 位的香港大学、香港中文大学和香港理工大学提供；此外排名前 30 位中，香港大学有 8 所，澳门大学有 1 所，也就是说港、澳大学占据了前 30 名 30% 的席位。香港的大学在国际学术论文发表方面相较于大陆地区科研机构的各种优势，这里先暂且不论，本研究将重点考察大陆地区排名前 10 位的发文高校情况。

（二）大陆地区发表文献排名前 10 位的高校

去除港澳大学以及科研机构之外，2005—2014 年中国学者在 SSCI 和 A&HCI 来源
期刊发表文献数量名列前 10 位的高校基本数据详见表 2-23：

表 2-23：中国学者在 SSCI 和 A&HCI 来源期刊中发表文献数量的大陆高校
前 10 位排名（2005—2014）

排名	高校名称	发文数量（篇）	百分比
1	北京大学	3 254	5.535%
2	北京师范大学	1 743	2.965%
3	清华大学	1 735	2.951%
4	浙江大学	1 649	2.805%
5	复旦大学	1 471	2.502%
6	上海交通大学	1 394	2.371%
7	中山大学	1 226	2.085%
8	中国人民大学	1 131	1.924%
9	武汉大学	873	1.485%
10	南京大学	804	1.368%

数据显示，北京大学以发文量几乎是第 2 名两倍的绝对优势名列榜首，共发表
学术文献 3 254 篇，北京师范大学和清华大学旗鼓相当，位居第 2、3 名，这 10 所
高校组成了在国际核心学术期刊中显示中国哲学社会科学科研实力的主力军，其中
北京高校 4 所，江浙一带占了 4 所（上海 2 所，杭州和南京各 1 所），此外武汉和
广州各占一席，这也显示出经济发达地区高校科研实力相对较强的现象。

（三）大陆地区发表文献排名前 10 位高校的发文年代分布

除了对总量的数据统计，各高校近 10 年在 SSCI 和 A&HCI 来源期刊中发表文献
数量的增长也是考察其科研生产能力的重要指标，前 10 名高校发表文献的年代分布
详见图 2-7：

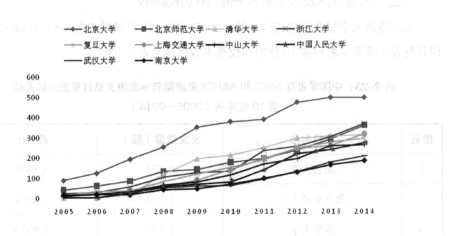

图例：北京大学　北京师范大学　清华大学　浙江大学　复旦大学　上海交通大学　中山大学　中国人民大学　武汉大学　南京大学

图 2-7：中国学者在 SSCI 和 A&HCI 来源期刊中发表文献数量前 10 位大陆高校的年代分布（2005—2014）

从图 2-7 来看，北京大学无论是发文总量还是增长幅度都遥遥领先于其余 9 所高校，足以证明其在中国哲学社会科学成果对外传播方面的卓越贡献；此外，图中显示清华大学和上海交通大学虽然 10 年前的发文量并不是很多，但近 10 年的增长速度相当快，尤其是 2007 年之后涨幅尤为明显，这表明大陆地区以理工科见长的著名高校在中国哲学社会科学"走出去"过程中的作用逐步增强；再次，浙江大学和中国人民大学作为综合性大学近 10 年的发文量也有大幅提升，尤其从 2010 年开始涨幅明显；最后，武汉大学和南京大学虽然在总量和增长速度方面没有其余 8 所高校那么显赫，但能跻身大陆前 10 位已经证明其科研实力。

（四）大陆地区发表文献排名前 10 位高校的文献种类、学科领域和 h 指数情况

除了发表文献的数量，文献种类、学科领域发文情况以及 h 指数也是考察高校国际期刊论文发表状况的重要因素。在多种发表文献类型中，论文、会议论文和评论具有较高的学术水平，因此由这三项构成的高水平文献数量以及比例统计可以显示出各高校的国际学术科研能力；此外，各高校发文所在学科领域的现状调查是考察他们在中国哲学社会科学"走出去"过程中的贡献和作用；最后 h 指数可以部分体现出各高校发文被引用情况和论文质量，因此也被列入考察范围，各项具体数据详见表 2-24：

表 2-24：中国学者在 SSCI 和 A&HCI 来源期刊中发表文献数量前 10 位大陆高校的
各项指标数据比较（2005—2014）

排名	高校名称（h指数）	发文量（篇）	高水平文献				发文前 10 位的学科或领域
			论文（篇）	会议论文（篇）	评论（篇）	比例	
1	北京大学（58）	3 254	2 715	63	77	88%	经济学 526；精神病学 277；神经科学 200；心理学交叉学科 186；管理学 178；公共环境与职业健康 172；环境研究 157；实验心理学 151；卫生政策服务 145；卫生保健科学 144。
2	北京师范大学（41）	1 743	1 476	35	34	89%	神经科学 251；实验心理学 250；心理学交叉学科 184；环境科学 129；环境研究 118；多学科科学 117；教育学 113；心理学 108；发展心理学 86；经济学 85。
3	清华大学（33）	1 735	1 571	26	39	94%	经济学 296；管理学 178；环境研究 162；环境科学 155；运筹管理学 151；能源与燃料 146；人机工程学 91；工业工程 85；商务金融 76；商科 72。
4	浙江大学（28）	1 649	1 333	19	30	82%	经济学 224；管理学 121；心理学交叉学科 91；环境研究 91；语言学 78；信息与图书馆科学 76；公共环境与职业健康 72；商科 66；精神病学 65；语言与语言学 62。
5	复旦大学（32）	1 471	1 305	30	25	92%	经济学 233；公共环境与职业健康 148；管理学 111；卫生政策服务 95；卫生保健科学 89；商科 83；精神病学 80；运筹管理学 73；信息与图书馆科学 72；商务金融 57。
6	上海交通大学（38）	1 394	1 205	15	32	90%	精神病学 232；经济学 172；管理学 150；运筹管理学 133；商科 70；工程制造 65；工业工程 58；商务金融 53；交通 50；临床神经科学 47。

续表 2-24

排名	高校名称（h指数）	发文量（篇）	高水平文献				发文前10位的学科或领域
			论文（篇）	会议论文（篇）	评论（篇）	比例	
7	中山大学（32）	1 226	1 071	16	24	91%	管理学 121；经济学 94；精神病学 88；公共环境与职业健康 75；酒店休闲运动和旅游 70；地理学 61；心理学交叉学科 59；运筹管理学 56；社会学 53；环境研究 53。
8	中国人民大学（20）	1 131	1 020	13	13	92%	经济学 270；管理学 124；心理学交叉学科 69；商科 66；环境研究 65；商务金融 63；环境科学 42；哲学 40；宗教学 39；应用心理学 39。
9	武汉大学（20）	873	776	14	16	92%	信息与图书馆科学 169；经济学 103；地理学 85；计算机科学信息系统 76；计算机科学的跨学科应用；59；商科 53；法学 50；管理学 43；国际关系 43；精神病学 40。
10	南京大学（27）	804	737	9	19	95%	经济学 87；管理学 85；环境科学 72；文学 62；信息与图书馆科学 62；环境研究 59；运筹管理学 56；计算机科学信息系统 39；商科 39；社会心理学 31。

从高水平文献比例的数据比较来看，排在第 10 位的南京大学以 95% 的数值名列第一，反倒是前两位的北京大学、北京师范大学和排名第四的浙江大学三所高校比例相对偏低，其余 7 所高校的高水平文献比例均高于 90%，这部分说明各高校发表的文献学术水准较高；从 h 指数来看，北京大学依然是龙头老大，以 58 的高值仍居榜首，由于发文总量的缘故，各高校 h 指数的排位大致仍然按照总量的顺序，只有复旦大学、上海交通大学和中山大学有些突出，三所高校的 h 指数反超前几位高校，这说明了其发表文献在被引用方面质量优异。

从 10 所高校发文量位居前 10 位的学科或领域情况来看，排名在前两位的北京大学（经济学和管理学）和北京师范大学（教育学和经济学）只有 2 个学科属于哲学社会科学；清华大学（经济学、管理学、商务金融和商科）和中山大学（管理学、经济学、运筹管理学和社会学)有4个学科属于哲学社会科学;上海交通大学(经济学、管理学、运筹管理学、商科和商务金融)和中国人民大学(经济学、管理学、商务金融、哲学和宗教学)则有一半(5个)学科属于哲学社会科学;浙江大学(经济学、管理学、语言学、信息与图书馆科学、商科和语言与语言学)、复旦大学(经济学、管理学、商科、运筹管理学、信息与图书馆科学和商务金融)和武汉大学(信息与图书馆科学、经济学、商科、法学、管理学和国际关系)有6个学科属于哲学社会科学;而南京大学(经济学、管理学、文学、信息与图书馆科学、运筹管理学、商科和社会心理学)最多,排名前十的学科中有7个学科属于哲学社会科学。虽然各高校在各学科领域发文数量不能直接进行比较,但相对而言,每个高校在发挥自身学科优势以及对中国哲学社会科学"走出去"的相对作用由此可见,尤其是除了经济学和管理学这两个国际较强学术传播的学科,哲学、文学、语言学、法学、国际关系和宗教学等学科都取得了一定的成绩,这是令人欣喜的局面。

七、中国学者在 SSCI 和 A&HCI 来源期刊发表文献的合作情况 (2005—2014)

在中国哲学社会科学"走出去"计划不断推进的过程中,跨国家和地区的国际合作已经成为一项重要且有效的国际学术传播途径,根据 WOS 平台数据显示,中国学者越来越多参与到国际学术合作中以进行核心期刊学术文献的撰写和发表。

(一)中国学者在 SSCI 和 A&HCI 来源期刊发表文献的合作国家或地区

在 SSCI 和 A&HCI 来源期刊中,本研究选取了 2005—2014 年"国家＝中国"的所有发表文献国家和地区来源数量排名前 20 位的记录,详见表 2-25:

表 2-25:中国学者在 SSCI 和 A&HCI 来源期刊发表文献的合作国家或地区(2005—2014)

排名	国家 / 地区	记录数	百分比
	中国	58 789	100%
1	美国	13 296	22.616%
2	英国	3 233	5.499%
3	澳大利亚	2 938	4.998%

续表 2-25

排名	国家 / 地区	记录数	百分比
4	加拿大	2 295	3.904%
5	新加坡	1 217	2.070%
6	中国台湾地区	1 157	1.968%
7	日本	1 050	1.786%
8	德国	1 032	1.755%
9	荷兰	937	1.594%
10	韩国	653	1.111%
11	法国	569	0.968%
12	比利时	458	0.779%
13	新西兰	448	0.762%
14	瑞士	443	0.754%
15	西班牙	407	0.692%
16	瑞典	377	0.641%
17	意大利	349	0.594%
18	印度	337	0.573%
19	苏格兰	317	0.539%
20	奥地利	229	0.390%

从表中可以清晰看出，近10年中国学者选择的国际学术合作伙伴依然是传统国际学术大国，美国以近23%的绝对优势比例首屈一指，英国和澳大利亚位居第2、3名，这与三个国家的国际学术地位以及大部分中国学者的第二外语是英语有密切关系；由于地理位置和同属亚洲，中国与新加坡、日本、韩国和中国台湾地区等的学术合作也十分紧密，皆在前10位之列；第11—20位的几乎都是欧洲国家，虽然这些国家的科研学术水平都不低，然而由于学术语言和文化接近性的关系与中国学者的合作没有英语国家多，不过这也许会成为未来中国国际学术合作的突破口和增长点；中国学者与其他大洲和地区的合作也有一些，但数量总体很少。

（二）中国学者在 SSCI 和 A&HCI 来源期刊发表文献国际合作的年度
分布

除了 10 年的合作总量，中国与外国进行国际学术合作的年代发展也是值得考量
的，以美国、英国和澳大利亚这三个与我国学者合作最密切的国家为例，具体情况
详见图 2-8、2-9 和 2-10：

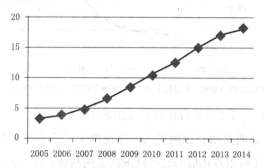

图 2-8：中国学者在 SSCI 和 A&HCI 来源期刊上与美国合作发表文献的年度比例增长（2005—2014）

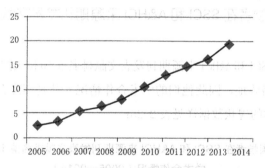

图 2-9：中国学者在 SSCI 和 A&HCI 来源期刊上与英国合作发表文献的年度比例增长（2005—2014）

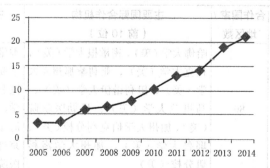

图 2-10：中国学者在 SSCI 和 A&HCI 来源期刊上与澳大利亚合作发表文献的年度比例增长（2005—2014）

从曲线图来看，2005—2014 年中国学者与美国、英国、澳大利亚三个国家合作

发表论文的年度比例增长都是非常明显，这足以证明中国与传统学术大国的科研合作在稳步增进。除此之外，中国学者与欧洲国家的合作也是逐年递增，以西班牙为例的数据详见图 2-11：

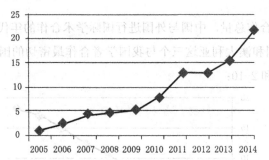

图 2-11：中国学者在 SSCI 和 A&HCI 来源期刊上与西班牙合作发表文献的年度比例增长（2005—2014）

由图 2-11 看出，与西班牙合作发表文献的年度比例增长的曲线比前面三个国家的倾斜度都要高，证明其增长比例更大，这说明中国学者除了要保持与传统学术强国的国际合作外，还可重点拓展与这些欧洲国家的科研合作空间。

（三）中国学者在 SSCI 和 A&HCI 来源期刊发表文献排名前 10 位大陆高校合作情况

中国学者在 SSCI 和 A&HCI 来源期刊发表文献排名前 10 位大陆高校是我国学术"走出去"的重要战略阵地，因此他们的学术合作情况尤其是国际合作是未来可以重点发展的部分，具体的现状数据详见表 2-26：

表 2-26：中国学者在 SSCI 和 A&HCI 来源期刊发表文献排名前 10 位大陆高校的学术合作情况（2005—2014）

排名	高校名称	合作国家/地区数	主要国际合作机构（前 10 位）	主要国内合作机构（前 10 位）
1	北京大学	86	哈佛大学（美）、密歇根大学（美）、杜克大学（美）、亚利桑那州立大学（美）、伊利诺伊大学（美）、马里兰大学（美）、贝勒医学院（美）、加州大学伯克利分校（美）、耶鲁大学（美）、加州大学洛杉矶分校（美）	香港中文大学、中国科学院、复旦大学、首都医科大学、中国人民大学、上海交通大学、上海市精神卫生中心、北京师范大学、深圳康宁医院、清华大学

排名	高校名称	合作国家/地区数	主要国际合作机构（前10位）	主要国内合作机构（前10位）
2	北京师范大学	72	韦恩州立大学（美）、加州大学欧文分校（美）、密歇根大学（美）、西北大学（美）、亚利桑那州立大学（美）、哈佛大学（美）、加州大学伯克利分校（美）、里昂那大学（加）、南加州大学（美）、多伦多大学（加）	中国科学院、北京大学、香港中文大学、香港大学、清华大学、人民大学、首都师范大学、河南大学、西南大学、首都医科大学
3	清华大学	45	普渡大学（美）、加州大学伯克利分校（美）、密歇根大学（美）、哈佛大学（美）、新加坡国立大学、加州大学洛杉矶分校（美）、牛津大学（英）、哥伦比亚大学（美）、伊利诺亚大学（美）、杜克大学（美）	香港中文大学、北京大学、中国科学院、香港城市大学、北京师范大学、中国人民大学、上海交通大学、香港大学、香港理工大学、香港科技大学
4	浙江大学	87	波士顿大学（美）、比利时鲁汶大学、西弗吉尼亚大学（美）、伦敦大学（英）、密歇根州立大学（美）、莫纳什大学（澳）、新加坡国立大学、日本东北大学、内华达大学（美）、诺丁汉大学（英）	香港中文大学、香港理工大学、香港城市大学、香港大学、中国科学院、上海交通大学、杭州师范大学、北京大学、浙江工商大学、中央财经大学
5	复旦大学	99	埃默里大学（美）、哈佛大学（美）、弗吉尼亚联邦大学（美）、维康信托基金会（人类基因）（英）、新加坡国立大学、利物浦大学（英）、加州大学洛杉矶分校（美）、卡罗林斯卡大学（瑞典）、迈阿密大学（美）、亚利桑那州立大学（美）	上海交通大学、香港中文大学、北京大学、中国科学院、中山大学、四川大学、西安交通大学、香港城市大学、中国医科大学、华东师范大学
6	上海交通大学	70	哈佛大学（美）、埃默里大学（美）、新加坡国立大学、新南威尔士大学（英）、英属哥伦比亚大学（加）、加州大学洛杉矶分校（美）、弗吉尼亚联邦大学（美）、密歇根大学（美）、维康信托基金会（人类基因）（英）、芝加哥大学（美）	复旦大学、中国科学院、香港城市大学、北京大学、香港中文大学、西安交通大学、四川大学、上海精神卫生中心、同济大学、浙江大学

续表 2-26

排名	高校名称	合作国家/地区数	主要国际合作机构（前10位）	主要国内合作机构（前10位）
7	中山大学	93	弗吉尼亚联邦大学（美）、维康信托基金会（人类基因）（英）、格里菲斯大学（澳）、迈阿密大学（美）、华盛顿大学（美）、俄克拉荷马州立大学（美）、宾州大学（美）、多伦多大学（加）、卡迪夫大学（英）、宾州州立大学（美）	香港中文大学、中国科学院、四川大学、香港城市大学、香港理工大学、香港大学、复旦大学、北京大学、西安交通大学、暨南大学
8	中国人民大学	53	加州大学洛杉矶分校（美）、北卡罗莱纳大学（美）、瓦赫宁根大学（荷）、密歇根州立大学（美）、比利时根特大学、亚利桑那州立大学（美）、斯坦福大学（美）、新南威尔士大学（英）、西安大略大学（加）、杜克大学（美）	北京大学、中国科学院、香港中文大学、清华大学、香港理工大学、北京师范大学、中央财经大学、香港大学、南京大学、浙江大学
9	武汉大学	91	北卡罗莱纳大学（美）、田纳西大学（美）、哈佛大学（美）、匹兹堡大学（美）、剑桥大学（英）、莫纳什大学（澳）、德州大学圣马科斯分校（美）、弗吉尼亚联邦大学（美）、维康信托基金会（人类基因）（英）、乔治梅森大学（美）	香港城市大学、华中科技大学、北京大学、中国科学院、深圳大学、中山大学、中央财经大学、香港大学、香港中文大学、逢甲大学（台）
10	南京大学	88	韦恩州立大学（美）、新加坡国立大学、斯坦福大学（美）、佐治亚州立大学（美）、哈佛大学（美）、首尔国家大学（韩）、伦敦大学（英）、佛罗里达大学（美）、比利时鲁汶大学、伊利诺伊大学（美）	香港中文大学、中国科学院、香港城市大学、复旦大学、北京大学、香港理工大学、中国人民大学、浙江大学、东南大学、清华大学

由表可见，在各大高校前10位国际学术合作机构中美国占据了绝对优势地位，特别是北京大学的国际合作机构中前10位都是美国大学，其余合作对象也都是以英国、加拿大、澳大利亚的大学为主，偶有一些欧洲国家的大学，亚洲地区合作最频繁的是新加坡国立大学；此外，各高校国内合作机构几乎都以中国科学院和香港的大学居多，其余基本按照地缘接近性和学科相似性而对接合作。

第二节　从现状与问题中找寻发展契机和新的增长点

本章第一节对中国哲学社会科学学者在国际核心学术期刊发表文献的状况进行了详细的调查和描述，这是中国哲学社会科学成果对外传播的内容和成绩。然而，仅仅看到所取得的成绩只会导致继续发展的动力缺乏以及"不进则退"的国际地位丧失，分析现状中存在的问题和不足，寻找解决的方法，制定相应对策才是进一步推进中国哲学社会科学"走出去"工作的关键和有效途径。因此，本节将在之前研究的基础上，剖析和阐释其中的现存问题。

一、与自然科学学科比较，找寻提高学术文献发表数量的途径

2005—2014 年中国学者在 SSCI 和 A&HCI 来源期刊上发表文献的数量以近 5 倍的速度增长，由数据统计图表来看，两个数据库中的年度增长曲线均比 SCI 来源期刊中中国学者年度发表文献数量曲线要明显，这显示出中国哲学社会科学领域的学术成果在国际核心学术期刊中发表数量的增长要高于自然科学领域。然而，从总体数量看，中国学者在 SSCI 和 A&HCI 来源期刊上发表文献的数量只有在 SCI 来源期刊发表文献数量的 4%，这一较大差距说明中国哲学社会科学成果在国际核心学术期刊中的国际影响力从数量上看和自然科学类相比仍然处于非常弱势的地位。虽然如前文提到，两者之间的绝对比较可能因为一些客观因素而降低可比性，但从二者之间的比较仍可以发现一些增加国际哲学社会科学核心学术期刊中国学者成果发表数量的途径。

从两者比较看，首先人文社科类研究中涉及意识形态的成分要比自然科学类高出许多，这将会导致研究成果在期刊发表的成功率大大降低；其次，国际核心学术期刊中自然科学类学术期刊的比例本身要高于人文社科类，也就是说中国哲学社会科学领域学者可发表的"国际学术阵地"要比自然科学类的小很多；再次，自然科学类研究成果大部分由实验和数据组成，而人文社科类研究成果除了数据搜集和分析外，大部分需要学者以较高的语言编织能力呈现其结果，因此在对学术语言的使用方面，人文社科类的要求更高，这对同样母语不是英语的中国学者来说要求本身

就不同了；然后，两大学科领域中的科学研究学术体系与国际学术体系接轨程度也不一致，自然科学类由于内容和研究形式等原因与国际接轨较为紧密，而人文社科类由于政策制定、历史发展和文化背景等原因与国际学术体系存在较大差别；最后，国际学术领域非常强调科学严谨的研究方法，尤其是以美国为代表的具有极高国际学术影响力的学术大国特别注重实证主义的研究方法，中国自然科学领域学术研究由于学科特性和起源已经基本使用实验等实证研究方法，而中国人文社科学科领域发展初期学习的是前苏联那套思辨的定性研究方法，且大部分国内高校对学生学术科研能力的培养也缺乏实证研究方法的系统训练，这些都是影响中国学者在国际人文社会科学类学术期刊上发表文献的重要原因。针对这样的现状和存在问题，中国哲学社会科学学科目前亟须在学术语言和研究方法上缩短与国际学术体系的距离，才能有效提高国际学术期刊文献发表的数量和质量，具体方法详见下一部分"如何在国际核心学术期刊上发表高质量学术文章"内容。

二、增加高质量文献发表数量，在保持原有学科优势的基础上寻找新的学科增长点

WOS 平台数据显示，中国学者在 SSCI 和 A&HCI 来源期刊上发表文献类型多样，按照数量和比例多少排在前几位的依次是论文（83%）、会议摘要（6%）、编辑材料（3%）、书评（3%）、评论（2%）和会议论文（2%）。根据学术惯例，论文、会议论文和评论这三类相较于其他类型学术文献，在学术性和学术科研水平方面属于高质量文献，从上述数据来看，学术论文数量占发表文献的比例超过了 80%，但另外两种学术质量较高的评论和会议论文比例却没有会议摘要和编辑材料高，甚至只有会议摘要的 1/3。因此中国哲学社会科学学科领域的学者应在继续发表论文的基础上，重点学习国际核心学术期刊中评论类学术文献的写作内容和写作方法，提高这类高质量文献的发表数量；同时多参加国际学术会议，并且参与其组织的主题性论文写作和发表，从国际学术期刊发表文献类型质量上整体提升中国哲学社会科学学科领域成果的国际影响力。

此外，从统计数据看，目前中国哲学社会科学领域学者发表在国际核心学术期刊的文献主要集中在经济学和管理学两大学科，且远远超过第三位的教育学学科。虽然优势学科的学术成果对外传播需要继续发扬光大，但长期学科发展不均衡会影响中国哲学社会科学学科整体质量和国际影响力，因此除了经济学和管理学之外的

其他学科也应该迎头赶上。随着中国各行各业的高速发展和国际地位的快速提升，"中国问题"和"中国现象"已经成为世界关注的热点，学术领域也不例外。因此教育学、图书馆·情报与文献学、语言学和文学等领域的中国学者应该重点挖掘自身学科领域中的中国元素和中国问题，并且尝试将之与国际相关学科领域内的前沿成果相结合，以此提高在国际核心学术期刊发表文章的成功率。

三、广泛传播中国发展的最新成就，提高国际一流学术期刊的文献发表量

学术国际影响力不仅体现在成果发表的数量上，还应重点关注和分析其质量，尤其是在与世界各国比较的视角下，才能综合反映中国哲学社会科学成果的传播效果。本研究对经济学、管理学和教育学这三个国际核心学术期刊发表文献数量位列前三甲的学科进行了学术文献质量考察，结果发现管理学学科发表文献的数量虽然没有经济学多，但在文献被引状况和 h 指数方面却均超过了经济学，而排在第 3 位的教育学学科无论在数量还是在质量方面都与前两者有明显差距。在文献被引状况的国际比较（与德国、法国、西班牙、意大利、韩国和日本六国进行比较）中，本研究发现，中国的管理学和教育学在六国之中均名列前茅，偶有指标稍逊于德国，但经济学学科却始终在德国、法国和西班牙之后；此外，从三个学科学术文献所发期刊的影响因子以及在国际顶级学术期刊上发表文章数量的比较来看，管理学学科稳坐第一，而教育学仍然与前两名的学科存在一定差距。

总体而言，这三个学科在国际核心学术期刊上的发表文献在数量和质量上都取得了长足进步和可喜成果，但如能在增加文献被引量和跻身国际顶级学术期刊这两个方面多下功夫，一定会使中国哲学社会科学成果的国际影响力更上一个台阶。"文献被引"指的是发表文章中的内容被其他发表文献作为参考运用到其他学术研究和写作中，而在国际学术核心期刊中被国际学者关注，并被引到同类质量的文献中则更能体现学术质量和学术价值。经济学和管理学之所以在国际核心学术期刊上发表的文献数量在各学科中遥遥领先，很大程度上是因为中国经济高速发展以及政治、国家和社会等方面的国际地位提升等原因。正因如此，提高发表文献被引率的一个有效途径就是在学术成果中广泛传播被世界关注的中国最新发展成就，这些内容都将成为国际学者研究中国乃至世界的最佳依据和重要参考。除此之外，提高发表文献学术质量的另外一个重要途径是增加国际一流学术期刊的文献发表量，因为只有

在强者中占有一席之地才能真正提升自己的水平和证明自己的实力。同样，"如何在高质量学术期刊中发表学术文章"也将在之后部分详细阐释。

四、积极发挥国内一流大学文科科研优势，鼓励一般院校投身学术对外传播大军

中国高校是中国学者在国际核心学术期刊发表文献贡献最大的机构来源，2011年中国教育部《高等学校哲学社会科学"走出去"计划》也明确了高等院校和所属科研机构在中国哲学社会科学成果对外传播战略中的重要作用和历史使命。本研究对 2005—2014 年中国学者在 SSCI 和 A&HCI 来源期刊发表文献的机构来源情况做了数据统计，结果发现香港大学、香港中文大学和香港理工大学位列发文数量前三甲，且贡献了中国学者在 SSCI 和 A&HCI 来源期刊中 1/4 的发文量；此外，香港和澳门（1所）的大学占据了发文量排名前 30 位中 30% 的席位；除了数量方面的比例，以中国学者近 10 年在经济学和管理学学科中发表在国际顶级学术期刊《管理学评论杂志》的 6 篇论文为例，所有数据显示来自中国的作者均为香港各大学的，也就是说国内高校近 10 年在这一顶级学术期刊上的文献发表量为 0。这个现象虽长期客观存在但却不容忽视，因为它说明了中国大陆地区各高校在国际核心学术期刊发表文献"任重而道远"的这个事实。

除去香港的高校，国内高等院校中的一流部属高校仍是中国学者在国际核心学术期刊发表文献来源机构的生力军，根据统计数据显示，2005—2014 年中国学者在SSCI 和 A&HCI 来源期刊中发表文献数量的大陆高校前 10 名依次为北京大学、北京师范大学、清华大学、浙江大学、复旦大学、上海交通大学、中山大学、中国人民大学、武汉大学和南京大学。其中北京大学以领先第 2 名 1 倍的优势名列榜首，但从其发文前 10 位的学科或领域来看，只有经济学和管理学两个学科属于哲学社会科学范畴，发表的学术文献也只有 20% 属于哲学社会科学领域内成果，这说明像北京大学这样的国内顶尖高校在自然科学领域内的科研成果更具国际影响力；此外，排名在第 2—7 位高校的学者在 SSCI 和 A&HCI 来源期刊中发文的 40% 左右属于哲学社会科学领域内成果；反而是前 10 位中的后 3 位高校中国人民大学、武汉大学和南京大学在哲学社会科学学科领域发文比例较高，分别为 63%、53% 和 52%。从这些数据来看，虽然国内一流高校为中国学术成果对外传播做出了杰出贡献，但哲学社会科学领域成果所占比例还不是很高，因此国内一流高校应该借鉴自身自然科学学科领域研究成果

对外传播的经验，将其运用于哲学社会科学学术成果推广中，积极提升学校综合科研能力和整体学术对外传播实力。

此外，除了国内一流高校，国家还应该鼓励各地方高校积极投身中国哲学社会科学成果对外传播的科研事业中，虽然目前一般院校的科研实力与一流高校存在一定差距，但由于全国一般地方高校的基数比较大，涉及学科范围比较广，因此如果每所院校都在学术对外传播中有所突破的话，那成果数量是相当可观的。为此，国家、教育部和各高校应该制定相应政策、实施相关项目来积极推动此项发展，比如有些高校实施"国内访问学者"项目，让本校年轻学者去国内一流高校访学，学习如何在国际学术圈展示科研成果的先进经验，从而提升该校的科研实力；还有的地方高校加大对国际核心学术期刊发表论文的科研奖励（经济奖赏和职称评定时的优先考虑等），从精神和物质双重角度鼓励本校教师和科研人员积极从事学术成果对外传播活动；除了各高校的相关举措，教育职能部门和国家政府也应该创造和提供各种条件帮助一般高校提高学术成果的国际影响力，比如组织一些关于国际学术科研的工作坊，邀请国内一流高校中在国际学术核心期刊上发文量较多的学者作为专家进行专题讲授，除此之外还可以为高校设立一些以发表国际期刊学术论文为考核要求的专题科研项目等，这些都将会鼓励和帮助国内一般高校积极投身中国学术对外传播事业。综合来看，未来中国哲学社会科学成果在国际核心学术期刊中的表现仍然应继续发挥顶尖高校的科研优势，以国内一流高校作为主力军，同时鼓励各地方高校积极参与其中，在各个学科尤其是哲学社会科学领域中有所突破，这也就是所谓的"普遍开花、重点培养"策略。

五、进一步拓展国际学术合作发表的国家和地区，建立坚定的中国学术自信

世界范围内的各个领域中，似乎各国都争相与美国进行多种合作，从经济到教育、从科技到文化，学术合作自然也不例外。从近 10 年中国学者在 SSCI 和 A&HCI 来源期刊上与其他国家或地区学者合作发表文献的情况看，美国是我国学者最主要的合作伙伴，紧随其后的英国和澳大利亚这些传统学术强国也是我们主要的合作对象。除了这些国家丰富的学术资源和学术前沿性及前瞻性等原因之外，中国学者最擅长使用的国际学术语言依然是英语这一点也和与这些国家的高合作率密切相关。而新加坡、日本、韩国和中国台湾等国家或地区与我国学者的合作之所以紧密，地理位置、

文化接近性以及研究主题的类似或相关性都是促成学术合作的重要原因。从本研究统计的 2005—2014 年中国学者在 SSCI 和 A&HCI 来源期刊上发表文献排名前 20 位的合作国家或地区结果来看，第 11—20 名这个区间内的几乎都是欧洲国家，如法国、比利时、瑞士、西班牙、瑞典和意大利等，这让我们发现了一个未来学术合作的发展契机。这些欧洲国家经济发达，各类科学研究水平也属世界较强之列，但由于语言差异和跨文化等原因，他们与中国学者的合作机会与频率远没有如美国、英国和澳大利亚那般高，因此这是中国增强国际学术合作非常重要的一个增长点。为了发展和促成这个增长点，国家可以各种政策和手段鼓励一些中国年轻学者赴这些欧洲国家进行学位、学历教育学习，也可以鼓励国内年轻中国学者进行除英语之外的第三、第四种外语学习，解决了语言问题的中国学者便可以与这些欧洲国家的学者进行更频繁的学术合作，并且共同在国际核心学术期刊中发表科研成果。当然，这些欧洲国家的英语教育除了法国（由于文化因素）之外都是比较发达的，因此中国学者仍然以英语作为学术语言同样可以与之进行合作学术文献发表。

本研究在做有关"合作国家或地区"的数据统计和分析时还发现了一个问题，虽然这个问题无法用 WOS 平台系统数据量化显示结果，但却客观存在，那就是即使中国学者与美国、英国和澳大利亚等国学者在 SSCI 和 A&HCI 来源期刊上的联合学术文献发表数量很多，但中国学者大部分都不是第一作者，甚至很多都在非常靠后的作者排位上。这说明这些学术合作中，中国学者处于从属地位，外国学者主导了整个学术研究的主题、方向和结构等核心要素，这对传播我国哲学社会科学成果并不十分有利。当然，这一问题的改善并非朝夕可至，因为目前我国仍然处于向这些学术强国学习的阶段，但中国哲学社会科学学科领域的学者们必须树立这样的意识：国际学术不是某几个发达国家的专利或专享，国际核心学术期刊也不是学术霸权的传播场域，中国哲学社会科学领域的学者应该在学习和吸收世界先进学术成果的基础上立足本国，重点关注和研究中国各方面发展的最新成果和面临问题，用世界的学术话语体系对外传播中国最新科研成果，从而建立坚定的中国学术自信。

第三节　如何在国际核心学术期刊上发表高质量学术文章

国际核心学术期刊一直以来都是各国学者展示和传播自己科学研究成果的主要阵地，是否能在其中发表文献也是衡量学术成果质量和学者科研能力的重要指标。

中国学者近 10 年在此领域的成果发展迅速，各方面都取得了显著成绩，但仍然存有发展和进步空间，因此，本节将在现状考察和问题分析的基础上探究如何在国际核心学术期刊上发表高质量学术文章，以提升中国哲学社会科学成果的国际影响力。

目前，在国际核心学术期刊发表文献依然是中国哲学社会科学成果对外传播最主要的渠道，也是国内各高校和研究人员用于体现自我科研能力和国际学术影响力的有效手段。因此，目前各高校都开始积极鼓励和大力支持教师和研究人员在国际学术期刊发表文章，有的高校除了经济奖励外，还将此指标加入了职称评定考核体系中作为总要参考或者标准。虽然近 10 年中国学者在 SSCI 和 A&HCI 来源期刊上发表文献的数量翻了 5—6 番，可谓发展迅猛，在世界范围内引起了国际学术界的关注。但从国家人口与发表文献数量的比例来看，我国仍然处于较低水平，如 WOS 平台数据显示 2014 年中国学者在 SSCI 和 A&HCI 来源期刊上发表文献 10 937 篇，日本为 4 181 篇，韩国为 3 847 篇，但根据中国人口 13.6 亿、日本人口 1.26 亿和韩国人口 5 100 万来计算，国际核心学术期刊发文量与国家人口总数的比例这一数值日本是中国的 4 倍，韩国是中国的将近 9.4 倍。由此看来中国学者中能在国际核心学术期刊发表文献的人数比例远没有日本和韩国高，未来还有很广阔的空间可以发展，然而虽然中国学者已经意识到在国际核心学术期刊上发表文献的重要性，但大部分研究人员普遍对这种学术传播方式心有余而力不足。为此，本研究查阅了有关"如何在国际学术期刊上发表文章"主题的国外文献，以及很多国内外知名教授或期刊编辑的讲座或文章，并且利用研究者赴美国访学的机会对一些美国教授（他们同时也是各国际学术期刊评审）进行了访谈，综合这些内容以期为广大中国哲学社会科学学者提供一些参考。

一、语言是给国际学术期刊编辑的第一印象

当中国哲学社会科学学科领域学者被问及"是否想在 SSCI 或 A&HCI 发表论文"时，很大一部分学者第一反应便是"我的英语不行"[1]。这里所谓"英语不行"，并不是指我们平时所说的英语考试和考级等成绩不好，而是用英语进行学术研究和学术文献撰写的能力，这对于绝对大部分人文社会科学类专业的学者来说目前是最大的障碍，这使得他们觉得在国际核心学术期刊上发表文章是一件遥不可及的事情。*System*

---

[1]　这是研究者对很多文科类专业学者的非正式访谈的结果。

杂志[1]前总编詹姆斯坦言[2]，所有国际期刊的编辑都清楚地意识到用不是自己母语的语言进行公开学术发表是一件非常困难的事情。虽然大部分作者都希望自己研究的原创性、科学严谨性和意义等是被核心考量的元素，而不是纠缠于语言表达，但对学术期刊来说，其声誉取决于作者如何呈现他们的研究。詹姆斯表示作为期刊编辑，他们有责任不浪费聘请论文评审的时间，因为国际期刊聘请的论文评审们一般都是义务工作，且都是相关领域内有所成就的人士，因此平时本职工作已经非常忙碌，他们只负责对论文内容做出评价和反馈，而不是对不准确的英语进行校对。因此，任何一本国际学术期刊，尤其是核心学术期刊都会有一个对文献撰写语言可读性的接受标准，任何低于这一标准的投稿文献都会在第一轮杂志编辑审核中被毫不留情地拒绝。

　　虽然国际学术期刊作为传统学术传播渠道一直处于发展状态，但随着世界各国学者越来越多地意识到发表国际学术论文的重要性，投稿数量也开始呈几何级数量增加，然而期刊版面仍然是很有限的，这也就使得国际学术期刊尤其是核心学术期刊逐渐成为"稀缺资源"，每一本国际核心学术期刊在面临排山倒海似的投稿量时，只能提高第一轮的拒稿率。System 杂志前总编詹姆斯教授介绍[3]第一关的审核首先针对一些格式方面的基础性问题，比如页码标注、表格排序、参考文献格式和作者的个人信息、摘要长度等，另外一个重要方面就是语言是否达到可被接受的程度。一般总有将近一半的投稿会因为这些原因被退回去要求修改后重新提交，而还有一半的投稿会因为各种原因在进入外审之前就被拒绝了，例如选题不适合投稿期刊；对最近的相关成果不能很好地进行文献综述；无法证明进行该研究的必要性和价值；研究进行的实验在方法论上存在缺陷；统计分析不恰当或者过分技术；研究陈述不清且写作和文章结构非常糟糕；研究报告虽然有效但缺乏教学应用价值或不符合吸引期刊读者的兴趣等。衣阿华州立大学经济学教授 Kwan Choi（《国际经济评论》杂

[1]　该杂志是 SSCI 来源期刊，是一本有关教育技术和应用语言学方面的国际学术期刊。

[2]　James A.Coleman.How to get published in English: Advice from the outgoing Editor-in-Chief[J]. System, 2014(42):404-411.

[3]　James A.Coleman.How to get published in English: Advice from the outgoing Editor-in-Chief[J]. System, 2014(42):404-411.

志主编、《发展经济学评论》杂志执行总编、《日本经济学评论》杂志副总编）[1] 在论述"如何提高论文被国际顶级期刊录用可能性"时总结说现在的期刊主编们已经越来越成为风险厌恶者，他们更关心的是接受低质量论文而带来影响期刊声誉的风险，而不是拒绝高质量论文的可能性。也就是说当你的论文被拒绝时，编审们更关注的是你论文的缺陷，而不是看重论文的优点，因此语言可能是稿件给编辑们的第一印象，这一印象的好坏是决定文章能否进入第一轮外审的关键所在。如果低于任何一家期刊最低语言标准的话，编辑就不想浪费评审的宝贵时间去阅读那些看上去文字生涩、观点表达拗口的文章，因为再好的学术思想或观点如果无法用语言清楚表达就不能使阅读者产生共鸣从而被认可和接受。此外，根据中国台湾高校考核体系中的数值参考，在人文社会科学类国际学术期刊上发表文章的难度是在自然科学类期刊上发表的 25 倍，其中很大一部分原因就是人文社会科学学科主要以表达观点和理论创新为主，因此对语言的要求格外严格，这也是造成中国学者近 10 年在 SSCI 和 A&HCI 来源期刊上发表文献的数量只有在 SCI 来源期刊发表文献数量的 4% 的重要原因之一。

　　作为母语非英语的国际核心学术期刊投稿人，中国哲学社会科学学者首先必须过的便是语言关，而且这里所说的提高语言水平并不是指日常听说读写能力，而是用英语进行学术写作的能力。因此，提高此能力的途径不是常规英语训练的方法，根据一些已经在国际核心学术期刊上成功发表论文的中国年轻学者的经验，广泛、大量阅读相关领域国际学术期刊已发表论文是解决这个问题最有效的手段。有了学术语感之后便是进行反复实践和操练，但千万不要对自己的中文论文进行翻译，因为中英文写作的思维方式、编排布局和起承转合，尤其是学术话语体系截然不同，逐字逐句的翻译只会使文章不伦不类，期刊编辑看了一头雾水，完全不知道研究的目的和核心所在，文章自然很容易在第一轮就被淘汰。除了大量阅读和反复操练外，Kwan Choi 主编还推荐了一种对提高英语学术写作行之有效的办法，就是留意其他成功的作者是如何介绍自己的题目、引用文献，并逐步展开的，模仿他们使用的词汇和短语，并对其进行修改以适合自己的论文，因为模仿别人已经写好的段落要比自己写出一个全新的段落来得容易，而且被模仿的是已经被证明准确和成功的。因此，

---

　　[1]　资料来源：http://wenku.baidu.com/link?url=tvDwHqHr1A6HDrDkrYhrsdjr__wgbuQjZgcnGexnSXAmnbDY8tswMrSUmnirs-Y8uYq_7Eyr-yXZZfkHaV-SuGmQhySSyxdURq-LiT7Ya0W, 2015-2-7.

准备一些标准化和格式化的学术用语，掌握一些专业性比较强的所谓"官话"和"套话"，尤其是前言部分的写作，可以大大提高文章的学术性和专业性，也有助于清楚表达研究目的和价值，因为有国际学术期刊编辑认为任何一个作者都有责任在开头部分将自己的研究尽可能交代清楚[1]。此外，投稿人在论文撰写结束之后，请擅长英语学术写作的同事、朋友或导师帮助检查、校对甚至修改是非常有必要的环节，有时也可以采取付费方式找专业人士帮忙修改。在香港地区，尽管教师的英语水平已经很高，但在很多商学院中学校仍然组织和聘请专门的英语编辑来修改本校教师和科研人员的初稿，中国内地各高校可以学习香港高校的做法，以此作为鼓励学者向国际学术期刊积极投稿的有效激励手段。

二、创新的选题和内容是让编审们眼前一亮的制胜法宝

虽说语言对于中国学者来说是在国际学术期刊上发表文献很大的障碍，但真正能成功的学者却并非因为精湛的英语水平，而是其创新的研究选题和重大的研究意义。学术期刊创立的初衷是发表有原创思想的论文，好的期刊更是致力于传播新思想和新观点，那些对已有思想进行详细阐述或者探讨假设稍微改变后的论文，好期刊并不感兴趣。因此，在写作之前，投稿人应该问自己一个这样的问题：我的这篇论文提供了什么样的新想法和新结果？任何一个研究都应该在开头就表明此课题最吸引人的地方。[2] 而最吸引人的往往就是新意，创新的选题和内容会使面对一大堆来稿的期刊编辑眼前一亮，尤其是像 SSCI 和 A&HCI 来源期刊里的权威学术杂志，投稿没有创新是不可能被录用的，大部分在第一关就被淘汰的稿件多数原因均是选题没有新意和价值。关于选题，Kwan Choi 主编建议学者们不要在老掉牙或冷门的题目上浪费时间："如果你拟完成的论文中大多数最新引用参考文献都是 10 年前发表的，那么你的论文发表是相当困难的，因为这可能是个无人问津的命题；如果大多数最新引用是 5 年以前的，那说明这可能是个正在过时的命题，即便审稿人推荐录用，主编们也未必会愿意接受这样的论文，而且对于那些过时选题的文章，主编很难找

[1] Barry Trott. Thoughts on Scholarly Witing[J].Reference & User Services Quarterly, 2013, 53(1):2-4.

[2] 资料来源：http://wenku.baidu.com/link?url=tvDwHqHr1A6HDrDkrYhrsdjr__wgbuQjZgcnGexnSXAmnbDY8tswMrSUmnirs-Y8uYq_7Eyr-yXZZfkHaV-SuGmQhySSyxdURq-LiT7Ya0W, 2015-2-7.

到合适的审稿人。"因此，要想从众多同一学科研究稿件中脱颖而出，论文标题、摘要和前言部分就要体现研究的创新价值，对于中国哲学社会科学学者来说，研究中国发展道路上的最新进展、取得成绩和面临问题等都是相关国际学术圈内具有创新价值的选题和内容，这也是为什么中国经济学和管理学两大学科学者发表在国际核心学术期刊中文献数量最多的原因。

System 前主编詹姆斯教授认为 [1] 选题的好坏可以体现出投稿人在对原创研究的构思、设计和呈现方面的能力，也能证明作者承担和完成一个有趣、创新和有意义研究的能力，同时还能表现出作者在对相关领域前期成果、相关理论和研究方法的掌握，是其专业性和学术性的最好体现。基于这些，一篇论文的文献综述部分就显得格外重要，在被发表的文章中，文献综述的目的不是体现此研究相关领域的研究兴趣，而是针对目前研究现状和理论的语境进行的系统梳理。文献综述的作用是对该学术领域之前有关研究进行的一个紧凑的和批判性的考察，以此表明当前研究在弥补知识沟方面的实践和理论意义。因此，文章必须有一个清晰的原理阐述，文献回顾与研究问题之间，方法、发现和结论之间都必须存在明确的逻辑关系。只有在成功完成这些的基础上，研究者才会真正找到具有创新价值和实践意义的优秀选题，这样的选题甚至会让一些期刊主编爱不释手，甚至在英语学术写作不是很清晰的情况下都不舍得拒稿，让原作者找人专门修缮语言重新提交，这充分说明现在国际学术期刊对好选题的"求贤若渴"。

三、研究方法和学术规范是进入国际学术话语体系的敲门砖

台湾地区教育学知名教授蔡今中先生 [2] 担任国际核心学术期刊《计算机与教育》主编、《国际科学与数位教育》杂志副主编，同时还是很多国际学术期刊的编辑和评审，其本人也在 SSCI 来源期刊上发表了 200 多篇学术论文。在接受访谈过程中当被问及"在您收到的中国学者的投稿中，您觉得英语写作是最大的问题吗"的时候，蔡教授的回答是否定的。他表示能够敢于向国际核心学术期刊投稿的中国学者本身英语写作能力应该是比较强的，而且大多数已经找过专业人士进行语言修饰，因此

---

[1]　James A.Coleman.How to get published in English: Advice from the outgoing Editor-in-Chief[J]. System, 2014(42):404-411.

[2]　本次访谈发生在研究者参加蔡今中教授的一场题为"如何在 SSCI 发表论文"的讲座中，时间 2014 年 6 月。

大多数投稿论文基本能够表达清楚研究内容，但目前存在的最大问题是"不入流"的研究方法，为此蔡教授和他的团队经常在内地高校举办研究方法的工作坊，对国内年轻学者进行研究方法的强化训练。所谓"入流"，目前大多数情况下指的是西方那套实证主义的研究方法，而中国学者中除了那些在海外获得博士学位归国工作的人之外，大部分在中国获取博士学位的学者都没有接受过西方那套系统的科学研究方法培训。因此，在被一些国际学术期刊退稿的中国哲学社会科学学者的文章中，研究设计不严谨，数据抓取、分析和呈现缺乏科学系统性，以及从研究设计到结论逻辑关联的丧失都是重要因素。因此，国内学者尤其是哲学社会科学领域的学者应该在学习国外社会科学研究方法上下功夫，高校和教育部门可以定期组织和聘请国外一流大学的知名教授来华开设讲座，或者开设一些专门的研究方法培训班和工作坊，努力提高中国哲学社会科学学科研究的科学性和严谨性。

除了研究方法，国际标准的学术规范也是国际学术期刊投稿的基本要求，例如引言长度不能超过两页，因为引言太长表示你讨论了太多其他人的成果，自己的贡献就显得微乎其微[1]；摘要部分的质量至关重要，一般以100—150个词尽可能交代清楚研究目的、方法、结果和结论，不要介绍常识，不进行评论，不与论文题目和前言内容重复或雷同，特别要说明自己的原创部分，让审稿人一看就有继续读下去的欲望[2]；论文还应该清楚地标注出引用部分，完整给出参考文献，但将某一主题的所有文献全都引用是没有经验的投稿人所为，这种做法并不适合期刊论文，理想的参考文献数量大致为十多篇，可接受的上限为20篇。对于每篇论文，应遵循该领域知名期刊的引用格式，不一定要每次投稿都修改一遍格式，因为参考文献的格式只要符合主流标准就不会因为这个而被退稿，可以在被接受之后按照该期刊要求进行修改；把技术性和细节性的评论放到注释中，但尾注、表格、参考文献和附录加在一起不能超过论文主体分量。正文中应该规避出现技术性的细节，读者可从阅读正文便能理解主要思想，太学术化的凌乱论述应当归到注释中去。[3]

---

[1] 资料来源：http://wenku.baidu.com/link?url=tvDwHqHr1A6HDrDkrYhrsdjr__wgbuQjZgcnGexnSXAmnbDY8tswMrSUmnirs-Y8uYq_7Eyr-yXZZfkHaV-SuGmQhySSyxdURq-LiT7Ya0W, 2015-2-7.

[2] 资料来源：http://www.docin.com/p-17978975.html, 2015-2-9.

[3] 资料来源：http://wenku.baidu.com/link?url=tvDwHqHr1A6HDrDkrYhrsdjr__wgbuQjZgcnGexnSXAmnbDY8tswMrSUmnirs-Y8uYq_7Eyr-yXZZfkHaV-SuGmQhySSyxdURq-LiT7Ya0W, 2015-2-7.

四、正确的心态和学术韧性是最终获取成功的保障

无论是从国际学术期刊编辑、评审甚至主编那里获得的信息，还是从已经取得成功的学者那里获得的经验来看，在国际核心学术期刊上发表论文是一件困难的事情，尤其是哲学社会科学学科，因为它带有很强烈的意识形态色彩，这就注定了SSCI 和 A&HCI 来源期刊中欧美国家占绝对优势，中国人文社科的成果在其中处于相对弱势的位置。因此，国内学者很少能一次成功，Kwan Choi 主编说即使诺贝尔奖得主也收到过拒稿信，但因为害怕被拒绝就让论文常年躺在书柜或者待在电脑硬盘里不会带来任何好消息，也永远不可能被发表在国际学术期刊上。往往级别和影响因子越高的期刊，拒稿率也就越高，因为全世界最优秀的学术成果都希望在那里展示和传播，期刊编辑和主编们的要求也自然水涨船高，有学者做过几家美国顶级社会学和宗教学领域期刊的拒稿率调查[1]：《美国社会学评论》（*American Sociological Review*），接受率 6%—9%；《社会问题》（*Social Problems*），接受率 8%—10%；《社会力量》（*Social Forces*），接受率为 15%；《宗教社会科学研究》（*Journal for Scientific Study of Religion*），接受率为 18%—20%，也就是说百分之八九十的投稿都是被拒绝的，这是真正对学术执着的考验。因此，只有认真准备、谨慎研究和大胆实践才能有获得成功的可能，而一旦开始从事这样的科学研究和传播活动，正确的心态和学术韧性是非常重要的。

首先，向国际核心学术期刊投稿是一个漫长的过程，大部分国际学术期刊的发表周期最短是 12 个月，而且基本上所有能发表的论文都要经过修改，知名教授也不例外，评审通常是双向匿名进行，反复修改多次才可能最终被发表。大部分期刊对待投稿通常要经过编辑初审、评审者初评、复评、再复评、编委会审五个环节或关口。过第一关时，要拒掉 5% 左右；过第二关时要被拒掉 75%；能够得到复评的论文还有可能被拒掉，这主要是评审认为你的论文修改没有达到他的要求，因此，有些论文的发表周期通常要 18—24 个月，甚至更长，这样就需要有足够的耐心和韧性了。

其次，除了漫长的等待外，对心态和韧性最大的考验体现在论文修改上，基本上所有发表在国际核心学术期刊上的论文都是经过修改的，当你收到修改通知的时候，表明你的论文又向着成功迈进了一步。评审对于论文的建议通常有三种：不适合、

---

[1]　资料来源：http://blog.sina.com.cn/s/blog_56dbd4bd010198hl.html, 2015-2-9.

修改后再评审和可以发表但还需要修改 [1]，而每个杂志对于修改时间的要求也不一样，有些要求作者在 3 个月内按照评审意见完成修改，但也可以根据实际情况提出延期申请 [2]；有的杂志则把修改时间定为 6 个月到 1 年的时间 [3]。无论时间多长，作者都必须按照评审意见认真、仔细修改，草率和敷衍的修改一定会导致最终失败的结果，即使投稿被拒后，作者还想投到其他刊物上发表，也必然根据评审的修改意见进行修改。因为如果不修改就投出去，也许你的文章又会落到原先的评审者手中，毕竟同一个学科领域内的知名教授不是很多，他们会同时担任好几家国际核心学术期刊的论文评审人。另外，投稿人在修改完成重新提交论文时，可以随投稿发一份邮件给编辑 [4]，阐释一下自己根据编辑和评审人意见所做的修改，同时也可以对你没有进行修改的部分做出解释，并试图与编辑或评审人做一些良好的学术沟通。投稿人要做好充分的心理准备，修改稿件可能是一个漫长的过程，一遍又一遍的修改有时会逐渐消磨作者的学术热情，但有时也会让作者从评审积极回复的专业建议中受益匪浅。大部分国际学术期刊评审都会对所接受的稿件给出回复意见，即使拒稿也会把专业理由陈列清楚，因此向国际学术期刊投稿对于中国学者来说也是一次很好的学习机会，否则我们永远不可能从国际学术泰斗那里获得专业意见。

由此看来，能够成功在国际核心学术期刊上发表一篇论文快则 1 年，慢则 3 年，且中间要经历反复修改、等待、再修改、再等待的漫长过程，因此，没有正确的心态和学术执着与韧性是不可能走到最后取得成功的。然而，这一点在中国高校或科研机构现行学术科研考核体制下似乎更考验学者的心态和韧性，在发表文章和申报项目的压力下是否保持一颗对学术追求炙热的心？在投稿漫长的等待和反复修改中是否能够耐得住寂寞怀揣当初的信念坚决不放弃？这些都值得学者、高校甚至国家教育职能部门思考，在高举让"中国哲学社会科学走出去"旗帜的同时，为一线研究人员创造适合的、高效的和人性化的环境也是推动中国学术成果对外传播的重要保障。

---

[1] 资料来源：http://blog.sina.com.cn/s/blog_56dbd4bd010198hl.html，2015-2-9.

[2] James A.Coleman.How to get published in English: Advice from the outgoing Editor-in-Chief[J]. System, 2014(42):404-411.

[3] 资料来源：http://wenku.baidu.com/link?url=tvDwHqHr1A6HDrDkrYhrsdjr__wgbuQjZgcnG exnSXAmnbDY8tswMrSUmnirs-Y8uYq_7Eyr-yXZZfkHaV-SuGmQhySSyxdURq-LiT7Ya0W, 2015- 2-7.

[4] Janette K.Klingner, David Scanlon, Michael Pressley.How to Publish in Scholarly Journals[J]. Education Reasercher, 2005, 34(8):14-20.

五、不放弃任何一种可以锦上添花的方法

SSCI 和 A&HCI 来源期刊有 4 000 种左右，其中每个学科或领域内也有很多期刊，因此向国际核心学术期刊投稿不是盲目地"海投"，而是要寻找最合适的期刊。一般步骤是在 Web of Science 平台中找寻相关主题的论文，看看它们最多发表在哪些期刊上，然后再用系统自带的"分析（Analyze）"功能对期刊进行机构和作者来源检索，统计一下最近几年该期刊收录中国学者所写论文的情况，如果发现该期刊基本没有发过中国学者论文，为了规避风险和提高投稿命中率，最好还是另找一家期刊再投。另外，中国学者也可以尝试将论文投向正在成长的期刊，这类期刊的接受率相对高一些，并且专业性期刊的发展前景和接受率会比综合性期刊好一些，Kwan Choi 主编[1]介绍在 20 世纪 70 年代，排名前 10 位的期刊都是综合性期刊，而到了 20 世纪 90 年代，排名前 10 位的期刊一半是专业期刊，而且这种趋势还在延续。此外，期刊的影响因子、引用率、拒稿率和编审水平等也都是考量期刊质量的重要指标，作者可根据自身切实需要选择最适合自己的进行投稿。

除了选择一本最适合的投稿期刊，文章研究领域的多科性和交叉性也可以提高投稿成功率。会计学何雪峰博士[2]介绍他在 SSCI 期刊发表论文的成功经验时就重点强调了交叉学科"联姻"的优势，他将生态、生存、计量经济学模型和经济学、农户行为理论联系起来做实证研究，期刊主编对这样的文章还是比较偏爱的，即使写作语言方面有些瑕疵，但在经过专业编辑人员的帮助和修正下仍然可以发表。另外，学科交叉和融合也是选题创新的手段，全世界有如此多科研人员从事相关或类似学科领域研究，唯一和创新实现起来是非常困难的，因而跨学科和学科交叉与融合是另辟蹊径的办法之一。

在论文字体和格式方面给编辑留下较好的第一印象也可以为你的成功投稿锦上添花。例如字体一般不要超过 12 号（四号），稍小的字号会使文章看上去没有那么冗长；行间距在 1.5—2，太紧凑的排版会让编辑和评审读起来非常困难；尽量使用左对齐，而不是两边对齐；一定要有页码数，并且注意页边距，一般在 1 英寸（1 英寸＝2.54 厘米）左右；反复确认引用和文献是否匹配，参考文献格式是否准确并且

---

[1]　资料来源：http://wenku.baidu.com/link?url=tvDwHqHr1A6HDrDkrYhrsdjr__wgbu QjZgcnGexnSXAmnbDY8tswMrSUmnirs-Y8uYq_7Eyr-yXZZfkHaV-SuGmQhySSyxdURq-LiT7Ya0W，2015-2-7.

[2]　资料来源：http://www.docin.com/p-17978975.html，2015-2-9.

完整；最后还要检查一下单词拼写、标点符号这些简单而又细微的问题。由此看来，投稿之前对稿件进行 2—3 遍的校对和检查是必不可少的步骤，但尽管如此，还是有很多稿件由于这些问题被期刊编辑退回去，运气好的可以修改后重新提交，运气不好的估计就被冠以"不适合本刊"等原因而被退稿了。[1]Kwan Choi 主编建议作者在论文写完后不要立刻投稿，搁置一周后再重新阅读几遍，尤其是引言、结论和摘要，并且纠正拼写、符号、注释和参考文献中一切所谓低级错误，因为由于这些低级错误，会让期刊编辑认为如此马虎的作者所做的研究势必也是草率的，在这样的主观判断下，稿件"存活"的几率便很低了。

Kwan Choi 主编关于"培养合作者"方面的建议对于我国哲学社会科学领域年轻学者也是非常有价值的，他认为最初的盲目单干是一种冒险的策略，尤其是刚刚走出校园的博士毕业生或者年轻学者。[2]与成熟的有成功经验的合作者一起写论文，可以分享他们在学术圈的声誉，文章被接受的概率会翻倍，同时你也能从合作中学会如何撰写国际学术期刊论文，为今后的独立研究和投稿做准备。[3]目前中国各高校都在积极推动国际科研合作，国家也积极推进访问学者公派留学项目，学者们可以借此机会建立与海外知名教授，尤其是自己导师的长久合作关系，在他们的带领和帮助下逐渐走上国际学术研究和学术传播的道路。

此外，Kwan Choi 主编还特别强调了在向国际核心学术期刊投稿中的一些细节问题，如不要在投稿信中过分解释和强调论文的重要性，因为主编一般不读投稿信，这只是你缺乏经验的信号，表示自己信心不足，一般只需一两句的阐释即可；效仿那些有资质的作者，学习他们如何介绍自己的题目、引用文献并且逐步展开；尽量避免使用第一人称"我"，尤其是作为段落开头，审稿人一般对以自我为中心的人持有反感，相对于"我做了……"来说，"这篇论文实现了……"这种写法更让编审觉得舒服；相同的原因，投稿文章应避免过分自我引用，因为这会导致评审认为

---

[1] Janette K.Klingner, David Scanlon, Michael Pressley.How to Publish in Scholarly Journals[J]. Education Reasercher, 2005, 34(8):14—20.

[2] 资料来源：http://wenku.baidu.com/link?url=tvDwHqHr1A6HDrDkrYhrsdjr__wgbuQjZgcnG exnSXAmnbDY8tswMrSUmnirs-Y8uYq_7Eyr-yXZZfkHaV-SuGmQhySSyxdURq-LiT7Ya0W, 2015-2-7.

[3] 资料来源：http://wenku.baidu.com/link?url=tvDwHqHr1A6HDrDkrYhrsdjr__wgbuQjZgcnG exnSXAmnbDY8tswMrSUmnirs-Y8uYq_7Eyr-yXZZfkHaV-SuGmQhySSyxdURq-LiT7Ya0W, 2015-2-7.

作者是一个自负、无视他人贡献的人；在引言中引用潜在审稿人的论文，文中对最有可能的审稿人慷慨地给予名副其实的赞扬，引用知名作者的话等都是增加评审好感的技巧和方式，但切忌过分和虚伪；由于论文会存在被拒之后的再次投稿，因此不要说明论文最初完稿的日期，也不要揭示论文的修改次数，尽量避免让编审看出该论文已被拒稿多次；最后，不要在两个月内向同一期刊投两篇论文，特别是这两篇论文相关性很高时，因为对于主编们来说，他们更倾向于发表不同作者的研究成果；同时也尽量避免将文章投向那些频繁拒绝你稿件的期刊，因为这表示该期刊对你的类似选题不感兴趣，并且主编们已经有了一些思维定势。

第三章 中国哲学社会科学学术期刊的"国际化"道路

第一节 中国哲学社会科学学术期刊"国际化"之现状考察

在国内外研究学术传播的所有成果中，学术期刊无论从传统路径还是创新发展角度都是其中最有效的传播载体和正式渠道。由于学术刊物位于知识生产体制的末端和学术评价体制的核心环节，这就使得在学术期刊与学者之间可以建立起一种关系，即学术期刊不仅可以对研究者的学术立场、学术旨趣和研究路径等产生影响，而且可以经由这一影响逐渐对整个中国哲学社会科学的发展及其走向产生一定作用。[1] 因此，学术期刊的发展是繁荣中国哲学社会科学至关重要的内容，同时学术期刊对外传播也是积极推进中国哲学社会科学"走出去"计划的重点发展对象，无论是其数量还是其质量都是考察中国哲学社会科学成果对外传播的重要指标。从国家提出繁荣中国哲学社会科学开始，各界人士便开始致力于提高哲学社会科学学术期刊国际影响力，并且积极推进其国际化进程，在各方的不懈努力下着实获得了不小的成绩和长足的进展。然而，跟自然科学类学术期刊国际化程度比起来，哲学社会科学类学术期刊国际化步伐仍然相对缓慢，各项数据和与国际科研平台接轨程度还有很大的提升空间，这也是本研究的研究缘起和现实意义。

"走出去"这个概念和说法由来已久，且被广泛运用于国家政策宣传、战略规划、策略制定和学术研究中，但实际上它并不是一个严格的学术概念，也没有在学理上被系统论证和阐释过。因此，本研究将根据学术期刊出版发行以及对外传播等特点，界定其实现标准，故而本节将在三个"走出去"的维度上展开对中国哲学社会科学学术期刊对外传播的全面考察：①学术期刊被国外图书馆收藏（形式包括纸质版和

---

[1] 刘杨.中国社科学术期刊走出去困境及制约因素分析 [J].中国出版，2013（1）：19-22.

电子版）；②学术期刊被在国际上具有较大影响力和代表性的知名数据库收录[1]；
③外文学术期刊的对外发行。

一、中国哲学社会科学学术期刊被国外图书馆收藏状况

（一）整体概况

根据河南大学刘杨[2]在 2013 年 10 月 18—30 日对 2 073 本中国人文社会科学学
术期刊的数据统计，其中 1 931 本被国外图书馆收藏，142 本未被收录；因此，数据
统计显示，93.15% 的中国人文社科学术期刊实现了第一阶段的"走出去"。然而在
这些所谓"走出去"的学术期刊中，被 200 个国外图书馆收藏的仅有 1 本，占总量
的 0.05%；被 11—30 个国外图书馆收藏的学术期刊有 756 本，占总量的 39.15%；
被 10 个以下国外图书馆收藏的学术期刊有 930 本，占总量的 48.16%，具体数据详
见图 3-1：

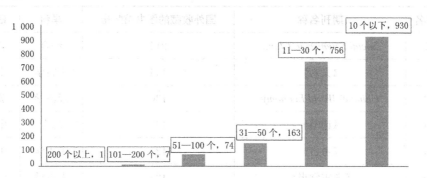

图 3-1：中国人文社会科学学术期刊被国外图书馆收藏数量明细

从以上数据统计来看，虽然中国人文社会科学学术期刊被国外图书馆收藏的总
体比例较高（93.15%），但进一步的数据明细统计显示，绝大部分中国人文社会科
学学术期刊（占 90% 以上）只被不到 30 家的国外图书馆收藏，因此从这个数据来看
它们的"走出去"程度实际上并不高。

---

[1] 刘杨. 中国社科学术期刊"走出去"现状研究 [J]. 出版科学，2014，3（33）：63-69.

[2] 刘杨. 中国社科学术期刊"走出去"现状研究 [J]. 出版科学，2014，3（33）：63-69.

（二）重点学科分布统计

学者刘杨[1]根据统计数据，按照《中华人民共和国学科分类与代码国家标准》（GB/T13745-2009）的社会科学学科分类方法，对"走出去"程度较高（被50家及以上国外图书馆收藏）的88本中国社科学术期刊进行考察，由此总结出了我国被国外学术机构和学者重点关注的人文社科类学科，具体情况是88本学术期刊中综合性期刊16本；专业期刊中历史学期刊15本、语言学期刊9本、艺术学期刊9本、文学期刊8本、考古学期刊7本、经济学期刊7本、法学期刊4本、教育学期刊3本、民族学与文化学期刊3本、政治学期刊2本、社会学期刊2本、哲学期刊1本、宗教学期刊1本、管理学期刊1本。本研究由此整理出根据被收藏国外图书馆数量而排名前10位的数据详见表3-1：

表3-1："走出去"程度较高的前10位中国人文社会科学学术期刊被国外图书馆收藏的大致情况

排名	期刊名称	国外收藏的图书馆数量	学科	语言
1	*Social Sciences in China*	214	综合	英语
2	《文物》	144	考古学	中文
3	*China & World Economy*	130	经济学	英文
4	《读书》	123	综合	中文
4	《考古》	123	考古学	中文
6	《考古学报》	122	考古学	中文
7	《求是》	111	政治学	中文
8	《历史研究》	110	历史学	中文
9	《中国语文》	98	语言学	中文
10	《语言教学与研究》	96	语言学	中文

由这些数据可以看出，被国外图书馆收藏较多的中国人文社会科学学术期刊除了综合类期刊（占18%）之外，大部分集中在历史学、语言学、艺术学、文学、考古学和经济学等学科领域；考古学学术期刊虽然在收藏其国外图书馆数量方面不是最多的学科，但在88个学科的前10位中就占了3席，充分说明这是被国外学术机构

[1] 刘杨.中国社科学术期刊"走出去"现状研究 [J].出版科学，2014，3（33）：63-69.

和研究者高度关注的中国学科；语言学无论从期刊数量还是占据前 10 位排名数量都可以说是国外高度关注的学科；此外，这 88 本期刊中有 16 本是综合性期刊，这个数字比任何一个专业性期刊的都要高，说明我国人文社会科学学术期刊的专业化办刊质量和国际影响力还有进一步提升的空间；最后，本研究从数据统计中发现了一个非常奇特的现象，那就是被统计的 88 本学术期刊中仅有 3 本是英文期刊，其余期刊全是将中文作为学术语言的。英文期刊在语言接近性方面有着得天独厚的优势，理应更容易被国外研究机构和学者们关注和接纳，虽然这 3 本英文学术期刊中有两本均排在前两位，但从总数量来看中国人文社会科学英文学术期刊还有很长的路要走。

二、中国哲学社会科学学术期刊被国外知名数据库收录状况

针对这个问题，不少学者已经对 EBSCO 学术期刊集成全文数据库、JSTOR 过刊全文数据库、SCOPUS 数据库和 SSCI 以及 A&HCI 两大引文索引数据库中收录的中国哲学社会科学学术期刊做了详细的数据统计。

学者诸平 [1] 在 2012 年通过 Web of Science 平台检索了 SSCI 和 A&HCI 两大引文索引库中收录的中国学术期刊，具体数据详见表 3-2 和 3-3：

表 3-2：SSCI 收录的中国学术期刊（共 16 份）

中文期刊名	英文期刊名	主办单位	入选数据库	影响因子	创刊时间	语言
《中国经济评论》	*China Economic Review*	China Economic Review Publishing（香港）	SSCI	0.947	1995	英语
《交通运输计量》	*Transportmetrica*	香港运输研究学会（香港）	SSCI SCIE	0.808	2005	英语
《中国与世界经济》	*China & World Economy*	中国社会科学院世界经济与政治研究所、中国世界经济学会（北京）（合作出版）	SSCI	0.575	2006	英语

[1] 诸平，史传龙.SCI（E）、SSCI、A&HCI 收录中国期刊的最新统计结果分析 [J]. 宝鸡文理学院学报（自然科学版），2012，6，32（2）：70-84.

续表 3-2

中文期刊名	英文期刊名	主办单位	入选数据库	影响因子	创刊时间	语言
《亚洲WTO暨国际卫生法与政策期刊》	Asian Journal of WTO & International Health Law and Policy	台湾大学法律学院亚洲WTO暨国际卫生法与政策中心、台湾大学出版中心（台北）	SSCI	0.333	2007	英语
《中国语言学报》	Journal of Chinese Linguistics	香港中文大学（香港）	SSCI A&HCI	0.320	1980	英语
《经济学与金融学年刊》	Annals of Economics and Finance	中央财经大学、北京大学、武汉大学（北京）（合作出版）	SSCI	0.278	2007	英语
《中国国际法论刊》	Chinese Journal of International Law	中国国际法学会、武汉大学法学院（武汉）（合作出版）	SSCI	0.239	2008	英语
《中国农业经济评论》	China Agricultural Economic Review	中国农业大学、中国农业经济学会（北京）（合作出版）	SSCI SCIE	0.167	2009	英语
《问题与研究》	Issues & Studies	台湾政治大学国际关系研究中心（台北）	SSCI	0.130	1967	英语
《中国评论》	China Review	香港中文大学（香港）	SSCI	0.125	2002	英语
《语言和语言学研究》	Language and Linguistics	台湾中央研究院语言学研究所	SSCI A&HCI	0.123	2007	英语
《亚太会计与经济》	Asia-Pacific Journal of Accounting & Economics	香港城市大学（香港）	SSCI	0.059	2008	英语
《亚太法律评论》	Asia Pacific Law Review	香港城市大学（香港）	SSCI	—	2007	英语
《国际设计杂志》	International Journal of Design	台湾科技大学（台北）	SSCI A&HCI SCIE	—	2008	英语
《中国传媒》	Chinese Journal of Communication	香港中文大学（香港）	SSCI	—	2008	英语
《香港法律学刊》	Hong Kong Law Journal	香港大学法学院（香港）	SSCI	—	2010	英语

表 3-3：A&HCI 收录的中国学术期刊（共 9 份）

中文期刊名	英文期刊名	主办单位	入选数据库	影响因子	创刊时间	语言
《中国语言学报》	*Journal of Chinese Linguistics*	香港中文大学（香港）	SSCI A&HCI	0.028	1980	英语
《亚洲艺术》	*Arts of Asia*	亚洲艺术出版公司（香港）	A&HCI	0.024	1975	英语
《国立中央研究院历史语言研究所集刊》	*Bulietin of the Institute of History and Philology Academia Sinica*	中央研究院历史语言研究所（台湾）	A&HCI	—	1994	中文
《外国文学研究》	*Foreign Literature Studies*	华中师范大学（武汉）（大陆出版）	A&HCI	—	2005	中文
《国际设计杂志》	*International Journal of Design*	台湾科技大学（台北）	SSCI A&HCI SCIE	—	2008	英语
《语言和语言学研究》	*Language and Linguistics*	台湾中央研究院语言学研究所	SSCI A&HCI	—	2007	英语
《道风基督教文化评论》	*Logos & Pneuma-Chinese Journal of Theology*	香港汉语基督教文化研究所（香港）	A&HCI	—	2007	英语
《汉语基督教学术评论》	*Sino-Christian Studies*	中原大学宗教研究所（台湾中坜市）	A&HCI	—	2007	英语
《哲学与文化》	*University As-Monthly View of Philosophy and Culture*	台湾哲学与文化月刊社（台北）	A&HCI	—	2008	英语

SSCI 和 A&HCI 是国际公认的两大人文社会科学引文索引数据库，也就是我们所惯称的国际核心期刊数据库，能被他们收录则代表了一定的国际学术影响力。除了最权威核心的数据库外，刘杨[1] 于 2013 年 11 月对其余几个比较知名的数据库收录中国学术期刊（不包括港澳台地区）的情况做了数据统计，详见表 3-4：

[1] 刘杨. 中国社科学术期刊"走出去"现状研究 [J]. 出版科学，2014，3（33）：63-69.

表3-4：中国（大陆地区）哲学社会学科学术期刊被国际主要知名数据库收录情况

中文期刊名	英文期刊名	收录数据库	语言
《心理科学》	*Psychological Science*	EBSCO	中文
《当代中国人口》	*China Population Today*	EBSCO	英文
《中国教育前沿》	*Frontiers of Education in China*	EBSCO SCOPUS	英文
《中国社会科学》	*Social Sciences in China*	EBSCO SCOPUS	英文
《中国哲学前沿》	*Frontiers of Philosophy in China*	JSTOR SCOPUS	英文
《中国法学前沿》	*Frontiers of Law in China*	SCOPUS	英文
《中国工商管理研究前沿》	*Frontiers of Business Research in China*	SCOPUS	英文
《中国经济学前沿》	*Frontiers of Economics in China*	SCOPUS	英文
《中国历史前沿》	*Frontiers of History in China*	SCOPUS	英文
《中国文学研究前沿》	*Frontiers of Literary Studies in China*	SCOPUS	英文
《中国与世界经济》	*China & World Economy*	SCOPUS SSCI	英文
《外国文学评论》	*Foreign Literature Studies*	A&HCI	中文

　　由上述三张表格的数据可以非常清晰地总结出目前我国哲学社会科学学术期刊被国际知名数据库收录的基本状况和特点：①被SSCI和A&HCI两大引文索引库中收录的中国学术期刊一共有22份，属于哲学社会科学领域的有21份，其中主办单位来自香港和台湾地区的有16份，占76%，而主办单位来自中国大陆地区的仅有5份，占24%。②在主办单位来自中国大陆地区的5份学术期刊中，只有《外国文学评论》1本期刊由中国本土出版，其余均与国际合作出版，因此真正意义上由中国大陆主办和出版的学术期刊仅有1本。而另据统计，A&HCI收录的日本社科学术期刊有6本，韩国有7本[1]，这个结果与之前进行的各国学者发表在国际核心学术期刊文献的比较结果大为不符，这说明中国在这个领域的学术对外传播亟须提高。③22份学术期刊的影响因子普遍不高，均没有超过1，且90%以上低于0.5，以被SSCI收录的中国

---

[1] 刘杨. 中国社科学术期刊"走出去"现状研究 [J]. 出版科学，2014，3（33）：63-69.

大陆期刊《中国与世界经济》为例[1]，其在 SSCI 收录的 321 本经济类期刊中影响因子排第 205 名，处于 Q3 区域。④被 SSCI 和 A&HCI 两大引文索引库中收录的中国学术期刊的学术语言基本是英语的天下，仅有 2 本为中文期刊。⑤中国大陆地区创办的哲学社会科学英文学术期刊总数不到 50 份，除了被 SSCI 和 A&HCI 两大引文索引库收录 2 本外，只有 20% 左右被 EBSCO 学术期刊集成全文数据库、JSTOR 过刊全文数据库和 SCOPUS 数据库等国际知名数据库收录。⑥被国外知名数据库收录的中国大陆地区哲学社会科学学术期刊中仅有一本是综合性期刊，其余均为专业性期刊，且学科分布较为均衡，没有如中国学者在国际核心学术期刊发表文献那样主要集中在经济学和管理学两个学科上。

三、中国哲学社会科学外文学术期刊发展现状

在中国哲学社会科学学术期刊走向国际的进程中，学术语言是其中至关重要的影响因素，在被国际核心学术期刊数据库和其他知名数据库收录的中国哲学社会科学学术期刊中，英文期刊占了绝大部分，这充分说明了英语作为中国期刊的学术语言对推动中国学术"走出去"的关键作用。因此，本研究将对从中国国家中心数据库 ISSN（国际标准连续出版物）号查询所得的中国哲学社会科学英语学术期刊发展现状作整体观照。

（一）中国哲学社会科学英语学术期刊的基本概况

本研究于 2015 年 1 月在 ISSN（International Standard Serial Number，国际标准连续出版物号）中国国家中心数据库中进行查询。[2]ISSN 是为不同国家、不同语言、不同机构（组织）间各种媒体的连续性资源（包括报纸、期刊、动态指南、年鉴、年报等）信息控制、交换、检索而建立的一种标准的、简明的和唯一的识别代码。截止到 2008 年 5 月，ISSN 网络已标识了全世界 1 372 000 种连续出版物（包括正在出版和已停止出版），形成世界最大规模的连续出版物书目数据库，ISSN 也成为世界上权威的编码系统。1985 年我国政府正式批准 ISSN 中国国家中心成立，中国国家中心设在国家图书馆内。ISSN 中国国家中心负责经国家新闻出版署正式批准出版的连续出版物 ISSN 的分配、管理、使用和咨询，中国连续出版物书目数据送交 ISSN

---

[1]　刘杨. 中国社科学术期刊"走出去"现状研究 [J]. 出版科学，2014，3（33）：63-69.

[2]　ISSN 中国国家中心，http://www.nlc.gov.cn/newissn/cxissn/，2015.1.20-2015.1.30.

国际中心数据库等项工作。截止到 2007 年年底，我国已有约 13 600 种连续出版物获得 ISSN。本研究在北京外国语大学张西平[1]教授主编的《中国文化走出去年度报告（2012 卷）》中统计的哲学社会科学类英文期刊名称的基础上，参照查询 ISSN 中"2010 年 9 月前"和"2010.9—2014.12"两个子数据库中的数据，并对所得英文期刊进行具体信息检索，最终获得 44 本[2]拥有相对完整的基本数据信息的中国哲学社会科学英文学术期刊名称，并对这些英文学术期刊的各项指标数据进行了统计和分析。

1. 概况总述

本研究根据从 ISSN 中国国家中心数据库查询得到的中国哲学社会科学英文学术期刊名称，将它们细化为若干统计指标：所属学科、主办单位、出版地、出刊周期、创刊时间，具体数据详见表 3-5：

表 3-5：中国哲学社会科学英文学术期刊概况和基本数据

期刊名称	所属学科	主办单位	出版单位所在地	出刊周期	创刊时间
China Economist（《中国经济学人》）	经济学	中国社科院工业经济研究所	北京	双月刊	2006
Frontiers of Business Research in China（《中国工商管理研究前沿》）	经济学	高等教育出版社	北京	季刊	2007
Ecological Economy（《生态经济》）	经济学	云南教育出版社 四川理工学院	四川	季刊	2005
Frontiers of Economics in China（《中国经济学前沿》）	经济学	高等教育出版社 上海财经大学	北京	季刊	2006
China International Business（《中国对外经贸》）	经济学	中华人民共和国商务部所属国际商报社	北京	月刊	1987
China & World Economy（《中国与世界经济》）	经济学	中国社会科学院世界经济与政治研究所	北京	双月刊	1993

[1] 张西平. 中国文化走出去年度报告（2012 卷）[R]. 郑州：大象出版社，2012.

[2] "44"这个数据可能并不完全准确，但已经是绝大部分，而且这些英文期刊有相对完整的信息可查，因此对他们的统计分析足以说明问题。

期刊名称	所属学科	主办单位	出版单位所在地	出刊周期	创刊时间
World Economy & China（《世界经济与中国》）	经济学	中国社会科学院世界经济与政治研究所 中国世界经济学会	北京	双月刊	1981
China Journal of Accounting Research（《中国会计研究杂志》）	经济学	中山大学 香港城市大学	广州	双月刊	2008
Intertrade（《国际贸易》）	经济学	中国商务出版社	北京	月刊	1982
China Business Focus（《中国经贸聚焦》）	经济学	CBF 中国聚焦杂志社	澳大利亚	月刊	1995
China's Foreign Trade（《中国对外贸易》）	经济学	中国国际贸易促进委员会 中国国际商会	北京	月刊	1956
China Finance and Economic Review（《中国金融和经济评论》）	经济学	中国社会科学院财经战略研究院	北京	季刊	2012
Journal of WTO and China（《WTO 与中国》）	经济学	对外经济贸易大学	北京	季刊	2010
China and Africa（《中国与非洲》）	国际问题研究	北京周报社	北京	月刊	1988
China International Studies（《中国国际问题研究》）	国际问题研究	中国国际问题研究院	北京	双月刊	2005
Contemporary International Relations（《当代国际关系》）	国际问题研究	中国现代国际关系研究院	北京	双月刊	1990
International Understanding（《国际交流》）	国际问题研究	中国国际交流协会	北京	季刊	1981
Frontiers of Law in China（《中国法学前沿》）	法学	高等教育出版社	北京	季刊	2006
Human Rights（《人权》）	法学	中国人权研究会	北京	双月刊	2002
China Law（《中国法律》）	法学	中国法律杂志社有限公司	北京	双月刊	1994

续表 3-5

期刊名称	所属学科	主办单位	出版单位所在地	出刊周期	创刊时间
China Legal Science（《中国法律科学》）	法学	中国法学会	北京	双月刊	2013
China's Ethnic Groups（《中国民族》）	民族问题研究	中国国家民族事务委员会 民族团结杂志社	北京	季刊	2003
China Tibetology（《中国藏学》）	民族问题研究	中国藏学研究中心	北京	半年刊	2003
China's Tibet（《中国西藏》）	民族问题研究	中国西藏杂志社	北京	双月刊	1990
Tibet Studies（《西藏研究》）	民族问题研究	西藏社会科学院	西藏自治区拉萨市	—	2012
Chinese Journal of Population, Resources and Environment（《中国人口、资源与环境》）	人口学	中国可持续发展研究会	济南	季刊	1992
China Population Today（《当代中国人口》）	人口学	中国人口与发展研究中心	北京	双月刊	1984
Population Research（《人口研究》）	人口学	中国人民大学	北京	双月刊	1977
Frontiers of History in China（《中国历史前沿》）	历史学	高等教育出版社	北京	季刊	2006
Journal of Ancient Civilizations（《世界古典文明史杂志》）	历史学	世界古典文明史研究所	长春	年刊	1986
Frontiers of Literary Studies in China（《中国文学研究前沿》）	文学	高等教育出版社	北京	季刊	2006
Comparative Literature, East and West（《东西方比较文学》）	文学	四川大学文学与新闻学院比较文学研究所	四川	半年刊	2000
China Monthly Statistics（《中国统计月报》）	统计学	中国经济景气监测中心	北京	月刊	1992
China & the World Cultural Exchange（《中国与世界文化交流》）	新闻学与传播学	中国对外文化交流协会	北京	月刊	1992

续表 3-5

期刊名称	所属学科	主办单位	出版单位所在地	出刊周期	创刊时间
China Journal of Library and Information Science（《中国图书馆与信息科学杂志》）	图书馆情报与文献学	中国科学院国家科学图书馆	北京	季刊	2008
Journal of Sport and Health Science（《运动与健康科学杂志》）	体育	上海体育学院	上海	季刊	2012
QIUSHI（《求是》）	政治学	中共中央	北京	季刊	2012
Journal of China Ordnance（《中国兵工学报》）	军事	中国兵工学会	北京	季刊	2005
Frontiers of Philosophy in China（中国哲学前沿）	哲学	高等教育出版社	北京	季刊	2006
Frontiers of Education in China（《中国教育前沿》）	教育学	高等教育出版社	北京	季刊	2006
Folklore Studies（《民俗学研究》）	社会学	—	北京	双月刊	1942
China Journal of Applied Linguistics（《中国应用语言学杂志》）	语言学	外语教学与研究出版社	北京	双月刊	1978
Social Science in China（《中国社会科学》）	综合类	中国社会科学院	北京	季刊	1980
Economic and Polical Studies（《经济与政治研究》）	综合类	中国人民大学	北京	半年刊	2013

2. 中国哲学社会科学英文学术期刊学科分布

从第一部分对中国哲学社会科学类英文学术期刊的数据统计来看，这 44 本英文学术期刊的学科主要分布在：经济学（30%）、国际问题与研究（9%）、法学（9%）、民族问题研究（9%）、人口学（7%）、历史学（5%）、文学（5%）、统计学（2%）、新闻学与传播学（2%）、图书馆情报与文献学（2%）、体育学（2%）、政治学（2%）、军事学（2%）、哲学（2%）、教育学（2%）、社会学（2%）、语言学（2%）和综合类（5%），具体比较详见图 3-2：

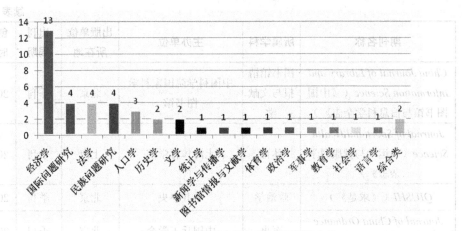

图 3-2：中国哲学社会科学类英文学术期刊学科分布

　　根据数据统计，中国哲学社会科学类英文学术期刊一共包括 17 个学科（不含综合类），其中经济学依然是哲学社会科学中学术成果国际化程度最高的，这个学科的英文学术期刊占总数的 30%，第二梯队里的国际问题研究、法学和民族问题研究这三个学科分别占总数的 9%。也就是说，这四个学科的英文学术期刊数量超过总数的 50%，其余 13 个学科的英文期刊外加综合类期刊只占了总量的一半都不到，这一方面说明了中国哲学社会科学英文学术期刊发展的学科不均衡性，另一方面说明了这四个学科学术成果的国际化程度以及中国在国际社会的影响重点领域分布。

　　3. 中国哲学社会科学英文学术期刊主办单位结构

　　综观中国哲学社会科学英文学术期刊的主办单位，大致可分为几大类：高等院校、出版社、研究机构、报社、学会、杂志社、协会和政府部门，具体数据和比例详见图 3-3：

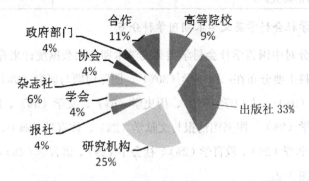

图 3-3：中国哲学社会科学英文学术期刊主办单位构成

统计数据清晰显示，出版社和各大研究机构是中国哲学社会科学英文学术期刊最为主要的主办单位，超过了总量的 50%；其次是通过高等院校主办和机构合作办刊这两种方式，占总数的 20%；而机构合作办刊中，出版社与高校、研究机构与学会以及政府部门和协会是最为常见的合作方式；其余一些主办单位模式虽然类型较多，但数量较少，一共只占总数的 20% 左右。

4. 中国哲学社会科学英文学术期刊出版地来源

中国哲学社会科学英文学术期刊的出版地从数据统计来看，44 家期刊中有 35 家期刊在北京出版，占总数的近 80%；广州、拉萨、济南、长春和上海 5 地各出版一份期刊，四川出版两份英文学术期刊；另有一份学术期刊《中国经贸聚焦》1995 年在两国政府的推动和支持下于澳大利亚悉尼创刊，出版地比例结构详见图 3-4：

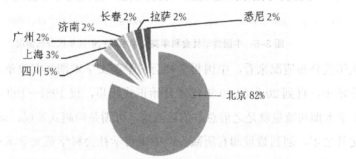

图 3-4：中国哲学社会科学英文学术期刊出版地比例结构

5. 中国哲学社会科学英文学术期刊出刊周期

一般来说，学术期刊的出刊周期大致类型有：半月刊、月刊、双月刊、季刊、半年刊和年刊几类，英文学术期刊由于办刊难度和成本等因素，半月刊的期刊数量为 0，大部分以季刊和双月刊的形式出版，具体数量和比例详见图 3-5：

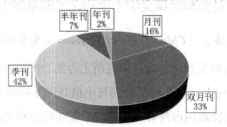

图 3-5：中国哲学社会科学英文学术期刊出刊周期情况

6. 中国哲学社会科学英文学术期刊创刊年代分布

为了能够清晰看出中国哲学社会科学英文学术期刊创刊的年代分布情况，本研究将年代分为 10 年一个阶段分别进行考察，中国哲学社会科学英文学术期刊创刊的具体年代分布情况详见图 3-6：

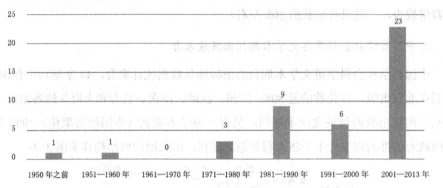

图 3-6：中国哲学社会科学英文学术期刊创刊年代分布情况

从年代分布情况来看，中国哲学社会科学英文学术期刊在改革开放之前创刊的数量非常少，直到 20 世纪 80 年代才开始正式起步，仅 1981—1990 这 10 年间创刊的英文学术期刊数量就是之前总数的近两倍，可谓是跨越式发展；而在 1991 至新旧世纪交替之年，创刊数量却有所减少；中国哲学社会科学英文学术期刊的真正繁荣应该是从新世纪开始，2001—2013 这 12 年总共创刊的英文学术期刊数量超过了过去五六十年中国所有哲学社会科学英文学术期刊数总和。由此可见，从创刊年代分布情况看来，中国哲学社会科学英文学术期刊在经历了解放前（1949 年之前）零的突破和建国到 20 世纪末（1950—2000）期间的起步及奠定基础，从新世纪开始（2001—2013）真正步入了繁荣发展期。

（二）中国哲学社会科学英文学术期刊之经典案例现状分析

1.《中国与世界经济》（*China & World Economy*）发展现状

由中国社会科学院世界经济与政治研究所主办的《中国与世界经济》英文双月刊，创刊于 1993 年，是国内人文社会科学类期刊中最具国际影响力的学术期刊（国际影响因子最高）。[1] 该刊特邀国内外著名的经济学家和政府相关部门专家撰稿，力图全面客观反映中国改革开放中存在的问题和取得的成果，作为大陆第一本被 SSCI 收录

---

[1]　《中国学术期刊国际引证年报》，http://hii.cnki.net/refreport/gj.html，2015-1-28.

的学术期刊，《中国与世界经济》经过多年探索，在中国学术期刊国际化的道路上取了不小的成绩，同时也积累了宝贵的办刊经验。

办刊初期，期刊大部分是先将中文来稿翻译成英文进行刊登[1]，这不仅极大地增加了办刊成本，更主要的是从中文翻译成英文致使学术成果很难真正进入国际学术话语体系，这给期刊论文质量带来了极大损害。据《中国与世界经济》编辑部主任冯晓明介绍，目前期刊收稿只收英文稿，虽然也有少量翻译稿，但主要是针对特别重要的、很有影响的中文文章的。[2]2005 年，《中国与世界经济》与国际著名出版公司威立—布莱克威尔（Wiley-Blackwell）签订合作协议[3]：从 2006 年起，《中国与世界经济》进入新的发展阶段，由中方负责文章组稿、编辑、出版和国内发行工作，外方负责电子版的出版和海外发行事宜。正是由于进入了国际期刊的出版行列，2006 年 8 月《中国与世界经济》被美国经济协会主办的《经济学文献期刊》（*Journal of Economic Literature*）收入其 JEL 引文索引系统；9 月，《中国与世界经济》又在国际化方面有重大突破：入选 SSCI（Social Science Citation Index）系统，成为中国大陆第一份进入 SSCI 的哲学社会科学学术期刊，从此开始在国际学术界占有重要的一席之地。

自从《中国与世界经济》开始国际合作发展道路，各方面均发展迅猛，据威立—布莱克威尔的统计数据，2009 年《中国与世界经济》网上文章全文下载为 17 913 次，2010 年为 25 935 次，增长了近 45%，到 2011 年全年下载为 31 112 次。[4]同时，《中国与世界经济》借助国外出版商的销售平台，积极进行国内、国际全方位宣传，从而获得了前所未有的发展。在众多学术期刊纸质版销售逐年下滑的状况下，其期刊电子版的销售呈现了逐年上升趋势。外方利用把《中国与世界经济》与其他杂志打包等方式销售给各大机构，截至 2010 年，已有 3 000 多个机构通过这种方式订阅杂志，这些都使得文章下载率不断攀升，从而也促进了刊物影响因子的提升。为了能够进一步了解《中国与世界经济》目前的发展现状，本研究在 WOS 平台搜索了 SSCI 引文索引库中该期刊的相关数据，对"发表文献来源国家或地区"、"发表文献来源机构"和"期刊影响因子"三个指标进行了系统考察，具体数据详见表 3-6、3-7 和图 3-7：

---

[1]　张支南. 中国英文学术期刊如何走向世界 [N]. 中国社会科学报，2012-12-14（A06 版）.

[2]　李文珍."中国学术期刊国际化调查"之二 [N]. 中国社会科学报，2011-5-10（第 16 版）.

[3]　张支南. 中国英文学术期刊如何走向世界 [N]. 中国社会科学报，2012-12-14（A06 版）.

[4]　张支南. 中国英文学术期刊如何走向世界 [N]. 中国社会科学报，2012-12-14（A06 版）.

表 3-6：《中国与世界经济》期刊发表文献来源国家或地区情况

排序	发表文献来源国家或地区	发表文献量（篇）	百分比（占 376 篇总数的百分比）
1	中国	234	62.234%
2	美国	72	19.149%
3	澳大利亚	27	7.181%
4	日本	17	4.521%
5	英国	15	3.989%
6	中国台湾地区	14	3.723%
7	韩国	11	2.926%
8	新加坡	7	1.826%
9	菲律宾	6	1.596%
10	加拿大	5	1.330%
10	意大利	5	1.330%
10	荷兰	5	1.330%
13	法国	4	1.064%
13	瑞士	4	1.064%
15	比利时	3	0.798%
15	德国	3	0.798%
17	印度	2	0.532%
17	西班牙	2	0.532%
17	瑞典	2	0.532%
20	印度尼西亚	1	0.266%
20	爱尔兰	1	0.266%
20	马来西亚	1	0.266%
20	巴基斯坦	1	0.266%
20	阿拉伯联合酋长国	1	0.266%

表 3-7：《中国与世界经济》期刊发表文献来源机构前 20 位基本情况

排序	发表文献来源机构	发表文献量（篇）	百分比（占 376 篇总数的百分比）
1	中国科学院	44	11.702%
2	中国人民大学	24	6.383%
3	北京大学	17	4.521%
4	中国社会科学院	16	4.255%
4	复旦大学	16	4.255%
6	澳大利亚国家大学（澳）	13	3.457%
7	斯坦福大学（美）	12	3.191%
8	清华大学	10	2.660%
8	对外经济贸易大学	10	2.660%
8	浙江大学	10	2.660%
11	北京师范大学	9	2.394%
12	中国农业大学	8	2.128%
13	密苏里大学（美）	6	1.596%
13	牛津大学（英）	6	1.596%
15	中央财经大学	5	1.330%
15	香港金融管理局	5	1.330%
15	武汉大学	5	1.330%
18	亚洲开发银行	4	1.064%
18	哈佛大学	4	1.064%
18	国际货币基金组织	4	1.064%
18	韩国大学（韩）	4	1.064%
18	南开大学	4	1.064%
18	国立台湾大学	4	1.064%
18	山东大学	4	1.064%
18	上海交通大学	4	1.064%
18	香港大学	4	1.064%
18	东京大学（日）	4	1.064%

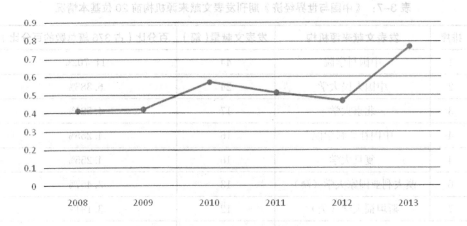

图3-7：《中国与世界经济》期刊影响因子年度发展（2008—2013）

根据上述三张图表的数据显示，《中国与世界经济》期刊从2006年被SSCI引文数据库收录之后发展态势良好，并且呈现出以下几方面的特点：①期刊从2006年至2014年被收入SSCI数据库的文献共有376篇，年度发表数量分布较为均衡；②期刊发表文献的来源国家或地区以中国大陆为主，占总数的62%，也就是说该期刊发表文献至少有38%的作者不是中国人，这是衡量《中国与世界经济》期刊国际化程度的重要指标；③美国和澳大利亚学者在该期刊发表文献的数量是除中国大陆地区以外最多的，分别占到19%和7%，其中包括与中国学者合作发表的；④《中国与世界经济》期刊发表文献来源机构排名第一的是中国科学院，发表文献数量占总数的12%，其主办单位中国社会科学院排名第4位，占总数的4%，这说明该期刊没有因为主办单位的原因而过多刊登自己的学术文献；⑤期刊发表文献来源机构排名前5位中前4位都是北京的高校或科研院所，从侧面反映出地缘亲近性是科学研究和学术传播中的影响因素；⑥《中国与世界经济》期刊发表文献来源机构中，欧美国家高校有70%的发表文献是与中国学者合作完成的，而亚洲国家如日本和韩国几乎都是由其本国学者独立完成发表的；⑦WOS平台数据库中有关《中国与世界经济》期刊的影响因子数据统计从2008年开始，之后两年影响因子有了大幅提升，但在2010—2012年该数据又有稍许回落，直至2013年最新数据显示期刊影响因子达到历史最高点，比最初增长了近一倍，因此从历史发展的角度来看，《中国与世界经济》期刊的质量整体提升速度较快。

2.《中国社会科学》（*Social Sciences in China*）期刊发展现状

《中国社会科学（英文版）》季刊是中国社会科学院主办，由中国社会科学杂志社创办的人文社会科学综合类英文学术期刊，也是中国大陆地区唯一的人文社会科学综合类英文学术期刊。它创刊于 1980 年，已拥有 30 余年的历史，期刊聚焦于中国学术的发展，发表文献内容主要关注中国社会发展，同时兼顾世界局势，面向海内外读者，重点介绍中国学者在人文社会科学研究方面所取得的学术成果，传播中国人文社会科学领域的理论动态和学术研究信息，从而促进国际文化交流和学术传播，并为中国现代化建设和人文社会科学的繁荣发展服务。《中国社会科学（英文版）》的内容主要涉及文学、历史、哲学、经济、政治、法律、社会和民族等学科领域，2002 年改版后[1]，除每期保留一部分长篇论文外，新开设了专题研究栏目，从而既能对某一个重要问题的研究有较全面的反映，又大大增加了期刊信息量，它既是让外国学者了解中国人文社会科学发展状况的信息窗口和交流平台，也为国内学者走向世界舞台搭建了学术桥梁。

《中国社会科学（英文版）》在 2008 年之前由中国国际图书进出口公司代理其海外发行业务，但从 2008 年之后，它采取了与国外出版商合作的方式，与英国泰勒•弗朗西斯（Taylor & Francis）出版集团开展合作进行海外业务拓展，据英国泰勒•弗朗西斯出版集团的一份评估报告称，《中国社会科学（英文版）》"市场表现良好"[2]。2013 年中国国际图书贸易集团公司发布的"海外发行排行"数据[3] 中，哲学社会科学类期刊海外发行前 10 名分别是：《中国社会科学》、《哲学研究》、《中国社会科学（英文版）》、《民族研究》、《文史哲》、《社会科学战线》、《中国哲学史》、《西域研究》、《社会学研究》、《中国哲学》，其中《中国社会科学（英文版）》位列第三，这个成绩也证明了该期刊的海外发行状况。

为了进一步了解《中国社会科学（英文版）》目前的发展现状，本研究试图从专业数据库中搜寻该期刊的权威数据，但在国外知名数据库 EBSCO 中（该期刊未被

---

[1]　资料来自百度百科：http://baike.baidu.com/link?url=IzcGOzjDNUJge07JxbU5zH7iAoc38IaE3 0YlJ0CekcWxo0B0HojJSjSA-nHnbp5UobDkpK0RpMZ6fEv7CPHFzq，2015-1-28.

[2]　"中国学术走向世界的期刊进行时"，http://www.csstoday.net/xueshuzixun/guoneixinwen/ 85537.html，2015-1-28.

[3]　"中国期刊海外排行：外国人最爱《读者》《知音》"，http://news.china.com.cn/txt/2013- 09/15/content_30033193.htm，2015-1-28.

WOS 平台数据库收入）只有其 1981—1997 年的文献记录，且没有详细的分项指标数据，因此本研究只能转向国内的学术期刊全文数据库"中国知网（CNKI）"进行数据统计。中国知网数据库收录了《中国社会科学（英文版）》从 1983 年至 2014 年共计 1 829 篇文献，各项指标及具体数据详见表 3-8 和图 3-8：

表 3-8：《中国社会科学（英文版）》期刊发表文献学科领域分布前 10 位概况

排序	学科领域	发表篇数	百分比（占 1 829 篇的百分比）
1	中国政治与国际政治	171	9.35%
2	社会学及统计学	136	7.44%
3	哲学	124	6.78%
4	中国文学	116	6.34%
5	经济体制改革	107	5.85%
6	宏观经济管理与可持续发展	81	4.43%
7	中国近代史	61	3.34%
8	旅游	60	3.28%
9	社会科学理论与方法	54	2.95%
10	文化	53	2.90%
10	出版	53	2.90%

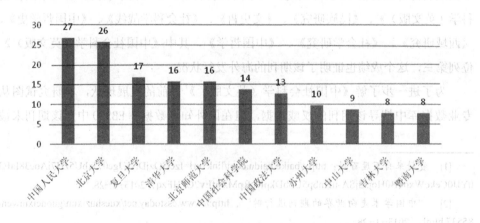

图 3-8：《中国社会科学（英文版）》期刊发表文献来源机构前 10 位概况

根据中国知网的统计数据显示,《中国社会科学(英文版)》期刊发表文献中涉及学科领域最多集中在政治学、社会学及统计学、哲学、文学和经济学这五个方向,这正好是当今世界最想了解中国的五大内容;其次,中国人民大学和北京大学是该期刊发表文献来源机构中的佼佼者,复旦大学、清华大学、北京师范大学和中国社会科学院属于第二军团紧随其后;最后,数据库有关"作者"一栏显示,《中国社会科学(英文版)》期刊发表文献的作者多来自于中国,这与编辑部的办刊指导思想密切相关。该刊认为,无论是有待翻译的中文原创稿件还是原创英文稿件,学术质量始终都应该是编辑首先考虑的因素。[1] 一篇文章,只要选题有吸引力、论证严谨和创新性强,不应该因为它是用中文写作的就被排斥在期刊的视野之外。初始以中文撰写但非常适合外国读者了解的文章,应该通过翻译等多种方式推介出去,语言只是形式,不能因为语言这种技术性的工具,就阻碍好的学术成果进入国际视野。当然,在判断文章学术质量的时候,应该具有国际视野,要和国际上的最新研究进展相比较,而不能满足于"国内最好";最后,根据中国知网的数据统计,《中国社会科学(英文版)》期刊复合影响因子为0.302,综合影响因子为0.188。

3.《中国学术前沿》(*Frontiers in China*)系列期刊发展现状

《中国学术前沿》系列期刊是由中华人民共和国教育部主管、高等教育出版社主办的系列英文学术期刊,该系列期刊创办于2006—2007年间,涉及基础科学、生命科学、工程技术和人文社会科学四个学科领域。目前以网络版和印刷版形式已出版了自然科学3本、工程类12本、生命科学5本、人文社科类7本,共计27种刊物,还有已停刊的4份期刊。[2] 从数据来看,该系列期刊是国内第一个成规模的英文人文社会科学期刊群,为推动我国学术期刊国际化以及哲学社会科学成果对外传播做出了杰出贡献。

"建设一个代表中国一流学术水平的中外学术交流平台,以及一个国际性的学术期刊品牌"是Frontiers系列期刊项目的定位,在项目立项之初,期刊就确定了走国际合作的道路,并选择了全球知名的学术出版商——德国施普林格(Springer)公司作为合作伙伴。具体合作方式为由高等教育出版社承担学术期刊的出版环节,

[1] 李文珍."中国学术期刊国际化调查"之二 [N].中国社会科学报,2011-5-10(第16版).

[2] 《中国学术前沿》期刊网,http://journal.hep.com.cn/hep/EN/column/column7265.shtml,2015-1-29.

并负责学术期刊的国内销售与推广；施普林格公司则负责开拓期刊的海外销售渠道及宣传推广。通过这样的国际合作，《中国学术前沿》系列期刊的发表文献可在"Springer Link"这样的国际大型商业出版社的全文出版平台上刊发，这使得期刊的全文发行覆盖了国外目标读者。同时，施普林格公司还定期开展期刊宣传推广活动，借助其强大的全球市场推广和销售网络，在一定程度上扩大了系列期刊的国际影响。[1] 该刊另一个特点是有关用稿方面的，据高等教育出版社期刊分社社长刘海称，作为创刊历史不太长的期刊，《中国学术前沿》系列期刊目前仍以定向约稿为主，接收部分自然来稿。[2] 虽然来稿中也有优质稿件，但每期亮点仍然要靠主编、副主编、共同主编及编委约稿，以接受英文原创稿件为主，加上翻译少量优质中文原发文章。

正是因为各方面的共同努力，《中国学术前沿》系列期刊虽然创刊时间很短，但经过短短几年发展，已经陆续有《地球科学前沿》、《数学科学前沿》、《物理前沿》、《计算机科学前沿》、《环境科学与工程前沿》和《蛋白质与细胞》6 本期刊被 SCI 收录[3]；相较于自然科学类学科，人文社会科学类期刊被国际知名数据库的收录情况从质量上看要稍差一些，目前仍然没有一本期刊能够进入 SSCI 和 A&HCI 引文索引库，但从数量上看已有《中国教育前沿》、《中国哲学前沿》、《中国法学前沿》、《中国工商管理研究前沿》、《中国经济学前沿》和《中国历史前沿》等期刊被 EBSCO、JSTOR 和 SCOPUS 等其他国际知名数据库收录，这些也都是创刊以来的不菲成绩。

第二节　中国哲学社会科学学术期刊"国际化"之问题与影响因素分析

正如前文所提，学术期刊在学术传播中的作用和影响非常大，因此积极推动学术期刊走向世界是进行中国哲学社会科学成果对外传播的有效手段。本研究已经对中国哲学社会科学学术期刊目前的对外传播现状进行了观照，也对三份比较有代表性的英文期刊：《中国社会科学》（综合类期刊）、《中国与世界经济》（专业性

---

[1] 何淑琴. 从 Frontiers 系列期刊看我国英文学术期刊的国际化发展 [J]. 出版广角，2011（9）：33-34.

[2] 李文珍. "中国学术期刊国际化调查"之二 [N]. 中国社会科学报，2011-5-10（第 16 版）.

[3] 数据来源于高等教育出版社 Frontiers 系列期刊数据库：http://hep.calis.edu.cn/jnlsearch.asp，2015-1-29.

期刊）和《中国学术前沿》（系列期刊）的发展现状做了大致考察，这一部分将针对现状中存在问题和影响因素进行深度分析。

一、主要存在问题：走出去"程度"实质不高

在考察学术期刊对外传播的第一个维度"被国外图书馆收藏"的情况时，统计数据显示虽然有93%的中国人文社会科学学术期刊被国外图书馆收藏，实现了基本的"走出去"，但这些期刊中很少有被大多数国外图书馆同时收藏的，90%以上的人文社科类学术期刊只被不到30家国外图书馆收藏。而在被50家以上国外图书馆收藏的88本中国人文社科类学术期刊中，综合性期刊占了18%，专业性期刊中以历史学期刊最多占了17%，其余依次是语言学、艺术学、文学、考古学和经济学等专业性期刊，这说明专业期刊目前的发展水平距离国际标准还存在一定距离。此外，中国哲学社会科学外文（尤其是英文）学术期刊被50家以上国外图书馆收藏的仅有3本，只占总数的3.4%，如此低的比例说明中国人文社科类外文学术期刊大部分没有被国外图书馆所认可和接受。从另外一个角度看，再多的中文期刊被国外图书馆收藏只能说明其重要性和被关注度的提升，要真正能让国外读者看懂并且接受中国文化，有效实施中国哲学社会科学成果对外传播，这些仍然需要由外文学术期刊完成，因此，从"被国外图书馆收藏"这个维度看，中国哲学社会科学学术期刊"走出去"程度实质不高。

其次，从该问题的第二个维度学术期刊"被国外知名数据库收录"考察，中国虽有21本哲学社会科学领域期刊被SSCI和A&HCI两大引文索引库收录，但其中76%、16本均来自香港和台湾地区；中国大陆主办的仅有5本，占24%；而这5本学术期刊中只有《外国文学评论》一本在中国本土出版，其余均与国际出版商合作出版，因此，虽说未来与国际出版商合作出版会成为趋势，但从严格意义上说，进入国际核心学术期刊的中国自主创办和出版的人文社科类学术期刊就只有一本，被SSCI和A&HCI两大引文索引库收录代表着期刊质量、国际学术地位和国际影响力，从这个被收录的数据来看，中国哲学社会科学学术期刊"走出去"任重而道远。除了数量，即使被SSCI和A&HCI两大引文索引库收录的21本中国学术期刊从影响因子考察其质量也都不高，均没有超过1，且90%低于0.5，大部分处于Q3以下区域。期刊的影响因子代表期刊影响大小，由刊物中论文的被引次数决定，中国哲学社会科学领域内这些被算作国际核心学术期刊的刊物影响因子如此低，说明发表在这些期刊上

的论文内容和结论都不受国际学术圈关注，也没有太多国际学者将其作为前期研究成果加以引用，从学术传播的角度来看，传播内容的到达率和传播效果是不尽如人意的。因此，从"被国际知名数据库收录"这个维度看，无论是数量和质量，中国哲学社会科学学术期刊"走出去"程度实质不高。

再次，英文学术期刊是承担该领域学术成果对外传播任务的主力军，近 50 本的中国哲学社会科学英文学术期刊目前发展良莠不齐，且从数量上与全国人文社会科学类期刊近 3 000 本的总数比较来看，50 这个数据微不足道。从这些英文学术期刊的学科分布来看，经济学英文期刊占据了 1/3 的天下，国际问题与研究、法学和民族问题研究是第二梯队，四个学科的英文学术期刊数量占据总数的 57%，这虽然显示出这四个学科的强势发展和在对外传播中的杰出贡献，但同时也反映出英语学术期刊建设中学科发展的不平衡性；这些英文学术期刊的主办单位以研究机构和出版社为主，占据总数的 58%，而作为哲学社会科学研究主力军的中国高校却只占了 9%，这说明各高校在这方面的人力、物力和财力投入均不到位，没有发挥应有的作用；中国哲学社会科学英文学术期刊从新世纪开始真正进入繁荣期，2001—2013 年这 12 年间的创刊数超过过去五六十年的总和，但这个数据从绝对值上看并不是很高，因此，未来 10—20 年依然是其高速发展和繁荣的关键时期，国家、各高校和科研机构应该紧紧抓住这一时机大力发展英文学术期刊。

最后，本研究通过对典型案例的考察和分析展示了他们的成功之处，这里将对其不足之处和现存问题稍作点评。第一本被 SSCI 收录的学术期刊《中国与世界经济》虽然在办刊过程中积累了很多宝贵的经验，影响因子也在逐年提高，但该期刊在国际经济学领域内影响力依然不高，其影响因子在经济类期刊排名第 205 名，处于 Q3区域。作为中国大陆地区唯一一本人文社会科学综合类英文学术期刊，《中国社会科学（英文版）》虽然办刊历史较长，且办刊理念与手法与国际接轨程度较高，但至今仍未能进入 SSCI 和 A&HCI 数据库，这是此刊在拓展对外传播方面未来发展的主攻目标。《中国学术前沿》系列期刊中自然科学类已有 6 本期刊被 SCI 收录，但人文社科类期刊在此领域仍未有突破，针对这一点，其人文社科类期刊可以在继续稳步发展的基础上借鉴已取得成功的自然科学类期刊的经验。

二、束缚中国哲学社会科学英文学术期刊走向世界的影响因素分析

（一）中国在以西方意识形态为主导的国际学术领域中的格格不入

本研究在开篇就说明和强调了"哲学社会科学"的意识形态属性，它是在人文社会科学学科强调意识形态的基础上生发出来的，而目前的国际学术领域可谓是西方国家的天下，无论是学术语言、学术规范和学术评价体系，还是国际核心学术期刊中西方国家占据的数量和比例，都显示出了以美国和英国为代表的西方国家的学术霸权，因此在选择学术期刊方面他们自然比较倾向那些代表或者符合他们意识形态的刊物。

自然科学领域由于其特性很容易形成国际共识，而带有强烈意识形态属性的哲学社会科学领域内各个学科在中西方意识形态方面存在很大差异。首先，从哲学层面来看，中国儒家哲学强调"天人合一"，也就是自然与人、客观与主观是相通的，尤其指出了对立面的统一与和谐；而西方古代哲学则认为人与自然是对立的关系，其矛盾是不可调和的，即"天人相分"。其次，在政治领域内，社会主义与资本主义之间根本性的差异导致中西方在意识形态上的各种矛盾和冲突，尤其是西方一直鼓吹的"民主、自由和人权"问题，以此对我国意识形态发起的攻击。此外，意识形态一般是在特定社会经济基础上形成的思想观念，正所谓"经济基础决定上层建筑"，因此即使在经济领域内，中西方的意识形态也存在巨大差异，甚至是对立和矛盾。归根结底，意识形态的核心是价值观，它分布在政治、经济、文化和社会等各个学科领域内，而意识形态又是具有复杂结构的话语，承载着大量继承而来的、相互交织着的知识成果，并且随着时间而增加，因此每一种意识形态都是知识杂拌的混合体。[1]西方为了维护自己的霸权意识形态安全，对与之具有极大差异的其他类型意识形态一定会采取警惕和防范的态度，而承载着典型社会主义意识形态的中国哲学社会科学学术期刊在他们看来就显得"格格不入"了。

（二）进入国际学术话语体系的艰难自我坚守

中国哲学社会科学学术期刊走向世界是中国文化"走出去"国家战略的重要组成部分，目的是在政治大国、经济大国、军事大国的基础上全方位塑造"文化大国"

---

[1]　安德鲁·文森特.现代政治意识形态[M].袁久红，等译.南京：江苏人民出版社，2005：27.

的"国家形象"，让东方的"三和文明"（家庭和睦、社会和谐、人类和平）与西方的"三争文明"（个体竞争、集体斗争、国家战争）互动，共同推动 21 世纪世界的和平、进步与发展。[1] 文化泰斗季羡林 [2] 先生认为 21 世纪应该是"东化"的世纪，中国文化与文明将对世界重新产生重大影响，也是中华民族伟大复兴的重要内容，中国哲学社会科学界应该有这样的文化自觉和学术自信。

然而，正如前文所述，国际学术领域基本是西方国家占主导地位，要想输出"中国话语"，必须先接受和学习西方学术圈制定的学术规则，必须先进入西方形成的学术轨道，所谓与国际接轨，其实也就是要进入西方学术话语体系进行中国内容的研究和传播。因此，中国在认同西方学术规范而走向"国际化"的进程中，是否要先部分放弃中国学术的"本土化"特色是一直困扰学界和所有学者的问题。中国的学术传统、学术范式与学术言说方式，在 20 世纪 90 年代后遭遇了前所未有的合法性危机。中国文化是感悟性文化，中国的学术言说方式也往往融会了生命悟性与人生智慧，但这种感悟式、点评式的"本土化"研究方式无法被国际学术范式所接纳 [3]，甚至成为阻碍中国哲学社会科学成果对外传播和提高国际影响力的重要因素。中国哲学社会科学学术期刊，尤其是近 10 年大力发展起来的英文学术期刊未来要肩负起中国学术"走出去"的重要使命，在进入国际学术话语体系、传播中国特色学术成果和继承发扬中国传统学术思想及范式之间如何找到平衡点可能是亟须解决的关键所在。

（三）真正国际化的学术创新思维和科学自主研究的缺失

中国哲学社会科学学术期刊要真正走向世界，关键还是靠内容和质量说话，只有高质量的科研论文和学术期刊才能进入国际学术领域发出属于中国的声音，才能真正拥有我们梦寐以求的中国学术话语权。虽然我国学者在国际核心学术期刊上发表学术论文的数量近 10 年间突飞猛进，但如果仔细考察会发现，大部分论文都是以与西方国家学者合作的形式发表的，并且中国学者在文章作者排名中并不靠前。作者排名一般是以贡献多少和谁是主导为排序依据和标准，虽然中国学者参与了这些学术研究和论文发表，但根据排名显示其在中间的学术贡献和弱势地位，从这个角

---

[1] 王岳川. 发现东方 [M]. 北京：北京大学出版社，2011.

[2] 季羡林. 东学西渐与东化——为《东方论坛》"东学西渐"栏目而作 [J]. 东方论坛，2004（5）：1-5.

[3] 武文茹. 人文社科期刊"走出去"的制约因素 [J]. 编辑之友，2013（6）：55-61.

度来看，中国学者还处于向西方学习的阶段，缺乏真正国际化的学术创新思维和学科自主研究的能力。此外，中国人文社会科学领域内一直存在的"天下文章一大抄"这样的不良风气以及被媒体经常曝光的"学术腐败"等现象也是导致中国学界缺少重大原创性科研成果，以及自主创新的科研能力不高的原因。

中国自主创办的学术期刊，包括英文学术期刊基本以本国学者为主要投稿人，其中的论文也都是中国本土学者所撰写，缺少了西方学者的那套国际学术思维和基本范式。如果中国学者在学术期刊发表的论文很难被国际学术界所认可，那么其研究成果和论文内容自然也很少被国际学术同行所借鉴和引用，这是导致中国哲学社会科学学术期刊内文章的引用率低，期刊无法进入国际核心学术期刊数据库的重要原因。因此，提高中国哲学社会科学广大学者和研究人员的自主创新和科研能力，壮大国际化学术研究队伍，用符合国际学术话语体系的方式对中国乃至世界问题做原创性探索和研究是真正提高中国哲学社会科学成果质量的有效途径，也是推进中国学术期刊进入国际主流学术领域并拥有较高国际学术影响力的重要手段。

（四）不利于中国哲学社会科学学术期刊"走出去"的现行科研评价和考核机制

中国学者在国际核心学术期刊发表文献数量的急速提升与现行科研评价和考核机制是密不可分的，大部分的高校和科研机构都将在 SCI、SSCI 和 A&HCI 数据库来源期刊上发表论文数量作为考核员工的重要指标，这些数据同时也是国家考核各科学研究单位的重要指标。因此，中国各高校和科研机构都制定了相应的科研评价和考核机制，有的给予在国际核心学术期刊发表论文的学者以重金奖励（例如 2 万一篇），有的将在 SSCI 和 A&HCI 上发表论文作为职称晋升的优先考虑或必要条件，一时间各地纷纷开办诸如"如何在 SSCI 和 A&HCI 上发表论文"类似主题的讲座和工作坊。这些激励手段和鼓励办法的确收到了一定的成效，也极大地调动了中国学者在国际核心学术期刊上发表文章的积极性，即便大家都知道这是一个漫长而又艰难的过程，但在这样一条学术研究和对外传播的道路上大家仍然趋之若鹜。

然而，这一现象的背后却有令人担忧的一面，因为它直接或间接导致了我国优秀学术成果外流情况严重，造成了我国 SCI、SSCI 和 A&HCI 来源期刊论文数量全世界第二，但由我国自主创办和发行的学术期刊被国际认可的却寥寥无几的尴尬局面。[1] 有学者 [2] 从自然科学学科那里吸取经验，发出了"莫要重蹈自然科学期刊覆辙"这样的警告：自然科学国际化之所以迅捷，一个十分重要的原因是省略了自建有效的国际交流平台这一程序，而直接利用"国际公认"的交流平台 SCI，为此甚至不惜以自毁平台（中国自己的学术期刊）为代价。与自然科学 SCI 热相仿，SSCI 和 A&HCI 热在人文社会科学界已见端倪，抛弃或改造中国原有学术期刊的过程已经开始，这是不争的事实。事实上，让中国学者在将其优秀研究成果在国际核心学术期刊发表还是在本国学术期刊上发表中进行选择，几乎所有人都会选择前者，这是由现行学术评价和考核机制决定的，这也是中国哲学社会科学英文学术期刊缺少重量级作者和高质量原创文章的重要原因。因此，改良现行学术科研评价和考核机制，在保持原有激励机制的基础上，加大对国内自主创办英文学术期刊的扶持力度，鼓励学术大家和科研新星们在我们的"自留地"里多栽下基因优异的学术种子，从而帮助中国哲学社会科学学术期刊在国际核心学术领域中结出丰硕的果实。

（五）缺乏成熟的国际期刊管理、发行和市场运作及营销策略

虽然中国社科类学术期刊已经发展到近 3 000 种，但这个绝对数量并不能完全说明中国哲学社会科学学术期刊已经处于高水平状态。由于种种历史原因和社会经济体制等特点，我国学术期刊各方面的发展距离国际学术期刊的办刊和发行等标准还有很大的差距，比如同一份期刊有不同的主管部分、主办单位和协办机构等，这样的条块分割和主权及责任不明确的管理机制会导致低水平、同质化现象普遍；正因为管理权和经营权等权责不明晰，多数期刊缺乏做大做强的积极性，很多期刊多年没有发展，缺乏创新发展的思维和能力，如此落后的管理机制致使大部分学术期刊毫无国际竞争能力。

此外，中国哲学社会科学英文学术期刊在办刊理念、管理机制和资源投入方面已经处于国内同类期刊中的领先地位，但在国际化的期刊发行和市场运作与营销方面还有很长的路要走。"酒香亦怕巷子深"，再好的内容都需要专业运作和营销将其推向国际市场，更别说中国哲学社会科学英文学术期刊还需要在内容上有所提升。而且中国期刊发行市场与国际期刊市场存在差异较大，原来那套办法完全不适用甚

---

[1] 刘杨.中国社科学术期刊走出去困境及制约因素分析 [J].中国出版，2013（4）：19-22.

[2] 朱剑.学术评价、学术期刊与学术国际化 [J].清华大学学报（哲学社会科学版），2009，24(5)：128-137.

至还可能有反作用，这也是为什么近年来发展势头较好的期刊都是与国际出版商合作发行的原因。

第三节　中国哲学社会科学学术期刊"国际化"之发展策略

任何对于存在问题的剖析都是为了制定下一阶段的发展策略，因此本研究将在上一节对中国哲学社会科学学术期刊"国际化"现存问题和影响因素的分析基础上，从传者、传播内容、把关人、传播渠道、传播效果和优化手段等角度探讨未来可能的发展之路。

一、内容为王：吸纳国际化的传播者与传播内容

"巧妇难为无米之炊"这个道理家喻户晓，任何一份学术期刊没有高质量的期刊论文将永远处于低层次运作的状态，缺乏长足进步与发展的潜力与耐力。中国哲学社会科学学术期刊要想"走出去"且"走得远、走得好"，更应该将期刊内容作为办刊工作中的头等大事来建设。因此，为了适应并且符合学术期刊国际化发展道路的标准，国际化的传播内容和作为内容生产者的国际学术传播主体是其中必不可少的要素。

传播过程的源头是传播者，国际化的学术期刊就需要国际化的学术传播主体，因此国际化的期刊论文作者是保障高质量期刊内容的基础，为此，本研究将对比两份中国哲学社会科学英文学术期刊《中国世界与经济》（SSCI 数据库来源期刊）和《中国社会科学（英文版）》中的作者来源。根据 WOS 平台系统数据显示，2014 年《中国世界与经济》共有 37 篇论文，除去大部分由中国学者与国外学者合作发表论文外，有 11 篇论文是由国外作者独立完成和发表，占总量的 30%，也就是说该期刊2014 年的稿源 1/3 来自海外，作为一份中国哲学社会科学学术期刊来说，国际化程度已属不凡；另外，根据中国知网数据库数据显示，《中国社会科学（英文版）》2014 年共发表论文 50 篇，其中由国外作者独立发表的论文数量为 0，绝大部分论文均为国内学者作品，还有少量的国际合作学术成果。虽说我们不能因为这个数值的比较武断地证明《中国世界与经济》的期刊内容质量因为国外学者发稿量多而优于《中国社会科学（英文版）》，但另外一组数据也许能说明一些问题：《中国世界与经

济》期刊在 WOS 数据库中共有 376 篇论文，截至 2015 年被引用次数最高的前三篇论文作者均为海外学者，他们分别来自美国哈佛大学、斯坦福大学、德国莱比锡大学、美国麻省理工学院、英国伦敦政治经济学院等国外知名大学。[1] 期刊论文的被引频次直接影响期刊的影响因子，也是能否进入国际核心学术期刊数据的重要指标，从上述数据来看，提高学术期刊学术传播主体的国际化程度有利于提高期刊的国际学术影响力，有利于期刊质量的整体提升。

当然，从另一个角度来看，我们绝不能说只有国际化的学术传播主体才能生产出国际化的学术成果，中国哲学社会科学学术期刊对外传播的是中国学术成果，而在这方面中国学者往往更有发言权，"国际化"这个概念不是单指地缘角度的"海外"，更多指的是一种标准、一种国际学术领域的学术规范，因此努力提升中国学者的国际科研水平，促进国际化学术成果的生产和传播也是打造国际级学术期刊的有效途径。归根结底，扩大优质稿源和增加高质量内容是中国哲学社会科学学术期刊，尤其是英文学术期刊"走出去"最根本的方法，为此期刊可以在以下四个方面积极加强自身的传播内容"国际化"。

首先，期刊主编及其编辑们可以通过学术圈内的社交关系网主动出击，寻找具有国际水准的高质量稿源。这就需要期刊主编们熟悉该学科国内外专家级学者和新生代科研人才，由此建立一个国际范围内的学者专家数据库，与他们保持长久的合作伙伴关系，定期向他们约稿。目前国内学术期刊的现状是大部分主编和编辑都是靠私人关系起步，约到一些高质量的论文以提升期刊声誉，吸引更多有水平的学者前来投稿。但做到这点其实非常困难，因为吸引作者投稿最主要的因素是期刊等级和是否被核心数据库收录，尤其对于中国学术期刊来说，吸引国外学者投稿的基础是被国际知名数据库收录，这样才会有良性循环的开始。因此，国家想要重点打造的国际级学术期刊应该聘请那些已经在相关学术领域具有较高学术水平和享有盛誉的泰斗级人物，以他的学术地位、影响以及声望和社交网络来赚取期刊的"第一桶金"，积极扩大包括国际作者群在内的投稿群体。对待具有国际竞争价值的高质量研究成果，期刊可采用优先、快速发表等各种有效途径向国内外知名作者约稿，这样可有效提高刊物的国际知名度和质量，刊物质量提升了，则更能有效地吸引国内外资深

---

[1] 数据来源：WEB OF SCIENCE，2015-2-13.

作者投稿，从而形成良性循环[1]。在期刊接受投稿的地区和国家比例安排上，有学者[2]认为国际化期刊的论文作者应来自世界各地科研机构和院所，本土的作者只占据一定的比例，而稿源的国际化则要求期刊开通便捷的网上投稿系统和编读互动平台，以便及时处理大量来稿并加强与作者的交流等。

其次，期刊编辑部可通过经常参加或组织国际学术会议来提升期刊的知名度和影响力以获取更多高质量学术论文，还可以通过这种组织传播的方式多结识世界范围内的优秀学者，与他们建立长期合作关系。国际学术会议是非常重要的一种学术传播渠道，这一点会在本研究之后内容中重点阐释和分析，它是将分散在世界各地、各大高校和科研机构的广大学者组织起来，为了某一特定主题或选题范围进行相关学术研究和相互交流。很多学者都将能在高水平、高级别国际会议上宣读论文作为衡量自己学术成果水平和价值的标准，同时这也是最容易接触到国外一流学者最好的机会和场合。因此，中国哲学社会科学学术期刊应该实现实际意义上的"走出去"，多参加这样的学术交流活动，扩大学术社交网络，网罗国内外更多优秀学者作为期刊国际作者库，而一般在国际学术会议上宣读的论文都是未发表的，期刊工作人员可以主动出击，"先下手为强"，积极与作者沟通后续发表事宜，相对于去世界各地寻找优秀稿源，这种方法更加事半功倍。

再次，除了国际学术会议这种组织传播行为，学术期刊编辑部自身就近期某一选题或者重点问题进行组稿也是一种切实可行的方法，这是一种将前两方面优势有效结合的方法。编辑部首先需要把握各学术领域发展热点和趋势，了解当前有关领域的科研现状，熟悉当前最新、最前沿、最热点和最有价值的问题，根据这些选题主动组稿，同时制定各方面相关配套的策划方案，及时向这些领域内的科研人员约稿。一般来说，对这些热点问题研究比较擅长的国内外学者应该具有较高知名度和学术影响力，刊登这类作者的热点问题研究论文可使得期刊被高度关注，以及成果被广泛引用，进而有效地提高期刊在国际学术领域的影响力。

最后，强化中国哲学社会科学学术期刊市场化运作中的若干经济元素，例如期刊编辑部可以采用高额稿酬防止优质论文外流；英文学术期刊也可以高薪聘请专业

---

[1] 刘素梅.学术期刊实现"走出去"的策略探析 [J].赤峰学院学报（汉文哲学社会科学版），2014，35（9）：146-147.

[2] 郑瑞萍.中国人文社会科学学术期刊国际化的理论与实践探析 [J].社会科学管理与评论，2010（3）：44-49.

翻译成员对那些选题好质量高的中文稿件进行翻译发表；杂志社还可以设立一些专项资金定期召开作者交流会、论文推荐会和编委座谈会等，利用一切手段组建一支稳定、高效和优质的稿源队伍。

二、专业把关：组建国际化的编辑与编委团队

学术期刊是学术传播的正式渠道，为全世界范围内各国和各学科的学者提供了一个学术交流、成果展示和资源交互的知识平台，学者是这个平台的资源供给者，同时也是这个平台的终端消费者和受益者，但他们却不是平台真正意义上的建设者。搭建和维护此平台依靠的是专业的期刊编辑和编委团队，也是学术传播内容的把关人，国际一流的学术期刊，一定拥有一流的编辑和编委团队，一些欧美期刊非常重视主编和全职学术编辑队伍的建设，[1] 特别强调编辑的学术素养、品质素养和能力素养，尤其是选题策划和学术沟通的能力。因此，"专业把关人"是创办一本高质量、具有较强国际学术影响力的学术期刊的核心要素，而这样一支专业把关团队由具有声望和领导能力的主编、学术与专业技能兼备的编辑和国际级多元化的学术编委三部分组成。

（一）国际型的期刊主编：引领期刊"走出去"的领军人物

学术期刊的灵魂是主编，主编是整个专业团队的领军人物，而对于一份欲在国际学术领域内崭露头角的中国哲学社会科学学术期刊来说，拥有较高学术水平和学术威望，宽阔的国际视野和学术前瞻性，以及专业的期刊管理能力的主编至关重要。期刊主编的学术声望可以为期刊建立宽广的学术社会网络，扩大高质量优秀稿件的来源渠道；同时主编也可以利用自己的学术资源和社会资本从相关职能部门获取更多有利于期刊发展和"走出去"的资源；此外，有学术造诣的主编可以准确把握相关学术领域的发展趋势，而所谓拥有国际视野，指的是一个优秀的国际学术期刊主编应该了解国际期刊各专业领域最新的研究状况、研究前沿和最新学术动态，熟识各个领域里最优秀的人才及其他们的研究方向，能够获得并发表其优秀的研究成果。

鲜活的案例很好地证明了主编的灵魂作用，第一本被 SSCI 数据库收录的中国经济学英文期刊《中国世界与经济》主编余永定教授[2]，是中国社会科学院学部委

---

[1] 肖宏. 关于我国学术期刊"走出去"的思考 [J]. 编辑之友，2012（10）：41-44.

[2] 资料来源：http://baike.haosou.com/doc/6618725.html，2015-2-14.

员，牛津大学经济学博士，中国社会科学院世界经济与政治研究所所长，中国世界经济学会会长。余主编的研究领域主要是宏观经济和国际金融，1981年以来他发表了学术论文、文章数百篇，专著（含主编、合著）10余部，代表作有《宏观经济分析和中国稳定政策设计》（英文，博士论文，牛津大学图书馆藏）、《西方经济学》（主编和主要执笔人）、《我看世界经济》和《一个学者的思想轨迹》等；而中国第一家被A&HCI数据库收录的中文期刊《外国文学研究》主编聂珍钊教授1993年获国务院特殊津贴[1]，现任华中师范大学文学院教授、博士生导师，国家级精品课程《外国文学史》主持人，英美文学与比较文学研究所所长，《世界文学评论》丛刊主编，中国外国文学学会副会长，湖北省外国文学学会会长，同时担任中央马克思主义理论研究和建设工程教育部《外国文学史》首席专家（第一），国家哲学社会科学规划（基金）外国文学学科评委，国际学术组织"中美诗歌诗学协会"（Chinese/American Association for Poetry and Poetics, Upen-based）副会长等职务，其主要研究领域为文学批评、英美小说、英语诗歌、比较文学等。在海外学术经历方面，聂教授1994年赴英国剑桥大学英语系从事一年的学术研究，1996年受英国学术院王宽诚基金资助作为访问教授赴英国剑桥大学达尔文学院与华威大学英语系从事研究一年，2006—2007年应邀赴美国芝加哥大学、普度大学、俄亥俄州立大学从事讲学和研究工作。其学术成果除了大量的优质论文发表之外，聂教授所承担的国家社科基金项目"文学伦理学批评导论"及主持的国家出版基金项目"美国艺术与科学院院士文学理论与批评经典"均被列入"十二五"时期（2011—2015年）国家重点图书出版规划。由此看来，两位国际核心学术期刊主编的共同特点是他们均为各自学科领域内的学术泰斗级人物，已有大量优秀的科学研究成果，并且这些成果已经具备较高的国际学术影响力；其次，他们都拥有较为丰富的海外学术经历，余教授是英国牛津大学的博士，聂教授在英国、美国前后从事过3年的学术交流和研究工作；此外，两位主编在国内都担任很多学术机构、协会和组织的要职，在获取社会资本和学术人脉方面都有得天独厚的优势。

除了这些，还有学者[2]从另外一个视角提出了对优质学术期刊主编的要求：在目前急功近利的学术评价体系指导下，期刊成为学术论文发表的主要平台及学术评

---

[1]　资料来源：http://baike.haosou.com/doc/7874928.html，2015-2-14.

[2]　刘素梅. 学术期刊实现"走出去"的策略探析 [J]. 赤峰学院学报（汉文哲学社会科学版），2014，35（9）：146-147.

价体系的替代工具，主编作为学术期刊的领导者和把关人，要强化正确的社会角色意识，承担主编应承担的学术责任，在工作中要处理好"积极纠错与学术规范"、"认真把关与学术引领"和"强化特色与学术创新"这几对关系，真正发挥主编作为期刊领军人物和把关人的价值和作用。

（二）拥有国际视野的编辑团队：保障期刊质量的中坚力量

如果没有一支高素质国际化的编辑队伍，再好的主编也只能成为"光杆司令"，难以建设和维系一个运转良好的学术平台。"编辑"这个概念在词典里是指一种工作，也是一类职业身份，指为各种媒体（以出版物为主）在出版前进行的后期制作，包括文字、图像、录音、录像、多媒体生成处理和制作审核、校对等一系列工序。因此，一直以来学术期刊编辑工作特别强调对来稿的文字加工和专业出版编辑等技巧，却忽略了对学术领域内的热点问题和学术前沿进行选题策划与组稿、辨别优秀稿件的能力要求，而这些能力都会直接影响到期刊内容的质量和期刊发展的持久力。有学者认为期刊编辑工作应分为创意、组织和加工三个部分[1]，最后一个环节的"加工"是常规意义上的专业编辑能力，随着中国出版编辑专业的发展，目前大部分的学术期刊编辑基本具备了这一专业素养，然而仅仅拥有这些能力远不能达到国际学术期刊的标准，还需要通过编辑的精心策划、组稿、审稿、编排设计等创意和策划组织等工作来实现期刊质量的优化与提升。

因此，从个体角度而言，期刊编辑应不断更新理念，不断求知探索，主动学习以增加自己的知识积累，增强创新意识，这样才能有效地对初稿进行筛选，对专业学术稿件熟练地进行编辑加工；此外，编辑还应具备较高的学术和学科敏感性，在各学术期刊国际竞争异常激烈的状况下，以最快的速度发现和掌握最新、最前沿的学术研究成果和焦点问题，有效和成功地进行期刊选题策划和组稿、约稿工作，这就要求编辑要勤于查阅国内外相关学科领域内的优质文献资料，多参与国内外较高级别的学术交流活动；基于以上几点，编辑同时也必须具备较高的英文水平，满足期刊走向国际各种语言方面的要求，比如审阅英文投稿、查阅英文文献、与国际编委和作者交流、向国际知名学者约稿等，国际性学术期刊的编辑如果不善外语，其工作展开将举步维艰，甚至寸步难行。

为此，学术期刊编辑部也应为每个编辑提供和创造学习机会与环境，组织团队

---

[1] 肖宏.关于我国学术期刊"走出去"的思考[J].编辑之友，2012（10）：41-44.

向拥有成功经验的国际学术期刊学习；也可以邀请资深的国际学术期刊编辑定期开设专业讲座，以提高编辑的业务素养和各种策划、组稿等办刊能力；在精神和物质上鼓励编辑多参加相关领域学术活动，如国际学术会议和各类学术科研工作坊，帮助编辑从单纯业务型学刊编辑向学者型期刊编辑转型；同时，期刊编辑部也可以挑选和聘请一些相关专业领域内已经具有较高科研能力、文字功底和海外学术背景的专家、教授作为期刊的兼职编辑，这是对专职编辑团队的有益补充，也是帮助建立优质、高效和专业的编辑队伍，全面提高中国哲学社会学科学术期刊编辑出版质量的有效途径。

（三）国际化的编委会：扩大期刊国际影响力的坚实保障

众所周知，SCI、SSCI 和 A&HCI 这世界三大索引库始终致力于收录全世界最具有影响力的学术期刊，《外国文学研究》于 2005 年成为了中国第一家被 A&HCI 收录的中文期刊，该期刊主编聂珍钊在分享经验时特别提到："我们采取了一系列措施来提高杂志质量，如成立国际化的编委会、全国性的理事会，坚持匿名同行专家评议的审稿制度，规范化管理等。"[1]《外国文学研究》近 1/3 是外国编委，聂珍钊还表示，这些编委提供咨询意见、参与审稿工作，也帮期刊约稿、向期刊推荐稿件，对期刊发展起了很重要的作用。[2]

可见国际化的编委团队和严格的国际同行评审机制对创办国际级学术期刊的关键作用。学术期刊通常设有编委会，所谓期刊编委的国际化，首要要求其编委会不能局限于国内本系统或本部门的专家学者，国际学术期刊编委应覆盖尽量多的国家和地区，例如美国的 *Science* 曾建立达万人的编审队伍，其中 1/3 来自世界各地；英国的 *Nature* 拥有一个数千名专家学者组成的遍布全球的网络审稿队伍；新加坡的世界科学出版公司聘请世界范围内的学科带头人或权威人士担任学术期刊的编委和顾问。[3] 来自世界各地知名高校和科研机构的编委会成员们可以利用自身所了解和熟悉的相关学科或类似领域研究现状和动向等优势，帮助学术期刊提高在国内外的知名度和学术影响力，还可以为编辑部组稿、审稿等工作提供各种帮助。同时聘请世界各地重量级学术期刊编委的主要目的是进行严格的同行评审工作，以保证期刊发表

[1]　武文茹.人文社科学术期刊"走出去"的路径[J].出版广角，2012（6）：22-24.

[2]　李文珍."中国学术期刊国家化现状调查"之二[N].中国社会科学报，2011-5-10（第16版）.

[3]　徐宁.中国学术期刊的国际化之路[J].辽宁税务高等专科学校学报，2005（6）：71-72.

论文的质量和国际性，避免国内某些学术浮躁、关系内幕和学术语言问题等负面影响因素，从而帮助期刊树立品质高、信誉好的国际学术期刊品牌形象。

近些年国内一些中国哲学社会科学英文学术期刊都在朝着这些目标努力。如《浙江大学学报（英文版）》在这方面取得了初步的成效：自 2003 年起，该期刊全面实行严格的国际同行评审体制，目前已有来自 60 多个国家和地区的 1 万多名国际编委和审稿专家为其提供审稿服务，对稿件进行严谨、公正的评判和审核。[1] 严格、公正的国际同行评审机制是国际公认的学术期刊"把关"方式，中国哲学社会科学学术期刊要想成功"走出去"，必须在期刊发表论文这一源头问题上严把质量关。聘请多元化的国际学术编委不仅可以拓宽论文选题的国际视野、提升论文学术质量，还可为期刊在符合国际学术规范和学术话语体系等与国际接轨问题上解决后顾之忧。

因此，中国学术期刊的国际化道路在同行评审机制方面一定要向国际标准靠拢，目前国内一些较为知名的学术期刊，尤其是主要承担期刊"走出去"重任的英文学术期刊都开始实行编辑部初审、国内外同行专家二审、双向匿名评审和主编终审的"三审制"，例如，根据《中国世界与经济》编辑部主任冯晓明介绍，期刊编辑部收到稿件后会有一个初审，筛除选题、格式和语言不合格的文章，然后送三个内部审稿人（包括编辑部、研究所、所外各一人）审阅，审阅后产生一个初审意见，未通过者做退稿处理，通过者再送一到两位外审专家匿名审核。根据学科的不同，外审会找相应的专家，这也是同行评议，是国外比较认可的。如果内部审稿人意见和外审意见不太一致，或者作者自己不同意外审专家的意见，会再送其他人外审，然后给作者反馈。《中国与世界经济》系双月刊，最终发表一般需要半年以上时间；《中国社会科学（英文版）》与此略有不同，在审稿流程上，《中国社会科学（英文版）》在审稿时，先经过初审，送外审，外审返回后，继之以内审定终审 [2]；《浙江大学学报（英文版）》则采用双轨制评审，将"文前严审"和"文后跟踪"相结合，所谓"文前严审"就是将期刊来稿送给至少三名外审专家学者进行评审，综合专家学者意见决定是否采用稿件，并将他们的建议反馈给作者，而"文后跟踪"则是建立一个"全球开放同行评议"平台，用于在论文发表之后随时接受全球各地读者对论文的评判和讨论，刊物从这些讨论中可发现新的问题和新的热点、难点，以引导下期期刊内

[1] 商建辉，王建平.我国学术期刊"走出去"的国际化操作策略探微 [J].出版发行研究，2012(9)：77-79.

[2] 李文珍."中国学术期刊国家化现状调查"之二 [N].中国社会科学报，2011-5-10（第 16 版）.

容制作和来稿选择。[1]

三、发行渠道：寻找国际化的传播渠道与受众

从传播学的角度，媒介渠道是传播这一主体性行为能否得以顺利实施并且收到预期效果的基本保障和重要影响因素，学术期刊作为学术传播主要正式渠道，一般以纸质版订阅、电子版订阅、在线阅读和数据库传播等方式构建起学术成果生产者与读者之间的联系，因此这一平台的传播方式和渠道直接关系到其传播范围和传播效果。中国哲学社会科学学术期刊要想成功走向国际，必须努力寻找和积极开拓国际化的发行渠道，尽可能扩大国际受众范围，最终实现中国哲学社会科学成果的全球传播。为此，本研究认为国内学术期刊可以在"以与国际知名出版商合作发行为主，通过借鉴成功经验逐步打造本土化的国际出版发行平台"和"以开放存取为基础，积极建立数字化网络平台，努力扩大中国学术成果国际传播范围"两方面着手打造国际化的发行渠道。

（一）与国际知名出版商合作发行逐步打造本土化的国际出版发行平台

纵观目前我国承担学术成果对外传播的学术期刊，尤其是英文学术期刊发行状况，基本以与国外知名出版发行商合作为主要发行模式，例如《中国与世界经济》（*China World & Economy*）与国际著名出版公司威立—布莱克威尔（*Wiley-Blackwell*）合作发行，2006 年被 SSCI 数据库收录；武汉大学易先河教授主编的《中国国际法期刊》（*Chinese Journal of International Law*）由英国牛津大学出版社与中国国际法学会合作出版，2008 年被 SSCI 数据库收录；中国农业大学经管学院主办的《中国农业经济评论》（*China Agricultural Economic Review*）由英国 Emerald 出版集团、中国农业大学以及中国农业经济学会于 2008 年 10 月联合创办与发行，2010 年被 SCIE 和 SSCI 数据库同时收录；《中国社会科学（英文版）》在 2008 年之前由中国国际图书进出口公司代理其海外发行业务，但从 2008 年之后，它也采取了与国外出版商合作的方式，与英国 Taylor & Francis 出版集团开展合作进行海外业务拓展。

这些较为成功的中国内地哲学社会科学英文学术期刊之所以都采用与国际知名出版商合作发行的模式，是因为事实证明与国外出版商合作，向他们学习国外先

---

[1] 商建辉，王建平.我国学术期刊"走出去"的国际化操作策略探微[J].出版发行研究，2012(9)：77-79.

进、成熟的期刊出版发行经验可以有效改善学术期刊管理、营销和发行等方面存在的问题，促进中国学术期刊的国际化进程。近年来，国外的出版发行业通过依托互联网和数字化出版媒体的迅速发展，进行了兼并重组等集团化和规模化运作，逐渐形成了多国合作的跨国经营模式。例如美国的 Blackwell Science Inc. 是专业的科学出版公司，其出版的学术期刊达 600 多种，而一些美国大学的出版社，如 Iowa State University Press 也被并入该公司，该公司是英国著名出版商（Blackwell Science, Ltd.）的子公司，后者以出版科技图书、医学图书和期刊而著名，是世界上最大的学会和协会出版社。[1] 其总部设在英国牛津，另在澳大利亚墨尔本、日本东京、法国巴黎、德国柏林和美国波士顿、波多黎各、危地马拉、巴西设有子公司。在学术期刊方面，荷兰的 Elsevier 出版公司，出版期刊达 1 800 多种；德国的 Springer 出版公司，出版期刊达 700 多种，均为国际性大型出版公司，也都是目前国内很多英文学术期刊的合作伙伴。

这些知名的国际出版公司之所以纷纷向国内学术期刊抛来"橄榄枝"，完全是因为他们看重中国日益庞大的学术期刊市场，有的国外出版商甚至还专门开发了"中国学者网（Chinese Scholars Network）"，完全面向中国学者，提供语言服务，帮助中国学者解决用英文写论文和发表论文时的困难。国际出版集团由于积累了大量的成功实践经验，在期刊发行的市场推广方面可以给予国内学术期刊全方位的支持，比如去各个学会推广、资助各种学术论文奖、借助邮件库推介等。此外，在学术期刊是否能被国际知名数据库收录这方面，与国外出版商合作也能起到促进作用，《中国世界与经济》编辑部主任冯晓明表示，学术期刊如果背后有外国出版商名气的担保，对申请收录是一定帮助的，但并不是说没有合作就完全申请不到。

以上几点都是国外出版商给予中国学术期刊的支持和帮助，正是有了这些中国学术期刊的国际化程度越来越高，然而在利益分配方面，与国外出版商合作的这些国内内容提供商几乎没有经济收益。《外国文学研究》主编聂珍钊教授坦言，学术期刊的盈利实际是被出版商拿走了，学术期刊是在帮国外出版商赚钱，出版商数据库中的期刊越多，销售越好，利润也就越高，在利润分配上，双方有明显的强势和弱势之分。[2] 因此，从目前状况来看，中国哲学社会科学学术期刊仍处于国际化发展

---

[1] 赵俊，余琨，陈灿华. 中国高校学术期刊国际化发展现状与策略 [J]. 编辑之友，2012（10）：45-58.

[2] 李文珍."中国学术期刊国家化现状调查"之三 [N]. 中国社会科学报，2011-5-17（第 16 版）.

的初级阶段，必须借助国外知名跨国出版集团的先进经验，在期刊学术专业性、发行渠道、出版规模和市场推广与营销等方面积极提升其国际化程度，促进中国哲学社会科学学术研究以及学术成果的对外传播。然而，从长远角度来看，在市场运作、销售利润和期刊内容等方面，中国学术期刊应该在合作与学习中慢慢成长，逐步建立有利于本国学术期刊发展的国际化发行渠道，摆脱单纯依靠国外出版商的局面。

（二）以开放存取为基础积极建立数字化网络平台

开放存取一直是学术传播中资源共享和交互的主要方式，是在基于订阅的传统出版模式以外的另一种选择，通过新的数字技术和网络化通信，任何人都可以及时、免费、不受任何限制地通过网络获取各类文献，包括经过同行评议过的期刊文章、参考文献、技术报告和学位论文等全文信息。[1] 而开放存取的基础是互联网，因为所有被开放存取的文献资料都需要一个无边界的数字网络作为发布和分享平台，以便这些成果在全球范围内传播，因此，中国哲学社会科学学术期刊要以开放存取为基础，积极建立数字化网络平台，努力扩大中国学术成果国际传播范围。

将中国学术期刊数字化并且可以在线阅读，可以消除纸质版期刊被地理空间限制这一负面因素，扩大中国哲学社会科学成果对外传播的范围。2011 年 4 月，原新闻出版总署发布了《新闻出版业"十二五"时期发展规划》[2]，欲创设"国家学术论文数字化发布平台"，这一平台的主要功能为建立覆盖主要学科领域数字化学术期刊，打造基于"云计算"技术的学术论文发布平台，建立多学术期刊单位的在线投稿、同行评议、出版与发布系统。可见，通过高质量有效的数字出版发行平台发布学术成果是当前中国哲学社会科学学术期刊发展的当务之急，学术期刊要想利用数字网络平台的优势促进成果对外传播，一般可以通过以下几种方法。

首先，打造期刊自己的学术网络平台。这一平台不仅可以让期刊的成果和内容得以最大范围的传播，也可以让广大读者简便和快捷地搜寻到自己所需的学术资料，还可以通过此网络平台主动向世界各地征订期刊用户，从而拓宽传统通过邮寄征订的发行渠道。期刊还可以在自己的网站上设置专业的远程电子投稿系统，为广大投稿人提供便利，这将对扩大国际作者群有极大的帮助。除此之外，传播目标是国际

[1] 资料来源：http://baike.baidu.com/link?url=1o43ovqL6XDe4VzRfCp_VvbyFx4LniUDyZtqRe61IBB6JN2JrLs6TaQYS5wUN_2bbljDT0YgmUGGQQI9__kpka，2015-2-15.

[2] 武文茹.人文社会科学术期刊"走出去"的路径 [J].出版广角，2012（6）：22-24.

期刊市场的中国哲学社会科学学术期刊还应该建设英文网站，为学术成果的全球传播扫除语言障碍。然而，目前中国的英文学术期刊还没有全部拥有自己的英文网站，更别说中文学术期刊，很多英文学术期刊是通过一些商业数字平台的中文推荐在网络上进行传播，其期刊论文也最多以英文摘要的形式呈现，因此，在这一方面可以说中国哲学社会科学学术期刊，尤其是英文学术期刊发展滞缓、任重而道远。

其次，期刊还可以建立和加入横向联合的同行专业学术期刊网站。2011年6月，在"全国第十届综合性人文社会科学期刊高层论坛"上，中国社会科学杂志社率先提出要建立中国社会科学类学术期刊网络群的倡议，力图通过建立中国社会科学期刊网络群，来凝聚社会科学的研究力量，发挥网络的群体效应，形成集约化优势，并通过集约化达到规范化的目的，然而可惜的是这一倡议至今没有实施。而在打造专业学术期刊网络方面真正付诸行动的是17所高校与中国知网于2011年创办的"中国高校系列专业期刊"，它由《复旦学报》、《华东师范大学学报》、《华中师范大学学报》、《吉林大学社会科学学报》、《兰州大学学报》、《南开学报》、《南京大学学报》、《南京师范大学学报》、《清华大学学报》、《求是学刊》、《陕西师范大学学报》、《思想战线》、《四川大学学报》、《文史哲》、《武汉大学学报》、《厦门大学学报》和《浙江大学学报》17家入选教育部"哲学社会科学名刊工程"的高校学术期刊联合发起，随着《中山大学学报》、《中国人民大学学报》等期刊陆续加入，目前联合编辑部成员刊已增至70余家。"中国高校系列专业期刊"的办刊宗旨是，打破校域界限，集中名校优势，在数字平台上实现学术期刊的专业化转型，从而构建一系列高校权威的专业期刊和专题期刊。其具体做法是，联合编辑部对加盟期刊拟发表文章进行专业化选编和数字化重组，通过中国知网实现优先出版和整体传播，并利用网络和手机推送等全媒体新型手段强化传播效果。"中国高校系列专业期刊"坚持开放获取、免费使用的理念，努力实现学术资源共享，为人文社会科学学者提供最佳的网络学术平台。目前，"中国高校系列专业期刊"包括《马克思主义学报》、《文学学报》、《历史学报》、《哲学学报》、《政治学报》、《经济学报》、《法学学报》、《社会学报》、《教育·心理学报》、《传播学报》、《民族·人类学报》、《艺术学报》12个一级学科专业期刊，以及《三农问题研究》、《儒学研究》等专题期刊，未来还准备围绕学界热点继续创设新的专题期刊。[1] 这是中国

---

[1]　中国高校系列专业期刊资料来源：中国知网，http://www.sju.cnki.net/sju/default.aspx，2015-2-15。

哲学社会科学学术期刊群在数字化网络平台建设中的一次大胆尝试,在国内学术领域内获得了较大的反响,也大大拓宽了各参与学术期刊的学术传播范围,其英文标题和英文摘也具有一定的国际传播力。然而,这一学术网络平台对于中国哲学社会科学成果对外传播的帮助并不是很大,因为它基本局限于国内学术圈的成果交流和互动。因此,肩负对外传播重任的英文学术期刊可以借鉴和效仿这类网络学术平台,打造全英文的学术期刊网络群,通过这样的数字学术网络平台向全世界进行无国界学术传播,寻找更多国际化的受众,从而达到中国哲学社会科学成果对外传播的目的与效果。

再次,对于中国学术期刊国际化目标来说,目前最快捷和有效的传播渠道就是利用国际知名数字出版平台,借助其已有的网络和运作经验,迅速占领国际学术市场。国际数字出版平台大致有商业出版机构、非盈利出版机构和政府机构主办三大类,而最常见也最高效的是商业出版机构主办的,目前世界范围内比较知名的品牌是 Springer Link 和 Science Direct。其中,Springer Link 是 Springer 在线数字出版平台[1],于 1996 年正式推出,是全球第一个电子期刊全文数据库,1999 年和 2000 年分别获得德国和欧洲的科技创新奖。2006 年 6 月起,Springer Link 进入全新的第三代界面,成为全球第一个提供多语种、跨产品出版服务的平台,涵盖施普林格出版社出版的所有在线资源,目前已涵盖 52 168 种电子图书、2 743 种电子期刊(含开放获取 Open Access 期刊 352 种)、1 665 种电子丛书、218 种大型电子工具书、26 777 条实验室操作指南,是全球最具综合性的在线资源。他们的主要发展模式就是通过强大的网络平台来整合全球的内容资源,通过销售这些电子化的内容资源来获得用户并盈利。中国已经有近 100 个学术期刊加盟该数字出版平台,实现了学术成果的全球传播,这使得期刊在国际范围内的传播到达率大大提升,从而在期刊读者国际化方面有效提高了我国学术对外传播受众的国际化程度。

然后,努力打造一批专业性强、学术质量较高的网络电子期刊,也是中国哲学社会科学成果对外传播的有效途径。随着数字时代的到来,国际上越来越多的学者开始尝试将自己的学术成果通过一些开放获取资源平台实行同行阅读、下载和学术交流等活动,有些学者或学术机构还尝试建立开放获取的内容服务平台。然而,尽

---

[1] 肖宏.关于我国学术期刊"走出去"的思考 [J].编辑之友,2012(10):41-44.

管如此，外国研究"学术传播"的人员[1]在"学者使用电子期刊行为调查"中发现，70%的被调查者将其60%的研究成果投给了传统期刊，作者在投稿给预印本库后还会继续投稿给期刊。这说明了与网络电子期刊相比，学者们还是更愿意将学术成果投向传统学术期刊，尽管目前各种各样的数字传播形式逐渐盛行，但学者个人或学术界仍然对经过同行评审并且正规出版发行的传统学术期刊论文更具有认可度。这一点在中国尤为明显，因为目前网络电子学术期刊还未被纳入各高校或科研机构的学术考核评价体系中，这就表示被网络学术期刊接受并刊登的论文不能被计入年度工作量，如此对于网络期刊来说稿源便成为了主要问题，而这也成为中国网络电子期刊发展的最大障碍。例如，《图书情报工作》杂志是由中国科学院文献情报中心主办的哲学社会科学领域内的CSSCI来源核心期刊，旗下《知识管理论坛》[2]是一份纯网络学术期刊，旨在推动知识时代知识的创造、组织和有效利用，促进知识管理研究成果的快速、广泛和有效传播。《知识管理论坛》是同行评议期刊，遵循严格的学术研究规范和学术期刊质量规范，采用严格的审稿制度和编辑处理制度；为推动科学研究成果公共利益最大化，该刊发表的所有研究论文实施立即、完全的开放获取（OA），特别鼓励作者及其所在机构实施论文自存储。然而，虽然这份网络学术期刊有ISSN号，发表论文也有同行评审，并且整个编辑审稿制度较为规范，但由于其没有国内CN刊号，在各高校和科研机构的学术考核体制中的合法性就有待商榷，这导致它依然不是大部分学者发表论文和传播学术成果的首选渠道。因此，中国网络学术期刊的发展首先要在政策导向上解决源头问题，再加上专业化的学术办刊，才能将一批优秀的学术成果汇聚在网络平台上予以广泛传播。

最后，社交媒体等新媒体形式也可以成为中国哲学社会科学学术期刊海外拓展的有效传播渠道。如2013年，《今日中国》、《北京周报》、俄文《中国》等对外宣传类期刊依靠其在海外的分支机构，建立了Facebook、Twitter等官方账户，并充分利用当地知名博客网站、社交网站等，构建了面向当地读者的微传播和互动平台交融的传播网，将"中国声音"和"中国观点"充分融入当地人民的日常生活。[3]

---

[1]　Kurata K, Matsubayashi M, Mine S, et al.Electronic journals and their unbundled functions in scholarly communication: Views and utilization by scientific, technological and medical researchers in Japan[J].Information Processing and Management, 2007, 43(5):1402–1415.

[2]　资料来源：《图书情报工作》杂志网站，http://www.kmf.ac.cn/tabid/650/Default.aspx，2015-2-15.

[3]　王珺 .2013年中国出版走出去亮点解析 [J]. 出版参考，2014（2）：6–8.

因此，中国哲学社会科学学术期刊应该积极利用社交媒体等新媒体超强的渗透性和交互性，将我国哲学社会科学成果直接"嵌入"国际生活的方方面面、角角落落，最大化地提高中国学术和中国文化的国际影响力。

四、专业办刊、重点培育：在已有优秀中文期刊中重点培育国际化的专业性期刊

随着全球学术传播的日益繁荣和出版行业的逐步成熟，优秀的国际学术期刊大部分进行了内容精细化和专业细分化的改革，除了一些知名的综合性期刊如 *Science* 和 *Nature* 等，其余多数为国际专业学术期刊。根据 WOS 平台系统数据显示，SSCI 数据库中 2013 年影响因子排名前 20 位的国际学术期刊均为专业性期刊，而中国入选 SSCI 和 A&HCI 数据库的期刊也均为专业水平高、能体现主办单位强势学科和学术优势的专业性学术期刊，如《中国世界与经济》、《经济学与金融学年刊》、《中国国际法论刊》、《中国农业经济评论》和《外国文学研究》等。此外，中国哲学社会科学英文学术期刊目前也以专业性期刊为主，只有少数几本综合性英文期刊，这说明我国的学术期刊界已经意识到专业化办刊对期刊"走出去"至关重要。

专业性学术期刊对于学术传播来说更具有针对性，能够准确及时反映各学科最新的发展动态和趋势；从期刊管理角度来看，专业学术期刊编辑更容易有的放矢地把握本学科的专业知识和前沿动态，组建强大的专业学术编委团队，组织策划专业性强的选题，集中编辑部资源向本学科知名学者约稿，从而整合各种有效资源进行专业期刊建设；而对于学者来说，专业期刊既可以使论文投稿变得方便、清晰和快捷，又能使平台中的学术成果传播和交流具有获取方便和信息清晰等优点，使学术传播的双向互动更具针对性和专业性，从而大大提高学术传播的有效性。事实证明，当今世界学术研究和发展的大趋势是学科越来越细化和专业化，越是专业细化的学术期刊越是受到相关专家、学者和研究人员的青睐，因此，打造高质量的专业学术期刊是国际学术领域内学术传播的主流渠道。

然而，从目前中国的现状来看，综合性学术期刊占中国学术期刊的半壁江山，这在港澳台地区或西方国家是比较少见的。中国的人文社科学术期刊多为综合性期刊，如 1 300 多家大学人文社科版学报，还有大量的省市社科院、社科联的刊物等都属于这种性质，当然这么多综合性学术期刊中也不乏有许多非常好的期刊。事

实上，这个问题已经引起了国家和有关部门的关注，[1] 近年来，无论是新闻出版部门的管理者还是教育部有关机构，都意识到综合性学术刊物数量太多这一问题。教育部名刊工程建设也旨在探索高校学报的改革与创新，人文社科界就这一问题进行了多方面探索，在社科期刊界举行的"综合性人文社会科学期刊高层论坛"、"教育部哲学社会科学名刊工程主编论坛"以及多层次的期刊战略研讨会上，综合性还是专业性的选择始终是议题之一。然而，无论是中文还是英文综合性学术期刊，其专业化转型并不能朝夕而至，中国各高校的大学学报和省市社科院（联）的综合性期刊之所以长期得以运作，源于高等院校的多学科体制，源于社科院（联）的多专业体制，每一个综合性学术期刊的背后都有一个大学或学术研究机构的支撑，因此，在专业化转型过程中，专业的取舍就涉及传统学术体制的变革与学术共同体利益再分配问题[2]，而无论是转、改或停都会牵涉到学科建设、学术评价和学科规划等一系列连带问题，因此操作起来难度很大。但是纵然有来自各个层面和各个领域的困难与阻碍，中国哲学社会科学学术期刊的专业化建设势在必行，尤其是那些已有较好基础的中文综合性期刊，可以在此基础上进行英文版专业化转型，这一过程可能需要分几步完成。

目前国内一些高质量的大学学报已经有了英文版，比如中国高校第一家英文版文科学报《复旦学报（社会科学版）》英文版于 2005 年 1 月创刊，《复旦学报》由《复旦学报（社会科学版）》、《复旦学报（自然科学版）》、《复旦学报（医学版）》组成；《复旦学报（社会科学版）》英文版是在中文版基础上发展起来的，其定位为学术性理论刊物，坚持以学术为本，体现时代精神，反映社科前沿动态，展示中国学者在人文社会科学方面的成果，搭建中外学者的交流平台，开创有中国特色的英文学术期刊的新路。《复旦学报（社会科学版）》主编黄颂杰教授在英文版创刊时接受记者采访，他说："全球化时代，人文学科的发展迫切需要交流与沟通，中国的人文社会科学在与世界交流的过程中，吸收得比较多；而国外学者对中国同行关注什么、研究什么、持什么观点和主张，却了解较少。这种单向的交流不利于我国学术发展，发展文科学报英文版是不可避免的趋势，2003 年，《复旦学报》进入'教育部名刊工程'，将英文版列入名刊工程的建设项目。"[3]《复旦学报（社会科学版）》

---

[1]　崔月琴.中国学术期刊国际化提升机制与路径 [N].中国社会科学报,2012-5-21(第 B06 版).

[2]　武文茹.人文社科学术期刊"走出去"的路径 [J].出版广角，2012（6）：22-24.

[3]　资料来源：http://news.fudan.edu.cn/2005/0427/6841.html，2015-2-17.

中文版创刊于 1935 年 6 月，由复旦大学出版委员会编辑发行，是我国最早的大学学报之一，办刊历史悠久，成果颇丰，英文版正是在如此优秀的期刊基础上获取了大量的经验和资源而创立的。

　　然而，《复旦学报（社会科学版）》中文版是人文社科类综合性学术理论期刊，其英文版要想真正走向世界，存在着"专业性"和"综合性"的国际接轨问题，从 2005 年创刊以来至今仍然无法跻身主流国际学术期刊领域。因此，细分专业可能是未来这些英文综合学术期刊的发展方向，比如《复旦学报（社会科学版）》英文版可以在哲学社会科学学科领域中寻找复旦大学的优势学科像经济学、管理学和社会学等，重点打造专业性的英文学术期刊。这一点可以借鉴《浙江大学学报》在自然科学领域内创办英文版专业性期刊的经验，《浙江大学学报》由《浙江大学学报（英文版）A 辑》、《浙江大学学报（英文版）B 辑》、《浙江大学学报（人文社会科学版）》、《浙江大学学报（工学版）》、《浙江大学学报（理学版）》、《浙江大学学报（农业与生命科学版）》、《浙江大学学报（医学版）》组成。其中，《浙江大学学报（人文社会科学版）》是中国社会科学引文索引（CSSCI）历年来源期刊，并被国际重要检索机构美国《剑桥科学文摘》（CSA）、美国《乌利希国际期刊指南》及波兰《哥白尼索引》（IC）收录，这充分说明其已经在国际化的道路上迈出了很大的一步；而对于该学报旗下自然科学学科领域内的中文学术期刊来说，基本已经实行了专业化办刊，尤其是英文版专业学术期刊：《浙江大学学报（英文版）A 辑》（应用物理与工程）和《浙江大学学报（英文版）B 辑》（生物医学与生物技术）经过几年的重点打造和建设，A 辑和 B 辑已于 2009 年双双被 SCI 数据库收录。这些成绩都证明了英文版的专业期刊国际化水平较高，比较容易被国际公认的学术圈所接纳和认可，虽然这是自然科学领域内的学术期刊，存在一定的学科差异，但它仍然可以成为中国哲学社会科学中那些已有良好基础的综合性学术期刊学习借鉴的榜样。

　　除此之外，期刊之间的"联合专业化"合作也是综合性学术期刊走向世界的有效途径，正如上文提及"构建学术期刊数字网络平台"中的典型案例"中国高校系列专业期刊"，17 家名刊学报对纸质版综合性学报拟发表的论文进行专业化重组，在中国知网上推出了《马克思主义学报》、《文学学报》、《历史学报》、《哲学学报》、《政治学报》、《经济学报》、《法学学报》、《社会学报》、《教育·心理学报》、《传播学报》、《民族·人类学报》、《艺术学报》12 个一级学科专业期刊，以及《三农问题研究》、《儒学研究》等专题期刊。"名刊"学报通过期刊合作的形式发行电子专业期刊之所以获得成功，最关键的经验在于各学报破除"门户之见"，通过期刊合作、资源重组来实现学术期刊专业化转型的突破，这是高校综合性学术期刊专业化转型一次有益的探索，对同类刊物来说具有重要的示范和借鉴意义。[1] 然而，这也只是将中国哲学社会科学综合学术期刊推向国际的一小步，如何解决期刊合作中的管理权归属、版权归属、利益分配、学术评价和市场推广等问题都是接下去要重点考虑的；而这样一种合作方式产生的专业学术期刊没有国内合法的 CN 刊号和国际的 ISSN 号更是阻碍其发展壮大、走向世界的重要问题。本研究认为，国家和相关部门应该在政策和资金上给予这类综合学术期刊之间专业化合作以更多的支持，帮助他们解决实践过程中产生的诸多问题，在"强强联手"的优势中挖掘和组织大批优秀、高质量的哲学社会科学学术论文，并组建高水平的翻译团队给予国际化进程中有关语言方面的智力支持，进一步将此类专业性学术期刊推向世界，从而提升其国际学术影响力。

---

[1] 叶颖玫. 期刊合作：综合性学术期刊专业化新探 [J]. 学报编辑论丛，2014（9）：42-45.

第四章　承载中国哲学社会科学成果的
图书出版"走出去"

第一节　中国图书出版"走出去"之现状考察

如果说哲学社会科学领域学者在国际核心期刊上发表学术文献和中国哲学社会科学类英语学术期刊的创办及其发行都属于中国哲学社会科学成果对外传播不可或缺的环节和重要途径的话，那么哲学社会科学成果通过图书出版"走出去"和实行最大化的国际传播在这一方面同样承载着重要使命。因为出版物的内容所承载的意义、知识、价值观、智慧等通过经济和市场行为经由出版物这种媒介向世界其他国家和地区传播，吸引并影响其他国家和地区的读者，从而产生并实现其文化传播的功能和作用。由于出版是文化行为和商业行为的结合，在商业经济行为之外，出版的国际传播同时承担了文化传播的功能，因此各国政府都通过各种政策手段扶持本国出版走出去，将出版的国际传播作为本国、本民族文化对外传播的一个重要方面，使其成为了文化对外传播的一个重要媒介手段，成为了强化国家软实力的一个有机组成。[1]

从改革开放开始，尤其是进入新世纪以来，随着世界各国政治、经济和文化全球化的不断推进，中国政府越来越重视"文化走出去"战略的实施和推进，并将其列入国家发展战略的重要内容。出版作为"文化走出去"的重要抓手自然也受到了国家相关部门的高度关注，从2003年开始"新闻出版走出去"战略就开始正式实施。经过9年探索和研究，在取得了一定成绩的基础上，2012年新闻出版总署又以"一号文件"[2]的形式，发布了《关于加快我国新闻出版业走出去的若干意见》（以下简

---

[1]　张宏. 全球视野下的中国出版走出去：话语权和传播力构建 [D]. 上海：上海外国语大学，2014.

[2]　陈英明. 加大走出去步伐，努力提升我国新闻出版业的国际竞争力 [J]. 中国出版，2012（5）：38–39.

称《意见》），这是我国首次针对新闻出版业"走出去"出台的专门文件。《意见》针对版权输出、实物出口、数字出版产品等多方面提出了到"十二五"末的量化目标，同时，50 条扶持新闻出版业"走出去"的具体政策更是成为《意见》的最大亮点。这些都足以证明国家对中国出版"走出去"工作的高度重视和坚定的发展决心。也正是在各方的重视和努力下，据统计，2003—2012 年，我国版权输出总量为 40 498 种，输出数量从 2003 年的 1 427 种增加到 2012 年的 9 365 种，版权贸易逆差从 2003 年的 15∶1 缩小到 2012 年的 1.91∶1，进步了将近 8 倍[1]；另据国家新闻出版广电总局统计，2013 年全国共输出出版物版权 8 444 种，较 2012 年增长 7.8%；引进出版物版权 17 613 种，增长 2.4%；版权输出与引进品种比例由 2012 年的 1∶1.9 提高到 2013 年的 1∶1.7，版权引进与输出的比例进一步缩小[2]；此外，根据新华社的统计数据，2012 年中国出版物实物出口成果达到了 9 400 万美元，中国新闻出版企业继续推进海外扩张，在境外投资或者设立分支机构 459 家，电子书海外销售收入接近 500 万美元[3]。

根据各项数据显示，中国出版"走出去"已经获得空前发展和不菲的成绩，而哲学社会科学图书出版"走出去"同样属于这一范畴，它的发展情况如何？为了能够进一步了解和分析其发展现状，本研究将重点在中国图书出版国际化的成果现状和典型案例分析两个层面进行数据统计和状态描述。

一、中国图书进出口的规模与数量统计

有关中国出版各类最权威的数据统计均来自新闻出版总署，本研究查阅了中国新闻出版总署公布的历年《全国新闻出版业基本情况》，数据统计时间跨度为 2000—2012 年，从中国图书进出口统计数据来看，中国成品图书"走出去"无论从数量还是规模上都大幅提升，尤其是 2003 年国家提出"走出去"战略之后，中国的成品图书出口更是以稳定而又高速的发展态势推进。

经过整理《全国新闻出版业基本情况》[4] 中的各项数据，本研究发现 2000—

[1] 周蔚华，钟悠天.中国出版走出去要有六个转向[J].中国出版，2014（4）：6-10.

[2] 李建红.做好出版走出去工作需要厘清的三个问题[J].出版参考，2014（9）：1.

[3] 徐凯.讲述好中国故事，传播好中国声音——我国新闻出版"走出去"成果综述，2013-11-1，http://news.xinhuanet.com/newmedia/2013-11/02/c_132852821.htm，2015-1-29.

[4] 资料来源：全国新闻出版统计网，http://www.ppsc.gov.cn/tjsj/，2015-1-30.

2012 年这十一二年间，中国图书出口从 2000 年的 704 119 种次发展到了 2011 年的 878 174 种次（2012 年的官方统计数据中没有"种次"这项），增幅为 25%；出口图书的数量也从 2000 年的 240 万册增长到 2012 年的 1 325.69 万册，涨幅达到了 6 倍之多，这两个数据的增长情况足以证明中国图书出版"走出去"成果丰硕，中国图书历年具体的进出口各项数据（已四舍五入）详见表 4-1：

表 4-1：中国图书进出口各项基本数据统计（2000—2012）

分类指标 年份	出口			进口		
	种数/种次（比上年）	数量/万册（比上年）	金额/万美元（比上年）	种数/种次（比上年）	数量/万册（比上年）	金额/万美元（比上年）
2000	704 119（0.1%↓）	240（7%↑）	1 234（1%↓）	453 772（2%↑）	208（37%↑）	2 430（7%↑）
2001	601 662（15%↓）	306（27%↑）	1 371（11%↑）	399 222（12%↓）	249（20%↑）	2 825（16%↑）
2002	863 032（43%↑）	321（5%↑）	1 363（1%↓）	512 234（28%↑）	258（4%↑）	2 622（7%↓）
2003	1 028 855（19%↑）	465（45%↑）	1 867（37%↑）	648 581（27%↑）	285（11%↑）	3 750（43%↑）
2004	836 259（19%↓）	468（1%↑）	2 084（12%↑）	602 307（7%↓）	338（18%↑）	3 870（3%↑）
2005	1 148 110（37%↑）	518（11%↑）	2 921（40%↑）	553 644（8%↓）	404（19%↑）	4 197（8%↑）
2006	1 437 462（25%↑）	735（42%↑）	3 192（9%↑）	559 896（1%↑）	361（11%↓）	4 324（3%↑）
2007	1 104 293（23%↓）	714（3%↓）	3 298（3%↑）	771 582（38%↑）	366（2%↑）	7 813（81%↑）
2008	900 204（18%↓）	653（9%↓）	3 131（5%↓）	648 907（16%↓）	438（19%↑）	8 155（4%↑）
2009	855 934（5%↓）	625（4%↓）	2 962（5%↓）	755 849（16%↑）	534（22%↑）	8 317（2%↑）
2010	913 328（7%↑）	707（13%↑）	3 232（9%↑）	806 076（7%↑）	569（7%↑）	9 402（13%↑）
2011	878 174（4%↓）	856（21%↑）	3 277（1%↑）	1 042 288（29%↑）	755（33%↑）	11 667（24%↑）
2012	—	1 326（55%↑）	4 250（30%↑）	—	744（2%↓）	13 708（17%↑）

2002—2012 年权威统计数据显示，中国图书出口在种数上虽然只增长了 25%，但在出口图书数量上却增长了 453%，将近 5 倍，出口金额也增长了 244，这些都是

中国图书"走出去"的显著成果；对照来看，中国图书进口的种数虽然增幅比出口大，但在出口数量上却只增长了258%，涨幅远低于出口。而在图书进口的金额方面无论是每年的横向比较，还是历年的增幅（464%），都始终远远超过出口。中国图书进出口在三项指标数据（种数、数量和金额）方面的具体比较详见图4-1、4-2 和4-3：

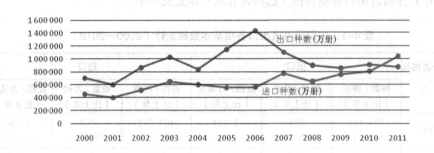

图 4-1：中国图书进出口种数统计（2000—2011）

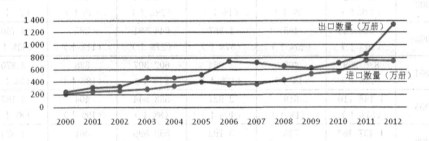

图 4-2：中国图书进出口数量统计（2000—2012）

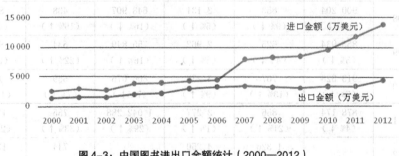

图 4-3：中国图书进出口金额统计（2000—2012）

从上述三张比较图来看，中国图书出口种数在2000—2006年间涨幅明显，且拉开与进口种数之间的距离，但在2006—2011年间却有明显回落，虽然在总量上仍处于增长态势，但到 2011 年时中国图书出口种数已被图书进口反超；图书进出口数量方面，中国图书出口始终超出进口图书数量，且二者均衡同步增长，在 2006 年和 2007 年出现了差距明显增长的情况，另外中国图书出口数量在 2011—2012 年一年间突飞猛进，和进口图书数量之间的差距进一步拉大；与前两个考察指标截然相反的是，中国图书进出口金额方面，图书进口始终处于领先地位，且在 2006 年之后两者之间的差距越来越大，2012 年中国图书进口金额是出口金额的 3 倍。这表明中国出口图书在定价方面与进口国际图书还存在较大差距，这虽然可能成为我国图书出口畅销的一个手段，但在另外一方面却容易造成中国图书商品贸易总额的逆差现象。

中国图书出口除了与本国进口的各项数据比较之外，与美国这样的图书出版大国之间进行横向比较也有利于我们找到差距并且制定发展目标，据美国商务部编制的数据表明，美国 2010 年图书出口额达 20 亿美元，中国图书出口 2010 年是 3 232 万美元，只有美国的 1.62%[1]；另外，还有数据[2]显示中国图书出口额每年为 1 800 多万美元时，仅仅相当于内地发行量的 0.3%，而美国每年出口图书近 20 亿美元时，大约占据其销售总量的 7%，这些数据足以说明中国图书出口状况与发达国家存在较大差距，中国图书出版"走出去"任重而道远。

二、中国图书出口类别与结构概况

中国图书进出口总量从整体上体现了其发展状况，但要想了解哲学社会科学类图书"走出去"情况就必须先对出口的图书进行分类数据统计。在《全国新闻出版业基本情况》中，中国成品图书被分为六大类：哲学、社会科学类（本研究对象），文化、教育类，文学、艺术类，自然、科学技术类，少儿读物类和综合类。由于 2000 年的统计数据中尚未出现进出口图书的类别和结构数据统计，因此这个部分的研究将在 2001—2012 年间进行，具体数据详见表 4-2：

---

[1] 周芷旭. 美国图书出口微量增加，2011-7-11，http://data.chinaxwcb.com/epaper/2011/2011-07-11/12268.html，2015-1-30.

[2] 张静. 我国图书出版"走出去"模式研究 [D]. 苏州：苏州大学，2013.

表4-2：中国图书出口类别与结构概况（2001—2012）

年份 \ 类别	哲学、社会科学类			文化、教育类			文学、艺术类		
	种数（种次）	数量（万册）	金额（万美元）	种数（种次）	数量（万册）	金额（万美元）	种数（种次）	数量（万册）	金额（万美元）
2001	10 672	65.3	455.1	90 346	51.0	455.1	141 714	60.8	290.3
2002	154 172	54.7	268.0	142 460	54.9	172.2	190 974	54.7	252.6
2003	233 239	92.4	509.0	154 531	68.9	234.5	196 473	89.7	369.1
2004	152 225	77.6	490.8	149 421	87.2	312.6	181 606	81.7	430.9
2005	290 405	113.9	753.5	203 618	119.8	558.4	251 353	108.2	584.6
2006	415 113	188.6	893.3	222 210	140.8	563.5	355 647	156.0	618.8
2007	213 147	114.9	762.9	217 106	167.8	647.1	253 035	157.8	749.8
2008	154 521	122.0	690.8	132 481	104.3	419.9	166 603	106.0	494.1
2009	196 721	84.0	686.6	167 418	124.0	549.3	192 528	105.1	471.9
2010	198 094	105.3	826.2	170 183	124.2	552.6	206 848	129.7	601.5
2011	201 653	101.5	752.5	181 888	158.1	571.2	208 855	144.7	650.7
2012	—	131.6	826.5	—	177.7	669.3	—	196.5	778.5

年份 \ 类别	自然、科学技术类			少儿读物类			综合类		
	种数（种次）	数量（万册）	金额（万美元）	种数（种次）	数量（万册）	金额（万美元）	种数（种次）	数量（万册）	金额（万美元）
2001	70 312	29.2	101.0	45 142	21.7	32.7	147 419	77.9	311.1
2002	92 922	27.3	117.5	49 018	33.0	47.9	233 486	96.4	505.3
2003	119 761	39.7	136.4	79 229	58.3	101.4	245 622	116.1	516.4
2004	57 962	47.8	160.1	43 834	77.1	155.5	251 211	97.2	534.5
2005	210 375	74.5	365.9	106 810	55.4	124.1	85 549	45.8	534.3
2006	129 167	74.0	327.1	67 750	50.7	122.5	247 576	124.8	666.7
2007	119 442	62.3	333.4	50 338	71.5	137.3	251 224	139.9	667.9
2008	46 769	30.0	156.0	32 594	64	87.6	367 236	227.3	1 282.3
2009	84 125	90.1	303.4	29 216	70.6	127.7	185 926	151.0	823.2
2010	100 387	59.9	345.9	70 337	140.5	264.9	167 479	147.6	641.0
2011	89 654	58.0	345.9	64 657	205.2	280.61	131 467	188.3	675.8
2012	—	81.3	390.3	—	489.5	446.8	—	249.0	1 138.7

按照统计数据计算，我国2001—2011年图书出口种数合计为10 567 313，其中哲学、社会科学类图书出口种数为2 219 962，占总数的21%；2001—2012年我国图

书出口数量合计 7 934 万册，其中哲学、社会科学类图书出口数量为 1 252 万册，占总数的 15.8%；2001—2012 年我国图书出口金额合计 34 182 万美元，其中哲学、社会科学类图书出口金额为 7 915 万美元，占总数的 23.2%，从这三个比例数据来看，哲学社会学科类图书出口在出口金额方面表现最好，出口种数状况次之，出口数量相对数据较低。六个类别的图书出口具体横向比较和参照数据详见图 4-4、4-5 和 4-6：

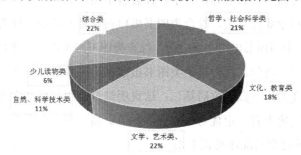

图 4-4：六类中国图书出口种数比例结构（2001—2011）

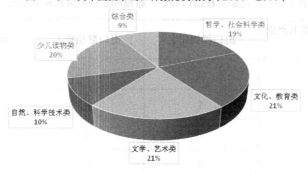

图 4-5：六类中国图书出口数量比例结构（2001—2012）

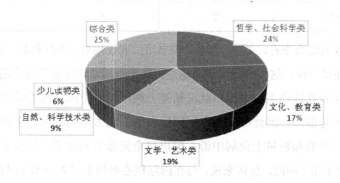

图 4-6：六类中国图书出口金额比例结构（2001—2012）

六类中国出口图书在各项指标中的比例结构不完全相同，其中出口种数方面文学、艺术类图书出口最多，综合类图书紧随其后，哲学、社会科学类图书第三，且差距都很小；在出口数量方面，依然是文学、艺术类图书最受国外市场欢迎，文化、教育类以非常小的差距位居第二，这说明民族性的、具有中国特色的传统文化和艺术等更具有国际传播力和影响力，哲学、社会科学类图书排在第四位，这可能与其具有较高学术性和专业性有关，综合类图书出口在数量上最少，仅为排在首位的文艺类图书的42%；中国图书出口金额方面，综合类图书却实现了"绝地反击"，以绝对的优势名列第一，哲学、社会科学类图书虽然在出口数量上表现一般，但却以和综合类图书差不多的出口金额位居第二，这说明综合类图书以及学术性的哲学、社会科学类图书在定价上有一定优势，知识附加值更高一些。六类图书在出口种数、数量和金额方面的排名情况详见表4-3：

表4-3：六类图书在出口种数、数量和金额方面的排名情况

排名 \ 图书类别	出口种树排名	出口数量排名	出口金额排名
哲社类	3	4	2
文教类	4	2	4
文艺类	1	1	3
自科类	5	5	5
少儿类	6	3	6
综合类	2	6	1

从三类排名综合来看，文学、艺术类图书出口表现最好，种数和数量都位居榜首，出口金额也在第三位，这充分印证了"越是民族的就越是国际的"这个道理；自然、科学技术类和少儿读物类图书出口状况稍差一些，说明中国这两类成果在国际专业领域中水平不是很高，因此吸引和占据国际市场的能力不强；而哲学社会科学类图书虽然在出口种数和数量上位居中游，但出口金额却名列前茅，综合来看其"走出去"也算表现不俗。因此，总体来说，与在国际核心期刊上发表学术文献情况相反的，人文社会科学类的图书出口状况要优于自然科技类。

三、中国图书版权输出情况

从中华人民共和国国家版权局[1]公布的历年版权统计数据来看，近十几年我国图书版权引进与输出总体呈上升趋势。2000—2013年，中国引进图书版权从7 434种增长到16 625种，输出图书版权从638种增长到7 305种，引进与输出比从2000年的11.6∶1上升到2011年的2.3∶1，由此可见我国图书版权输出发展迅速，成绩斐然。

图书版权对外输出，顾名思义就是将本国出版社所生产制作的图书通过版权交易的形式输送到海外的一个传播过程，因此它具有鲜明的传播特性，输出过程符合大众传播的基本模式。根据拉斯韦尔的5W模式，中国图书版权输出可分为：传者（中国各大出版商或出版机构）—传播内容（版权输出内容）—传播媒介（版权输出渠道）—受者（版权输入国或地区）—传播效果（国际影响力），本研究将在传者、传播内容和受者三个方面重点展开考察。

（一）中国图书版权输出主体情况

本研究在中华人民共和国国家版权局的官网[2]上查询了版权统计数据，由于年份较长、输出省份数量较多，因此将从2000—2013年中进行等距抽样：2000年、2002年、2004年、2006年、2008年、2010年、2013年（因为2012年的统计中没有此项数据），再根据大致数据将我国版权输出省份或直辖市按照贡献分为5个梯队（50%左右、5%左右、1%—5%、1%以下和0），并选取前3个梯队中的8个省市进行详细数据统计，具体详见表4-4：

表4-4：8个省市图书版权对外输出量抽样统计（2000—2013年）（单位：种）

年份\地区	2000	2002	2004	2006	2008	2010	2013	合计	比例
全国	638	1 297	1 314	2 050	2 440	3 880	7 305	18 924	100%
北京	328	532	597	1 188	1 232	2 092	3 351	9 320	49%
上海	13	232	262	207	216	263	220	1 413	7.5%

---

[1] 数据来自"中华人民共和国国家版权局"官网，http://www.ncac.gov.cn/chinacopyright/channels/6125.html，2015-1-31.

[2] 数据来自"中华人民共和国国家版权局"官网，http://www.ncac.gov.cn/chinacopyright/channels/6125.html，2015-1-31.

续表 4-4

年份\地区	2000	2002	2004	2006	2008	2010	2013	合计	比例
安徽	19	29	46	59	114	196	887	1 350	7.1%
辽宁	70	114	38	85	93	102	234	736	3.9%
江苏	40	64	60	60	120	130	193	667	3.5%
湖北	18	99	20	38	28	145	295	625	3.3%
浙江	30	37	46	20	74	40	322	569	3.0%
江西	0	0	0	61	102	109	210	482	2.5%

这一组抽样统计数据充分显示出了中国各省份图书版权输出贡献的严重不均衡性，北京以近乎一半的图书版权输出量遥遥领先，而第二梯队的上海和安徽与其相差甚远，仅分别占到了 7% 左右，第三梯队中的其他省份如辽宁、江苏、湖北、浙江和江西等都只有不到 5% 的输出量，而其他一些省份所占的比例大部分不到 1%。另外，从图书版权输出的年度增长速度来看，龙头老大北京 2013 年的图书版权输出量是2000 年的近 10 倍，可谓发展迅猛；第二、三梯队的省份在此期间的图书版权输出的增长情况详见图 4-7：

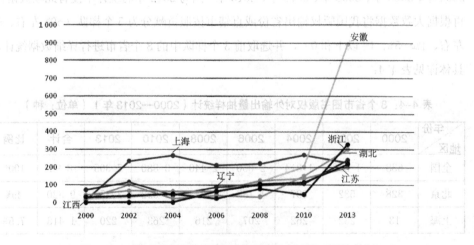

图 4-7：7 省市图书版权输出量年度增长情况（2000—2013 年）

从这幅曲线图来看，大部分省份都属于上扬状态，且增长幅度较为明显，尤其是安徽省，从 2006 年后就快速增长，2013 年的图书版权输出量是 2000 年的 71 倍；

江西省在连续 3 年零输出的基础上，从 2005 年开始加快了图书版权输出的步伐，由此也成功跻身全国前列；湖北省从 2008 年开始、浙江省和辽宁省从 2010 年开始都发展迅猛，2013 年的图书版权输出量均超过了位居全国第二梯队的上海；上海虽然一直处于图表的上游，图书版权输出量无论是总数还是年均值都高于其他省份，但从曲线图来看，从 2002 年开始上海图书版权输出量几乎维持原状，2013 年更是被安徽、浙江、辽宁和湖北四省超过。

（二）中国图书版权输出的传播内容

传播的程度和效果不仅取决于传者和传播渠道，很大程度上还受传播内容的影响，中国图书版权输出在 2000—2013 年间数量猛增、发展良好，那么这些被其他国家和地区引进版权的中国图书都涉及哪些内容和学科种类呢？本研究查询了国家相关部门和机构的官方数据，业界和政府部门似乎只就图书版权输出的数量和到达国或地区有详细的数据发布，对于具体的输出图书种类和内容却几乎没有系统数据统计；而在学界的相关研究中，大部分学者都关注中国图书版权输出面临的问题和对策，对此内容鲜少考察，只有浙江工商大学的尤建忠[1]对 2012 年中国图书版权输出的种类及图书内容进行了统计和研究。

该研究根据三大国际图书博览会版权交易情况和业内评选的"2012 中国热书榜之输出、引进优秀图书"榜单，总结出 2012 年我国图书版权输出的热门种类是中国现当代文学作品、中华文明类图书、中国当代发展类图书、少年儿童图书和汉语学习类图书，而这些都属于中国哲学（人文）社会科学领域的范畴。其中，之所以2012 年中国现当代文学作品依承历史成为版权贸易热点，尤建忠以外文出版社出版的《21 世纪中国当代文学书库》丛书和新世界出版社推出的《中国文学》（第一辑）为例进行论述，认为这与我国多位知名作家参加伦敦书展高调宣传有密切关系；而正因为中华民族上下五千年的历史文明，中华文明类图书一直是中国图书版权输出的重点，也是国际市场尤为关注的对象。如北京出版集团出版的《中华文明探微》、北京大学出版社与剑桥大学出版社联合出版的《中华文明史》和中国民主法制出版社出版的《国宝档案》等，这些图书版权的对外输出都将加深国际社会和西方世界对中国文化的了解；随着中国经济的高速发展和中国在国际社会的快速崛起，国外读者开始越来越关注中国，因此我国当代发展类图书自然受到国际市场追捧，如人

[1] 尤建忠.2012 年中国图书版权输出热点和发展趋势综述 [J]. 出版广角，2013（1）：79-82.

民出版社出版的《中国改革开放 30 年：增长、结构与体制变迁》、新世界出版社推出的《历史的见证：中国共产党如何治理国家》和中国人民大学出版社出版的《中国经济体制改革重大事件》等图书都非常受各国出版商的青睐，这与国际学术期刊发表关注中国题材论文原因一致，都是中国日益强大的结果；最后，少儿类和汉语学习类图书在我国图书版权输出中也呈现出良好的发展势头，有望成为未来此领域发展不可或缺的力量。这些种类和内容的图书版权输出，不仅在中国图书版权贸易领域贡献卓越，也是中国在世界范围内提升国家软实力和增强国际影响力的极大推动力。

2013 年，当代题材的"中国概念"和"中国故事"图书依然是我国图书版权输出的重点和亮点。[1]《中国梦：谁的梦？》、《中国强军梦——强军梦护航中国梦》、《朱镕基讲话实录》（英文版）、《中国专利案例精读》、《永远有多远》、《民族精神——精神家园的内核》等表现我国时下政治热点、文学风貌和学术思考的作品不断走出去国门，受到国际市场的青睐。

（三）引进中国图书版权的国家或地区

根据《全国新闻出版业基本情况》中的数据统计，2000—2012 年这 12 年间中国图书版权共输出 35 402 种，从中国引进版权数量最多的国家和地区分别是中国台湾地区、美国和中国香港地区，具体数据详见表 4-5：

表 4-5：引进中国图书版权的国家和地区排名（2000—2012 年）

排序（除其他）	图书版权输往的国家或地区	数量（种）	占总量的比例
1	中国台湾地区	10 634	30%
2	美国	3 719	10.5%
3	中国香港地区	3 228	9.1%
4	韩国	2 996	8.5%
5	英国	1 747	4.9%
6	日本	1 213	3.4%
7	新加坡	1 175	3.3%

---

[1] 王珺.2013 年中国出版走出去亮点解析 [J]. 出版参考，2014（2）：6-8.

续表 4-5

排序（除其他）	图书版权输往的国家或地区	数量（种）	占总量的比例
8	德国	1 019	2.9%
9	法国	555	1.6%
10	俄罗斯	497	1.4%
11	加拿大	303	0.9%
12	中国澳门地区	269	0.8%
13	其他	8 047	23%

从统计数据看，由于文化、民族和语言等问题，中国台湾、香港和澳门地区（主要以台湾和香港地区为主，澳门地区微乎其微）占据了中国图书版权对外输出量的40%。根据《全国新闻出版业基本情况》中的数据，中国图书版权对香港和澳门地区的输出量十几年变化不大，基本处于小范围上下浮动状态，而对台湾地区除了历年都保持着较高的输出量之外，2010年之后的数据明显增长，尤其是2010年图书版权输出以104.5%的增长幅度在台湾落地；美国和英国由于属世界经济发达国家，图书版权引进市场也相对繁荣，因此中国图书版权输出到这两个国家的数量占总量的15.4%，位居第二梯队；亚洲由于地缘接近性和文化相似性等原因，韩国、日本和新加坡三个国家引进中国图书版权的数量占中国输出总量的15.2%，仅次于美国和英国；德国、法国、俄罗斯和加拿大这几个欧洲和美洲国家引进中国图书版权数量为中国输出总量的6.8%，相对较少，但这也许可以成为未来发展的突破口；其他国家由于过于零散或不易统计等原因，官方统计数据中将其归为一类，"其他"占据了中国图书版权输出总量的23%。

四、中国图书出版"走出去"成功案例分析

中国图书出版"走出去"取得的丰硕成果，与各方的不懈努力是分不开的，尤其是近些年国家通过政策扶持、项目带动、平台支撑相结合的"走出去"运作机制，大力推动中国出版业"走出去"战略的实施。[1]例如，新闻出版总署在《关于加快我国新闻出版业走出去的若干意见》中推出了10条扶持政策；在《新闻出版业"十二五"

---

[1]　陈英明. 加大走出去步伐，努力提升我国新闻出版业的国际竞争力 [J]. 中国出版，2012（5）：38-39.

时期发展规划》和《新闻出版业"十二五"时期走出去发展规划》中，列入了"经典中国国际出版工程"、"中国出版物国际营销渠道拓展工程"和"重点新闻出版企业海外发展扶持工程"等"走出去"重点实施项目；除此之外，新闻出版总署还加强了北京国际图书博览会、法兰克福书展等一系列有利于推动"走出去"的中外贸易平台建设。然而，在政府搭台、企业唱戏、民营参与和市场化运作的综合运行体制全方位推动下，虽然中国图书出版"走出去"的未来之路光明而又令人期待，但从目前现状来看，我国图书出版输出地仍然以台湾、香港地区以及亚洲国家为主，向外拓展的空间仍然很大，因此只有在总结经验和分析经典中找寻未来发展方向和新的增长点，才能使这条发展之路走起来脚踏实地，并且一路"风光无限"。

（一）让世界产生共鸣——《狼图腾》海外发行成功案例

《狼图腾》一书 2004 年 4 月由长江文艺出版社出版，两年时间国内销售总量就超过了 200 万册，截至 2006 年 7 月，《狼图腾》连续 26 个月位列全国文艺类图书发行排行榜的前五名。此外，《狼图腾》不仅在国内畅销，而且还受到海外出版商的青睐，2005 年 8 月 31 日，长江文艺出版社与企鹅集团签订英文版输出协议，按照协议，《狼图腾》的英文版在全球同步发行，企鹅集团支付 10% 的版税，并预付 10 万美元，据企鹅出版集团的消息，英文版第一版精装本全球发行 50 万册，定价为 30 美元 / 本。[1] 随后，《狼图腾》输出法文版、德文版、日文版、意大利文版、西班牙文版、荷兰文版、土耳其文版、希腊文版、匈牙利文版、韩文版、泰文版、越南文版等多个版本的版权。

《狼图腾》在国际范围内家喻户晓，并且受到国际媒体大力追捧，完全是因为其海外版权输出在当时创造的各项成绩史无前例。根据企鹅集团的统计数据，《狼图腾》被译为 30 多种语言，版权输出国不仅包含英国、美国、法国、德国等发达国家，还覆盖蒙古、印度、越南等发展中国家，仅版权预付金额就突破了百万美金。[2] 其英文版截至 2011 年 5 月已经销售几十万册，意大利文版截至 2007 年 9 月销售 4 万本，海外总发行量截至 2010 年年底突破了 200 万册。另据亚马逊英文网站的记录，《狼图腾》的英文版、法文版、日文版和意大利文版均创造了中国当代小说外译本的销

[1] 周百义，章雪峰.《狼图腾》走向世界的启示 [J]. 中国编辑，2006（6）：40-44.

[2] 吕敏宏. 从《狼图腾》版权输出看如何构建中国当代文学海外出版发行的新模式 [J]. 出版发行，2012（7）：35-38.

量新记录，其星级评分平均数值在四星级至五星级之间上下浮动。正因为取得了如此好的成绩，有学者认为仅《狼图腾》的英文版权转让就创造了当时中国三项第一：这是我国图书按照市场规则首次成功进入欧美主流市场和世界市场；10 万美元的英文版预付款，是先前所有中国图书单本书版权输出一次性收入的最高记录；10% 的版税也创下了我国图书版权贸易版税收入的新记录。[1]《狼图腾》的版权输出无疑是相关领域内中国历史上的一次成功运营案例，本研究通过查阅相关文献资料后发现，它的成功来源于三个方面：拥有让世界产生共鸣的主题、水平精湛的国际翻译大师保驾护航和强势传播的宣传策略。

首先，从内容角度来看，《狼图腾》是迄今为止世界上唯一一部以狼为叙述主体的小说。它是由几十个有机连贯的"狼故事"构成，包括掏狼窝、养小狼，狼与人、狼与黄羊、狼与马群的大小战役等，反映了 20 世纪六七十年代内蒙古游牧民族与狼之间的密切关系。作者以自己的亲身经历和近乎自传体的叙事方式，引领读者进入狼活生生的世界，充分展现了狼的团队精神、狼的狡猾和智慧、狼的军事才能和战术分工、狼威武不屈的独立性格和尊严以及狼对维护自然生态、促进人类文明进化的贡献，等等。[2] 这样与大自然无限亲近的题材本身就容易引起全人类的关注和认同，除此之外，面对西方文化的霸权主义以及中西文化不平等这一现状，《狼图腾》提炼出了能让世界产生共鸣的主题[3]：当今社会人与自然的冲突，传统文化和现代文明的冲突，从而使这部承载着民族、时代和地域特点的小说超越其原有的空间，"人类文化"主题是该书获得国际广泛认可的关键因素。

其次，翻译是中国图书"走出去"过程中非常重要却又难度很大的环节，翻译者既要能够深刻理解原著，延续其文学内涵和深刻思想，又要有强大的语言翻译功力，翻译出来的文字必须符合国外读者的阅读习惯和需求，具有较强的可读性，这些对译者来说都是极大的挑战。《狼图腾》英文版的译者是被誉为世界首席翻译家的美国汉学家 Howard Goldblatt（中文名字葛浩文），他曾翻译过我国很多著名作家如老舍、巴金、莫言、苏童、冯骥才、贾平凹、阿来、刘恒、张洁、王朔等人的 40 多部作品，2009 年获第四届"中华图书特别贡献奖"。2007 年 11 月，《狼图腾》英

---

[1] 周百义，章雪峰.《狼图腾》走向世界的启示 [J]. 中国编辑，2006（6）：40-44.

[2] 周百义，章雪峰.《狼图腾》走向世界的启示 [J]. 中国编辑，2006（6）：40-44.

[3] 吕敏宏. 从《狼图腾》版权输出看如何构建中国当代文学海外出版发行的新模式 [J]. 出版发行，2012（7）：35-38.

文版译本历经半年的三轮评选，在 240 部亚洲各国推荐的作品中脱颖而出，最终荣获首届曼氏亚洲文学奖。[1] 英国《卫报》评论："《狼图腾》英文翻译的水平之高，使作品流畅生动，是大师和指挥的完美合作。"葛浩文翻译的《狼图腾》，经作者同意删除了书中部分的议论和非小说的文字，从而使整部作品更加流畅和生动，更小说化；同时，为了使西方读者能够了解中国历史，还特意增加了部分的说明性文字。但也有中国学者认为虽然这些做法可以让译文优美流畅，可读性强，但也存在为迎合商业化市场随意增减篇幅、过度归化和中国文化欠译等不足，因而让国外汉学家和中国学者合作翻译这种办法更值得推广，这样既保证了译文质量，又能保持中国文化的纯正性，翻译进度也有保障。[2] 除了英译本，《狼图腾》其他语种版本也均由各国最优秀的翻译家完成，如德文版译者卡琳是德国汉学界公认的最优秀的译者之一，她的翻译非常严谨精细，曾多次通过电子邮件与作者姜戎讨论书中诸如"狼夹子"等细节。正是这些译者严谨的翻译态度及高超的翻译技巧，使得《狼图腾》各语种的版本均具有较高的翻译水准，其中法文译本获得了 2008 年度法国国际翻译奖（每年只评一部），日文译本分上下册出版，入围日本年度翻译奖。[3]

最后，强大的传播攻势和精心策划的宣传策略及营销手段对于《狼图腾》海外发行的成功可谓功不可没。早在《狼图腾》国内出版之际，出版方就采取请名人评书的方式进行宣传。例如邀请《人与自然》的主持人赵忠祥、从内蒙古草原走出来的主持人白岩松、蒙古族歌手腾格尔、企业界巨头海尔老总张瑞敏和地产大亨潘石屹等名人评书，他们都写出了具有启发性、推介性的评语。当《狼图腾》进军国际市场时，长江文艺出版社精心制作了一份关于《狼图腾》的全英文文案，内容包括故事梗概、作者介绍、国内市场销售现状、各界人士（包括作家、演员、企业家和评论家等）对该书的高度评价、国内平面及广播电视媒体的热烈反响，以及作为该书策划者对其全球市场发展前途的预测等[4]，这些宣传内容和营销手段在海外合作伙伴的支持和协作下收到了意想不到的传播效果。此外，为了配合英文版《狼图腾》

---

[1] 吕敏宏. 从《狼图腾》版权输出看如何构建中国当代文学海外出版发行的新模式 [J]. 出版发行，2012（7）：35-38.

[2] 吕敏宏. 从《狼图腾》版权输出看如何构建中国当代文学海外出版发行的新模式 [J]. 出版发行，2012（7）：35-38.

[3] 吕敏宏. 从《狼图腾》版权输出看如何构建中国当代文学海外出版发行的新模式 [J]. 出版发行，2012（7）：35-38.

[4] 周百义，章雪峰.《狼图腾》走向世界的启示 [J]. 中国编辑，2006（6）：40-44.

的发行，企鹅出版集团在全球举行了系列推介活动[1]：英国企鹅在泰晤士河南岸文化中心举办内蒙古草原风情展览；澳大利亚企鹅在墨尔本召开游牧文化与现代文明研讨会；美国企鹅于 2008 年 5 月洛杉矶书展期间举办系列读书和推广活动等。正因为有了中外出版合作方的精心策划和强势宣传，《狼图腾》受到了各大国际媒体的密切关注，美国《时代周刊》、《纽约时报》，英国《泰晤士报》，法国《世界报》，意大利《意大利邮报》，以及德国《明镜周刊》、《德意志报》等西方主流媒体都对此相继做了报道，并刊发了大量评论。[2]

（二）中国传统文化的魅力——《于丹〈论语〉心得》海外发行成功案例

《于丹〈论语〉心得》一书自 2006 年 11 月底面世以来，创造了新中国出版史上的多个神话：首场签售过万册；上市刚一个月销量就突破 100 万册；在没有系统发行的情况下印数超过 530 万册；在全国零售市场图书排行榜上占据榜首达一年之久。[3] 正是因为有了如此骄人的国内销售成绩和市场基础，中华书局觉得这是将《于丹〈论语〉心得》推向世界的好时机，也是实施中国文化"走出去"工作的一个绝好项目，于是一系列版权谈判紧锣密鼓地开展起来。[4] 经过几年的不懈努力，如今不仅国人无论是否热衷"国学"都知道于丹说《论语》，就连欧美国家都知道中国古代有个赫赫有名的思想家叫孔子，现代有个会讲孔子的女教授叫于丹，因为有一本书叫《于丹〈论语〉心得》，这些都是此书版权输出和实现中国文化"走出去"的结果。

《于丹〈论语〉心得》是在亚洲地区率先突破并顺利输出的，据中华书局版权部负责人王瑞玲[5]介绍，2007 年 1 月，《于丹〈论语〉心得》繁体字版首先落户台湾联经出版有限公司，同年 5 月，繁体字版在台北隆重上市，当月就重印两次，并

[1] 吕敏宏. 从《狼图腾》版权输出看如何构建中国当代文学海外出版发行的新模式[J]. 出版发行，2012（7）：35-38.

[2] 何明星. 由《狼图腾》的世界影响看中国出版的海外发行体系建设[J]. 出版发行，2013（2）：26-29.

[3] 邹韧.《于丹〈论语〉心得》版权输出背后的故事[N]，2012-10-25，http://www.chuban.cc/bq/jl/201210/t20121025_130739.html，2015-2-3.

[4] 中华书局总经理李岩经受《人民日报》采访内容：海外版权签约多 《于丹〈论语〉心得》走向世界，2010.7，http://news.xinhuanet.com/book/2010-07/31/c_12393924.htm，2015-2-3.

[5] 邹韧. 中华书局让孔子成就世界之旅[N]. 中国新闻出版报，2012-10-25（第 5 版）.

畅销全台湾。截至 2012 年年底，中国台湾地区已经重印 4 次，销售突破 5 万册；与输出台湾地区几乎同步的是韩国，2007 年 2 月，《于丹〈论语〉心得》韩文版签约，4 月正式发行，韩国画家还根据韩国市场为该书增配了全新的插图；此外，该书在日本的海外版权输出也不甘示弱；同年 5 月，中华书局与日本讲谈社签订了日文版出版协议。2008 年 1 月，日文版《论语力》面世，于丹专程前往日本进行文化交流，日本首相福田康夫在首相府接见了于丹，并与她交流了《论语》对中日文化的影响。《论语力》的出版，在日本掀起了一股"论语热"，首印万册，发行当月即热销售罄并紧急重印，截至 2012 年年底已销售两万余册。

然而，《于丹〈论语〉心得》在欧美国家的版权输出最初却不是一帆风顺的，中华书局总经理李岩先生在接受媒体采访时告诉了记者当时所处的逆境："最初我们也找了几家在中国有办事处的欧美版权代理公司，但反馈的结果却令人失望，因为这些代理公司关注的领域集中在文学类和财经类图书上。对于《于丹〈论语〉心得》他们一致的看法是，这是一本'很中国'的图书，中国人喜欢，但是要让文化背景迥然不同的欧美读者接受一名中国教授关于中国传统经典的解读，难度实在太高，因此他们不愿意冒风险代理这样一本书。因此，我们直接去找出版社是没用的，必须通过代理，因为欧美出版业 80%—90% 的图书都是通过版权代理来做的，不通过他们，（中国图书）很难进入主流市场。"[1]

《于丹〈论语〉心得》欧美发行的转机开始于 2007 年下半年，这一转机再次印证了媒介传播和宣传渠道的重要作用。随着《于丹〈论语〉心得》在中国的持续热销以及"于丹现象"和"国学热"所引起的广泛报道与争论，欧美媒体开始注意到这本书。美国、英国、日本和德国等国的媒体接连采访于丹，这些外媒记者不约而同地关注一个问题：中国经济高速发展的背后存在怎么样的文化因素？"中国文化"开始进入国际关注焦点，这对我国实行文化"走出去"战略是非常重要的发展契机，而国际媒体的广泛报道也为接下来该书向欧美国家版权输入创造了良好的环境，培育了肥沃的土壤。2007 年 9 月，在北京国际图书博览会上，中华书局成为多家欧美版权代理公司联络的焦点，他们纷纷与中华书局讨论《于丹〈论语〉心得》欧美地区版权专有代理的可能性。最终，旅英华裔女作家欣然的出现使得这本书版权代理落户托比伊迪文学代理公司。中华书局的这个决定不仅仅是因为欣然的丈夫托比·伊

[1] 中华书局总经理李岩经受《人民日报》采访内容：海外版权签约多 《于丹〈论语〉心得》走向世界，http://news.xinhuanet.com/book/2010-07/31/c_12393924.htm，2015-2-3.

迪是资深国际图书版权代理，在欧美出版界人脉广泛，许多诺贝尔文学奖得主的作品都由他的公司代理版权；更重要的是，他热爱中国文化，和中国出版集团有着长期良好的合作关系。托比的一句："于丹教授把《论语》这部经典从博古架上取下来，掸去历史的灰尘，让中国人重新认识了孔夫子，我就要让孔夫子走向全世界。"让中华书局最终选择了他。事实证明，选择托比是正确的，正是有了这样顶级资深而又热爱中国文化的国际版权代理商，《于丹〈论语〉心得》才能真正打入欧美主流市场。[1]

2008年3月14日，在法兰克福书展上，中华书局与麦克米伦出版公司签约，《于丹〈论语〉心得》正式推出全球英文版，麦克米伦出版公司给出的英语版预付版税实现了中国图书版权转让预付金历史上的新突破——10万英镑，这是一个"只有英语读物主流畅销类产品才会有的价格"[2]，它打破了2005年企鹅公司购买《狼图腾》时出价10万美元的中文版权输出纪录。除此之外，和国际大公司合作的优势也逐渐显露[3]，在合同签订的同时麦克米伦公司就已经制定了详细的全球推广计划，将《于丹〈论语〉心得》列入重点项目。2009年的法兰克福书展上，《于丹〈论语〉心得》英文版的大幅展板出现在麦克米伦公司的展台上，引起众多目光。2009年4月19日，麦克米伦推出了英、欧两个英文本，而英、欧、美以及亚太地区的精装版本也于上市半年后售罄，共销售2.3万册，同时平装本和电子书也纷纷摆到了各大书店的书架上；法语版则连续十几周蝉联法国翻译类非文学图书销售排行榜，精装版销售20多万册，而俱乐部版仅在精装版上市两个月后就开印了，MP3版、电子书也相继上市；匈牙利版还被提名为2009年度匈牙利封面美装奖。正是在中华书局的不懈努力和国际顶级版权代理商的大力推动下，截至2014年，《于丹〈论语〉心得》已经签约海外32个国家和地区，已出版繁体中文、韩、日、英、法、德、意、西、葡、巴西、希、匈、挪威、瑞典、捷克、荷兰、芬兰、印尼、保加利亚、以色列等28个语种、34个版本，海外发行60多万册。[4]取得如此傲人的成绩，《于丹〈论语〉心得》海外发行绝对称得上是中国图书出版"走出去"的经典成功案例，然而成功并非偶然，

---

[1]　邹韧.中华书局让孔子成就世界之旅[N].中国新闻出版报，2012-10-25（第5版）.

[2]　中华书局总经理李岩经受《人民日报》采访内容：海外版权签约多　《于丹〈论语〉心得》走向世界，2010.7:http://news.xinhuanet.com/book/2010-07/31/c_12393924.htm，2015-2-3.

[3]　中华书局总经理李岩经受《人民日报》采访内容：海外版权签约多　《于丹〈论语〉心得》走向世界，2010.7:http://news.xinhuanet.com/book/2010-07/31/c_12393924.htm，2015-2-3.

[4]　武静.中国图书"走出去"如何锻造真金[J].出版广角，2014（8）：33-35.

版权输出的产品内容、语言和版权代理是其最终走向成功的三个关键保障因素。

首先，无论哪个国家图书版权的引进或输出，都会首先考虑内容因素。而一直以来，正如之前对图书出版输出内容的数据统计显示，文学、艺术类图书无论是输出种数、数量还是输出金额都在六类内容中名列前茅，这足以证明中国图书出版被世界所关注的始终是中国传统文化。另一方面，从我们国家自身的需求而言，弘扬中国传统文化、输出中国文化经典成果也是提升我国文化国际影响力和国家软实力的重要途径，正如《于丹〈论语〉心得》所传播的：中国是礼仪之邦，不是某些恶意中伤之言说的想要称霸世界那般的被"妖魔化"了的国家形象。除了传播中国文化，中国图书出版"走出去"还要面临和解决"跨文化适应"等问题，这一点《于丹〈论语〉心得》的经验值得借鉴。[1] 该书之所以能在西方引起注意，得以进入主流市场，除了受欢迎的中国传统文化和宣传策略的有效实施外，还因为这本书虽然是写给中国人的，但其哲学思想对西方人同样具有参考价值，因为在《于丹〈论语〉心得》一书中，于丹引用了大量西方素材来论证孔子的思想，其中包括许多西方民间传说和黑格尔哲学等。

其次，任何国家的图书出版对外输出都要面临语言问题，尤其是亚洲这样官方语言迥异于西方世界国家的，于是翻译成为了关键影响因素，甚至被业界视为"走出去"的"灵魂"所在。《于丹〈论语〉心得》海外发行的成功很大程度上得益于对翻译工作近乎"苛刻"的要求。当时中华书局对海外版权代理商寻找该书英语版翻译提出的要求是："我们有三个必须：第一，必须是母语翻译，即翻译必须是以英语为母语的；第二，翻译必须有学习中国文化的学历；第三，翻译必须有在中国生活过三年以上的经历。"[2] 也就是说这本书必须由一个热爱中国、懂得中国文化的英国人来翻译，译文才会让英国普通人读懂。对翻译工作的重视和严格要求得到了图书版权代理托比的支持："相信我，不好的翻译是可以杀死一本好书的。"于是，英国女教授狄星成为《于丹〈论语〉心得》的翻译，狄星是英国人，在求学期间学习了汉语和中国文学，并在中国从事了三年的社会工作，她热爱翻译工作，有多年的成功实践，更有意思的是狄星的丈夫是中国人，这使得她对中国和中国文化的热

---

[1] 武静. 中国图书"走出去"如何锻造真金 [J]. 出版广角，2014（8）：33-35.

[2] 邹韧. 中华书局让孔子成就世界之旅 [N]. 中国新闻出版报，2012-10-25（第5版）.

爱更加深了一层。中华书局总经理李岩回忆[1]，当时为了这份译稿，狄星、托比和中华书局都付出了极大的努力。狄星曾三次飞到中国，拿着译稿和于丹躲在宾馆里一条一条地核实，最长的一次整整四天没出宾馆，认真到了较真儿的地步。而托比首先让公司员工阅读译稿，提出修改意见，然后又把译稿交给美国出版界的十几位编辑朋友审读。在此基础上，中华书局还请了外文局的外国专家、人民文学出版社的老英文编辑、中译公司的年轻英文翻译共同审阅。李岩接受采访时说："这份译稿我们已经记不清打磨了多少遍。"功夫不负有心人，译稿最终赢得了欧美出版界一致的好评，后来的德文版、法文版、意大利文版和西班牙文版也主要是以这份英语译文为基础进行翻译的。李岩说："事实证明，在翻译上花这么多心血是值得的，书译得好，适合西方人的阅读需要，才能为后来的发行成功打下基础。"

最后，与国际顶级版权代理商合作是最终将《于丹〈论语〉心得》推向国际舞台强有力的支撑，正如托比经常给中方工作人员打气的一句话："我是带着四十年的法兰克福经验来的"[2]，他们对国际出版市场的业务精通、国际出版圈宽广的人脉、资深的国际出版经验、缜密而又创新的图书推广计划以及敬业的工作态度等都是促成《于丹〈论语〉心得》海外发行获得空前成绩的最好保障。

第二节　承载中国哲学社会科学成果的图书出版
"走出去"之面临问题

前面一节对中国图书出版"走出去"进行了详细的现状调查和描述，这些都是中国哲学社会科学成果对外传播的内容和成绩。然而，仅仅看到所取得的成绩只会导致继续发展的动力缺乏以及"不进则退"的国际地位丧失，而分析现状中存在的问题和不足，帮助寻找解决的方法、制定相应对策才是进一步推进中国哲学社会科学"走出去"工作的关键和有效途径。因此，本节将在对中国哲学社会科学成果如何通过图书对外传播进行现状考察和描述的基础上，剖析和阐释其中的现存问题。

"在国际核心学术期刊上发表高质量的学术文献"、"积极推进中国学术期

---

[1]　中华书局总经理李岩经受《人民日报》采访内容：海外版权签约多　《于丹〈论语〉心得》走向世界，2010.7，http://news.xinhuanet.com/book/2010-07/31/c_12393924.htm，2015-2-3.

[2]　邹韧.《于丹〈论语〉心得》版权输出背后的故事[N]，http://www.chuban.cc/bq/jl/201210/t20121025_130739.html，2015-2-3.

刊走向世界"更多是从哲学社会科学成果的学术价值推广着手，而真正实现中国哲学社会科学成果的文化价值对外传播必须依靠中国的图书出版行业，而"文化"是一个国家和民族最核心的精髓所在，也是林立于世界最有传播力和标识性的元素，在提升国家软实力方面更有效力和国际影响。中国图书出版的国际化进程近些年在出版界、学术界和政府职能部门等各方努力下，已经有了长足的进步，有学者单就2013年所取得的成绩进行了考察和总结：2013年，中国出版集团、中国教育出版传媒集团和凤凰出版传媒集团进入全球出版业50强收入排名，这显示出中国出版业已在一定程度上具备了与国际大型出版集团同台竞技的可能性，为今后"走出去"努力赢得更多话语权创造了更好条件；在作家影响力方面，赵丽宏获得2013年塞尔维亚金钥匙国际诗歌奖，阎连科获得马来西亚最高华人文学奖，并入围2013年亚洲文学奖和英国布克国际文学奖，这表明中国当代文学作家和作品越来越多地被国际读者了解和关注；此外，在国际舞台上发声的还有我国的出版人，2013年2月，中国教育出版传媒集团总经理李朋义出任亚太出版商联合会副主席，6月，中国书刊发行行业协会会长杨牧之再次当选国际书商联盟执委会委员，并兼任亚洲事务顾问。[1]我国出版人跻身重要的行业国际组织不仅代表着我国出版实力的提升，还为我国行业发展获得更为有利的国际环境提供了便利。虽然只是一年的成绩，但已足以反映我国图书出版在走向世界的道路上每一个坚实的脚印。然而，我们不能因为一点点成绩而"小富即安"、"止步不前"，要成为国际图书出版大国，我们还有很长一段路要走。因此，本节将在对中国（哲学社会科学）图书出版"走出去"的现状考察和经典个案分析的基础上，重点分析其"走出去"主要面临的问题。

一、输出图书的传播内容和价值取向"何去何从"

正如学术期刊中的意识形态问题，人文社会科学类图书同样存在对外传播过程中的内容价值取向问题，究竟是迎合国际市场受众的阅读兴趣和关注内容还是旨在传播中国核心价值观？这也许是一直萦绕在许多中国作家和出版集团心中非常困惑的问题。中国人文社会科学类图书对外传播是一个跨文化传播的过程，尤其是在向西方国家输出的国际传播中，文化和价值观之间的差异是影响其传播范围、传播效果，甚至传播是否可能等的重要元素。承载着普世价值观和蕴含中国典型传统文化的作

[1] 王珺.2013年中国出版走出去亮点解析[J].出版参考，2014（2）：6-8.

品之所以能够获得海外市场的青睐和国际受众的喜爱，就是因为这类图书跨越了跨文化传播障碍中的价值观差异，并且迎合了读者对经典的好奇；一旦作品内容中包含不符合西方所谓"民主、自由、法制和人权"等核心价值标准的元素，中国人文社科类图书的对外传播就会受阻，作品也很难受到国际市场的追捧。这就是造成目前在中国图书出版"走出去"过程中，价值取向"两难"的现实状况，如何在理想和现实中找到契合点，解决跨文化传播障碍导致的问题，切实传播中国文化是我们面临的重要课题。

二、图书出版海外市场如何真正实现"全球化"

从中国新闻出版总署公布的历年《全国新闻出版业基本情况》统计数据来看，2000 年至今，中国图书出口无论是种次、册数或是金额在数值上都有了极大的提升，显示出了稳定而又高速的发展态势。但从海外市场的"全球化"程度上来看，仍有很大的提升空间，最重要的问题就在图书出口地过于"单一"和"片面"。仅台湾地区就占了中国图书输出地区种类的 1/3，再加上香港地区的近 10% 份额，港台地区总共占了 40%，而其中绝大部分的图书都是以中文为写作语言的；此外，中国图书对台湾地区除了历年都保持着较高的输出量之外，2010 年之后的数据增长尤为明显，尤其是 2010 年图书版权输出以 104.5% 的增长幅度在台湾地区落地。图书输出到中国香港、台湾地区实际并不是真正意义上的中国图书"出口"，这样的所谓"国际化"并不是我国所追求的终极目标，因为中国图书对外传播的目标是使中国文化成功走向国际，而香港和台湾本就是中国领土，虽然因为一些历史和国际原因会存在某些文化差异，但同根同源的文化之间进行传播不属于文化"全球化"的过程。

因此，承载着中国文化的图书出口不仅要切实扩大版权输出数量，关键还要改善进出口比例，加强走出去宏观布局，优化版权输出的区域结构，扩大版权输出数量，加大对西方重点发达国家的输出力度以及东南亚周边国家和地区的输出，开拓欧洲、非洲、拉丁美洲和大洋洲等区域的市场，建立起以发达国家、周边国家和地区为重点，以发展中国家为基础、覆盖广泛、重点突出、层次分明的"走出去"新格局。[1] 例如，浙江出版联合集团充分利用浙商在非洲的基础和人脉，近年来积极开展与非洲出版界的合作，与非洲出版界合作出版了《非洲常见病防治读本》丛书和《非洲农业技

---

[1] 周蔚华，钟悠天. 中国出版走出去要有六个转向 [J]. 中国出版，2014（4）：6-10.

术发展》丛书。目前《非洲常见病防治读本》丛书已经出版肯尼亚、坦桑尼亚、纳米比亚、马里和赤道几内亚等国家的版本，涉及英、法、西等多个语种，还翻译斯瓦希里语版。[1] 虽然，这些书不能算作哲学社会科学类，但却是根据输出国家和地区的实际需要进行出版图书的内容选择，这对于打开中国图书出口非洲市场很有益处，未来中国各大出版集团可以利用这样的市场基础和出版经验，进一步开发哲学社会科学类的图书出口非洲，并且以此推广到其他洲、国家和地区，真正实现名副其实的图书对外传播"全球化"。

三、人文社科类图书对外传播的语言障碍何以消除

中国图书出版之所以输出地将近一半落在台湾和香港地区，非常重要的因素是语言问题，因为中国图书基本都是用中文撰写的，输出到台湾和香港地区无需进行翻译，自然简单和通畅得多，而一旦需要进入不同语言环境的其他国际市场，语言障碍问题就随之而来了。根据卡特福德理论中关于"意义是无法从一种语言转移到另一种语言中去"[2] 的观点，在任何两种不同语言之间不可能存在完全一致的外部形势、内在关系和语言系统，因此才会有翻译者和原作者发出的"翻译真是一门遗憾的艺术"的感叹。除了语言翻译上的客观原因之外，缺少一支既懂翻译又熟悉相关专业知识和理解文学内涵的翻译人才队伍是阻碍中国人文社会科学类图书走进西方主流国际市场的主要原因之一。

综观中国图书版权出口较为成功的案例，如上一节分析的《于丹〈论语〉心得》和《狼图腾》，其著作翻译这一个环节均受到出版方和版权代理方的高度重视，并且投入了大量人力、物力和财力，总结译著之所以成功的经验，有一点非常关键，那就是译者们既有高超的翻译技巧和水平，又对中国文化和专业知识了解透彻。如《狼图腾》英文版的译者是被誉为世界首席翻译家的美国汉学家 Howard Goldblatt（中文名字葛浩文），《于丹〈论语〉心得》的翻译者是英国女教授狄星，这两位来自美国和英国的翻译家一个有着多年翻译中国著名作家作品的经验，另一个对中国文化和文学无比热爱并拥有在中国的多年社会实践经验，再加上他们精益求精的认真工作态度，才帮助这两部作品获得了如此高的国际美誉和成功的全球传播。

然而，完全依靠这样精通中国文化的外国翻译者是远远满足不了中国图书出口

---

[1] 尤建忠.2012年中国图书版权输出热点和发展趋势综述 [J]. 出版广角，2013（1）：79-82.

[2] 林克难.重新认识卡特福德翻译理论 [J]. 天津外国语学院学报，2001（1）：1-4.

需求的，根据有关资料显示，全国有职业翻译4万多人，相关从业人员50万人，但完全能够胜任出版产业需要的人文社科类图书翻译总共不足200名。[1] 这一现状可能跟我们国家长期以来对翻译人才的培养和教育有关，我国开设翻译专业的高校不在少数，只要有英语专业或学院的均会将翻译作为子专业或系来建设。然而，我国翻译专业培养方向较为单一，大都是英美文学翻译等，对其他语种的翻译人才培养较少，也没有针对人文社会科学类内容翻译的技巧培训，因此针对人文社会科学类图书出版业的翻译人才就成为稀缺资源。针对这一问题，高校或许可以适当拓宽翻译专业的设计面，增设一些小语种翻译专业；也可以在现有翻译专业课程设置中增加一些针对翻译人文社会科学类图书的课程内容；还可以创新一些翻译人才培养模式，比如与国外高校联合培养以及与国内国际出版集团合作办学，以项目实践带动专业培养，为我国的图书出版"走出去"培养一股有战斗力的新生力量。

四、图书出版"走出去"过程中的版权输出如何"国际化"

（一）出版体制如何与世界接轨

中国图书出版要实现真正意义上的"走出去"，首当其冲要面临的就是我国出版体制如何与世界接轨。目前，国内外出版体制存在很大差异，比如我国新闻出版业采取国家审批制，出版企业的成立不是随心所欲而为，图书出版也受到书号的限制，而绝大多数西方国家采取自由出版体制，出版企业与图书出版不受行政审批的约束。就两种体制比较而言，中国出版业在国家行政管理体制上虽然受到了一定程度的保护，避免了一些因恶性竞争带来的中国文化损害，但由于其实行的不是完全意义上的市场运作和竞争，原计划经济遗留下来的一些惰性、缺乏竞争意识和缺少紧迫性等弊端导致了我国图书出版业与国际出版业之间的割裂和差距。比如，我国600多家出版社，有一半以上的出版社从未参与版权输出，其原因除了人才资源缺乏之外，还有一个重要原因就是国内市场已经足够其生存与发展。一些教育出版社、大学出版社、人教社、机工社等，这些出版社依靠其行政资源和政策优势早已形成垄断性市场，国内市场已经足够其生存与发展，于是国家摊派的"走出去"出版计划只能

---

[1] 张志成．本土人才国际化与国际人才本土化——谈出版走出去与出版人才培养 [J]．中国出版，2013（2）：25-27.

成为一种政治任务，而不是自觉自发的市场行为。[1] 然而，要解决这一问题在短期内可能无法一蹴而就，唯有在相关管理部门和执行单位具有高度意识和重视此问题的基础上，中国图书出版业才能在反复实践中寻找出早日与世界接轨的中国本土化的出版体制。

（二）版权代理如何进入国际主流

图书"版权代理"这一国际主流的图书出版方式是中国图书版权输出国际化进程中的软肋。图书版权代理一向被认为是成熟图书出版市场的重要组成部分，图书版权贸易市场的繁荣与图书版权代理市场是否活跃关系密切。纵观图书版权代理市场的发展脉络我们会发现，版权代理市场肇始于欧美等西方发达国家，这些国家的版权代理法规和代理机制较为完善，公民普遍具有良好的版权意识、信用意识和经纪意识，这为版权代理市场的发展提供了难得的社会条件和制度环境。[2] 版权代理充当中介，在图书出版方与受众市场之间架起一座桥梁，使得双方合作畅行无阻、各取所需，这在国际上是比较普遍的做法。而每次国际书展上大片区域被版权代理商们所占据，书展主办方想尽办法认真对待与服务他们这些现象，也都充分说明了版权代理的重要性和其在版权输出过程中的关键作用。然而，中国的图书版权代理无论是在意识层面还是在实践领域都与国际水平和标准相差甚远，处于严重滞后的状态。

首先，"版权代理"在意识层面还没有受到中国图书卖方的重视，所谓"版权代理"[3] 就是版权代理人受著作权人的委托，以被代理人的名义，代理解决转让或授权使用其作品的著作权及其他相关事务，版权代理机构一般都具有联系广、人才专、信息快和协调能力强等优势。其中，"卖方"或者"被代理人"既可以是图书著作作者也可以是出版社或出版集团，对于出版社来说，版权代理可以免去出版社繁琐的市场调查工作，可以有效解除出版图书的盲目性。尤其是针对国际市场，专业的版权代理商可以凭借多年的国际出版经验，为出版社制定最佳的版权输出方案，解决相关的一切事务，从而将突出成果推向国际并带来可观的经济效益。即便对于图

---

[1] 毛润政，罗雪英. 从图书版权贸易看中国出版"走出去" [J]. 出版广角，2013（11）：26-28.

[2] 丁培卫. 新时期中国图书版权代理现状及对策研究 [J]. 山东社会科学，2011（4）：39-43.

[3] 李宏瑞. 发展我国版权代理的策略性建议——基于比较思维的研究分析 [J]. 出版广角，2010（10）：52-54.

书作者个人而言，版权代理商可以在保护个人版权的前提下，帮助作者在版权确定、拟订合同和版税谈判等方面利益最大化，这些都是国际社会分工细分化和专业化的必然结果及趋势。因此，中国出版业应在思想层面充分理解并且接受这一目前国际流行的版权代理制度，真正向国际图书市场迈进。

其次，在中国图书版权代理的实践领域，仅在数量方面中国就与西方发达国家存在较大差距[1]，西方版权贸易产业发达的主要原因之一就是拥有大量的版权贸易代理机构。据统计，美国是世界上拥有版权代理机构最多的国家，共有 700 多家；英国的版权代理行业也极为发达，版权代理公司有 200 家左右，居欧洲第一位。我国的版权代理市场最初出现于 20 世纪 80 年代初期，先是从台湾地区到内地开展版权代理宣传推广开始的[2]；1988 年，内地成立了第一家版权代理机构——中华版权代理总公司，标志着我国版权代理制的初步形成。截至 2012 年的数据统计，我国经国家版权局批准的版权代理机构仅有 28 家，很零散地分布在全国各个地区，大部分挂靠在当地版权局下；而且其中有 23 家都只从事图书版权代理，业务相对比较单一，基本只是进行单纯的版权贸易，对作品衍生版权的开发力度严重不足，由于缺乏详细的市场调研和整体策划，使得图书作品的引进和输出都存在着较大的盲目性。[3] 版权代理分为对外版权代理和对内版权代理两个领域，中国图书"走出去"靠的就是其中的对外版权代理，但中国的版权代理市场比较狭小，代理内容相对单一，管理体制落后，还未建立起完善的版权保护机制，不能最大利益地保护作者的权益。因此可以说中国的对外版权代理机构不论是数量还是质量都与国际主流水平和标准相差甚远，这些都是导致我国图书贸易逆差现象的重要原因之一，而造成这一"弱势"的"罪魁祸首"是国际型版权代理人才的匮乏。

版权代理人属于文化产业内的专业人才，必须具备较高的文化素养和审美情趣，既要有专业图书编辑所拥有的识别作品好坏的能力，又要有中介代理人的挖掘人才和开拓市场的能力；此外，代理人应该是个"通才"，即通晓图书出版（尤其是版权输出）和版权代理的专业知识，熟悉出版和经济业的法律法规，能够妥善解决代

---

[1] 李宏瑞. 发展我国版权代理的策略性建议——基于比较思维的研究分析 [J]. 出版广角，2010（10）：52-54.

[2] 丁培卫. 新时期中国图书版权代理现状及对策研究 [J]. 山东社会科学，2011（4）：39-43.

[3] 李宏瑞. 发展我国版权代理的策略性建议——基于比较思维的研究分析 [J]. 出版广角，2010（10）：52-54.

理中介公司与出版集团和作者之间的复杂关系和矛盾纠纷，最好还要具备较高的谈判能力和一门较为娴熟的第二外语。在西方发达国家，一个版权代理不是简单意义上的中间人，在英、美国家，任何人都可以成为代理，就像任何人都可以成立出版社一样。[1] 然而，他们必须具备同编辑甚至比编辑更高的素质：懂得出版程序，了解千变万化的市场，具有强烈的信息意识和良好的信息能力，在出版界有良好的人际关系，对书稿的优劣具有敏锐的判断力，了解版权、合同和经济的相关法律等等。据调查，在出版业发达的国家，大约80%的大众图书是通过出版经纪人来代理的 [2]，而这样的国际型高端专业人才在目前的中国图书出版业还是比较缺乏的，基本满足不了中国图书"走出去"的市场需求。因此，只有能够融入国际主流版权代理界的国际型人才，才能精通国际版权代理市场的运作规则、熟悉市场业务和拥有较广的圈内国际人际网络，真正把中国图书推向国际，完成中国图书出版"走出去"的艰巨任务。

第三节　承载中国哲学社会科学成果的图书出版"走出去"之路径探究

中国哲学社会科学成果对外传播是一项系统工程，是中国文化"走出去"战略的重要组成部分，而人文社会科学类图书出版的国际化进程正是此对外传播路径中极为关键的一步，因此本研究将从"对外传播内容"、"对外传播渠道和手段"以及"对外传播特色项目及工程"三个部分展开，着力找寻中国哲学社会科学图书出版"走出去"的发展路径，从而积极探索和开拓其国际化道路。

一、"走出去"之"对外传播内容"路径研究

（一）传播中国文化和发展成就，构建新型大国形象

中国哲学社会科学图书出版"走出去"在近十年内得到了迅猛发展，各项数据都有明显增长，这确实是我们取得的丰硕成果，为提高中国的国家软实力奠定了坚实的基础。然而中国图书出版的国际化道路不能仅仅着眼于数量上的不断突破，不

---

[1]　刘玲香．英美国家的版权代理人 [J]．出版参考，2002（22）：21-22．

[2]　刘永红．西方出版经纪业鸟瞰 [J]．编辑学刊，2005（2）：79-80．

能仅仅满足于国际图书市场的占有份额持续扩大，当然做到这些固然是必要的，但还远远不够，真正需要重点投入打造的是传播内容。中国文化"走出去"目的何在？我们必须清楚地认识到，增强中国文化的国际影响力、增强国家软实力和提升中国的综合国力是超越经济利润和价值的更高层次目标。中国要向世界展示我国改革开放以来所取得的各种成绩、崭新的国家形象和人民为了实现伟大中国梦的昂扬斗志与精神风貌，就必须积极实施中国文化的对外传播。因此，不能准确反映中国科技文化发展水平，不能准确阐述中国社会主义核心价值观，不能准确论述中国社会发展现状和成果，不能真正进入国际读者视野的哲学社会科学类图书，即便走出去再多，也不会有很高的价值和很好的传播效果，甚至这样的所谓"走出去"能否持久都是值得商榷的。[1]

放眼国际社会，中国无论经济水平还是政治地位都已经在全球范围内处于比较高的位置，正如各国都要学习世界超级强国美国一样，中国的各行各业、方方面面，尤其是有着五千年悠久历史的中国文化也越来越受到全球人民的广泛关注，因此掌握国际图书市场和国际读者的喜好和阅读兴趣至关重要。首先，中国人文社会科学类图书出版的对外输出要继续保持对中国传统文化和历史题材图书的大力推广，因为这些典型中国文化会持久性地受到国际关注。比如，郑和下西洋的题材被英国作家写成《1421：中国发现世界》，这使拥有此书版权的出版商狂揽 1.3 亿英镑；日、韩等国将《三国演义》、《西游记》等古典名著多次改编成游戏、动画片，还从经商、管理、文化等很多角度出版了多种图书，均取得了很大影响[2]；此外，最近几年中国历史题材的古装电视剧海外推广的巨大成功以及以此形成的大批海外"中剧粉丝"也都充分说明了这类题材和内容图书的较高海外市场占有能力和未来发展强大的生命力。例如，2012年北京大学出版社与剑桥大学出版社在伦敦书展首日联合推出的《中华文明史》英文版就成为当界书展的一大亮点，《中华文明史》蕴含着中国优秀的思想文化，在获得国内学术界认可的同时，也吸引了海外学者的关注。美国华盛顿大学教授、美国人文社会科学院院士、著名汉学家康达维（David R. Knechtges）先生对《中华文明史》评价甚高，他认为将其翻译成英文在国外流传，必将有助于西方世界加深了解中国文化。[3] 因此，未来中国图书可以凭借世界对中国的兴趣点和

[1] 李建红 . 做好出版走出去工作需要厘清三个问题 [J]. 出版参考，2014（9）：1.

[2] 孙盛琳 . 中国图书版权输出研究 [D]. 大连：东北财经大学，2013.

[3] 尤建忠 . 2012 年中国图书版权输出热点和发展趋势综述 [J]. 出版广角，2013（1）：79-82.

关注点打开国际出版渠道，传播中国传统文化，提升中华民族的国际影响力。

然而，有一个现象必须引起出版业和相关部门的高度重视，那就是近些年在中国对外输出的图书中，武术、美食、易经和风水等书目占据了很大比例，且内容泛滥，同质化现象严重，而真正反映我国经济、政治和社会发展，记录我国各行各业取得的伟大成就的优秀图书在数量上相对较少。[1] 这正好引出另一个层面的话题，那就是中国文化"走出去"不仅是为了吸引全球的目光，更重要的是要让世人知道中国的崛起和社会发展的现代化进程，要打破以前世界对中国固有的偏见和刻板印象，展示新型的大国形象。武术、美食和周易固然是中国的传统文化，也是五千年来的民族文化精髓，然而对中国其他方面的印象仅仅停留在几十年前的落后社会上。因此，中国图书出版在走向世界的过程中还可以着力打造一批反映中国现当代社会生活和成果的人文社科类图书，除了在现有国内中文图书中挑选一批优秀的图书进行翻译推出之外，出版集团或有关部门可以有针对性地组织策划一批反映中国当代政治经济改革成果和人民生活风貌的专辑和系列图书，有的放矢地对中国哲学社会科学成果和中国文化进行对外传播。例如，四川人民出版社推出的《美好新家园》和《汶川大地震》，外文出版社出版的《中国城记》系列丛书，中国人民大学出版社出版的《中国的未来》和《中国的抉择：和平发展与构建和谐世界》，湖南人民出版社出版的《先锋中国》系列丛书和《印象中国——民生记忆六十年》等，这些哲学社会科学类图书都深受国际出版市场的欢迎。

（二）传播社会主义核心价值观，促进"中国梦"的全球传播

历史造就了西方发达国家一直以来凭借经济优势塑造其自身霸权式的文化优越感，也逐渐形成了全球化的文化帝国主义扩张模式，再加上先进的媒介技术和传播手段，更将其国家的文化、意识形态和价值观等潜移默化地"强行"输入其他国家人们心中，久而久之使得世界各国受众反过来积极追捧那些所谓的国际主流文化和意识形态价值观，这样的文化霸权在"全球化"进程中愈演愈烈。从中国图书进出口的情况来看，实施版权输出的图书中反映具有中国特色的思想、观念、理论和意识形态等中国社会主义核心价值观内容的数量不多，比如说反映我们中国特色社会主义理论的，反映我国社会主义民主制度——人民代表大会制度、政治协商制度、

---

[1] 万晨，于治玺. 我国图书出版"走出去"的困境与建议 [J]. 对外传播，2012（5）：15-17.

民族区域自治制度，反映马克思主义中国化研究成果，等等。除此之外，那些带有中国印记的可以引领国际社会思潮和价值观内容的图书更是寥寥无几。反观我国引进版权的图书，其中反映西方学术思想、西方价值体系和意识形态内容的哲学类、社会学类、经济管理类和法律类等方面的图书比例却高达 70%—80%[1]，这造成了中国哲学社会科学领域内所运用的学术思想和理论基础等大部分来自西方学术界，由此而来的研究成果在某种程度上势必也会为西方核心价值观服务，这对构建社会主义核心价值体系并积极进行全球传播是极其不利的。

推动中国图书出版"走出去"可以延续中国文化体制改革的思路，将文化分为文化事业和文化产业，在国际化进程中区分公益性图书与盈利性图书[2]，之前提到的武术、美食和风水等图书可以归为后者，而传播社会主义核心价值观、促进"中国梦"全球传播的图书作为公益性图书必须受到国家和有关部门的高度重视和重点推介，因为我国图书出版国际化作为中国文化"走出去"战略的重要组成部分，目的就是要改变西方文化霸权主导下信息流动不平衡的状态。只有中国社会主义核心价值观在全球范围内"深入"人心，让其他国家充分了解"中国梦"的全球价值，才能消除世界对中国的误解和偏见，才能使中国最终赢得国际社会的理解、尊重和信任，最终成为世界大国。为此，国家和一些哲学社会科学领域研究水平较高的高校和研究机构可以合力打造一些学术出版国际化平台，邀请一些相对比较了解中国的高水平国际学者和出版专业人士，组建一个类似顾问和咨询单位的机构，既可以把中国现有高水平的理论思想成果包装推向国际出版市场，也可以专门组织一批传播中国"社会主义核心价值观"、"三个自信"和"中国梦"等中国精髓内容的图书进行重点打造。例如，中央编译出版社组建的由未来学家奈斯比特（美）、马克思学家托尼·安德烈阿尼（法）、政治学家冯西斗（瑞典）、经济学家宫川彰（日）等教授组成的国际学术咨询专家委员会，近年来在中外学术思想理论的交流以及经典学术著作国际传播方面做出了一些有益的探索。[3]

[1]　和龑. 对"中国出版走出去"若干问题的思考 [J]. 中国编辑，2010（11）：19-22.

[2]　万晨，于治玺. 我国图书出版"走出去"的困境与建议 [J]. 对外传播，2012（5）：15-17.

[3]　和龑. 对"中国出版走出去"若干问题的思考 [J]. 中国编辑，2010（11）：19-22.

二、"走出去"之"对外传播手段和渠道"路径研究

（一）借助海外出版优势资源，学习国际先进出版经验

缺乏成熟的国际出版资源与经验，缺少运作良好的国际型版权代理机构是我国图书出版"走出去"过程中面临的巨大问题，而要改善这一现象和解决这些问题并不是一两天就能实现的，因此，借助海外出版优势资源，学习国际先进出版经验是目前中国图书"走出去"可以实施的有效策略。

首先，与国外大型出版集团进行组合，开展合作出版是国际通行的办法，西方其他国家也通过这种方式积极进入他国图书市场。例如，西班牙帕拉尼弗出版社是一家专门出版培训书籍的小型出版社，为了进一步拓展海外市场，于 1997 年与出版巨头国际汤姆逊出版集团达成协议，建立合资企业，几年后这一小型出版社不仅实现了利润上的大突破，而且成为西班牙最重要的职业培训基地。[1] 同样采样这种"借船出海"方式开拓海外市场的出版业在澳大利亚、意大利和荷兰等国家比比皆是，均取得了出其不意的效果。中国一些畅销图书之所以能够成功打入国际市场也都得益于和国际出版集团合作，例如《狼图腾》就是长江文艺出版社和企鹅集团合作出版的最好案例。企鹅出版社 [2] 是由埃伦·雷恩爵士于 1935 年创建的，目前已经成为世界上著名的英语语种出版商，1996 年，企鹅美国公司和美国的 Putnam Berkley 出版集团合并，建立了现在的企鹅集团（美国）公司，正因为与如此国际化的出版集团合作，《狼图腾》仅英文版权转让就创造了当时中国三项第一，取得了空前的好成绩。再如，上海新闻出版发展公司和美国《读者文摘》合作出版《文化中国》丛书，于 2004 年首辑出版，后以年近 20 种的速度出版，丛书最后得以进入美国的主流销售渠道，这套系列丛书以其适宜的内容、精致的译文和周到的服务受到美国读者的欢迎。[3] 事实证明，现阶段与国外大型出版集团合作是一条低成本、高效率、互利共赢的捷径。除了针对某一著作或系列丛书的国际出版合作之外，建立长期稳定的国际出版合作模式也将有利于我国图书出版"走出去"。例如，重庆出版集团与韩国、法国出版社正式签署了"中韩法国际合作出版项目"协议书，确立中、韩、法

---

[1] 毛润政，罗雪英. 从图书版权贸易看中国出版"走出去" [J]. 出版广角，2013（11）：26-28.

[2] 资料来源：http://baike.haosou.com/doc/6699826-6913752.html，2015-2-21.

[3] 于永湛. 关于中国出版走出去的思考 [J]. 出版科学，2006（2）：4-7.

三方在文化交流方面长期稳定的合作关系，计划定期确立一个主题并挑选本国优秀作家的新品进行翻译出版，并积极配合多渠道、多形式的宣传推广。[1] 通过开展这些积极的国际合作，中国图书出版集团乃至整个出版业除了获得图书国际市场的成功推广和高额经济利益之外，还可以在合作中学习先进国际图书出版经验。比如，企鹅出版集团在 100 个国家经营图书出版，旗下包括 Putnam、Dorling、Kindersley、Viking 等众多出版社，集团用"企鹅"品牌进行整合和统率，足以体现国际知名图书出版集团对品牌建设和维护的高度重视，我们可以学习他们如何构建和利用品牌的影响力和号召力，加强品牌运用和资源整合，使品牌成为多个部门、多个单位和多个产品之间的有力纽带。[2]

其次，与国际出版集团合作虽然可以帮助中国图书出版业获得经济利益及先进经验，但在合作中仍然存在由国与国之间出版体制相差巨大和出版思维方式迥异等引发的合作障碍，有些国际合作只能作为短暂行为而并非长久之计，因此与海外成熟先进的版权代理公司合作也不失为一条有效的国际出版途径。例如之前介绍的《于丹〈论语〉心得》海外版权输出，起初在欧美国家并不顺利，因为欧美出版业 80%—90% 的图书都是通过版权代理来做的，中方直接找国际出版社合作并不能由此顺利进入国际图书市场，最后该书签约托比伊迪文学代理公司，在资深国际图书版权代理人托比·伊迪的推动下，凭借其在欧美出版界的广泛人脉和为许多诺贝尔文学奖得主的作品成功代理版权等经验成功打入到欧美主流图书市场，名利双收。现行的欧美主流图书市场大部分版权贸易是靠版权代理公司进行运作的，因此与国际版权代理商合作对于我国图书版权输出工作来说，既可以提高市场推广效率，也可以把相关多方的商业利益通过合同捆绑在一起，目标一致，并且形成合力，还可以从国际版权代理机构那里学习到先进的版权代理经验，从而帮助建立和完善中国自身的版权代理制度。《于丹〈论语〉心得》无疑是一个很好的与国际版权代理商合作的例子，而《狼图腾》一书的版权输出，虽然没有借助专门的版权代理公司，但是该书在与国际出版集团合作过程中，编辑、策划等工作人员所做的各项工作也相当于版权代理公司所进行的运作，他们首先用地道的英文写好策划推销文案，站在对方的立场上替对方分析其所要面对的国际图书市场和国际读者的阅读兴趣及习惯；然后在美国主流媒体《时代周刊》和《纽约时报》等展开宣传，以吸引国外大出版公司或集

[1] 王珺.2013 年中国出版走出去亮点解析 [J]. 出版参考，2014（2）：6-8.

[2] 万晨，于治玺. 我国图书出版"走出去"的困境与建议 [J]. 对外传播，2012（5）：15-17.

团的注意，从而在版权谈判上获得主动权。当然，在我国版权海外输出还不是很发达的当下，由各大出版社自己负责本社图书的版权贸易工作也是可行的，但从社会专业化分工的长远角度来看，中国版权贸易要想做大做强，发展专业化道路是必然的选择。因此，中国应该通过合作学习欧美版权代理行业的运作方法和模式，规范、培育和成熟我国版权代理市场。[1]

（二）积极拓展营销宣传渠道，提升中国图书国际传播力

"酒香亦怕巷子深"，中国图书输出海外市场除了要有吸引世界的传播内容之外，还需要国际化的宣传渠道和营销手段；此外，中国图书所传播的中国人文社会科学成果要想获得较高的国际影响力，也需要进一步提升国际传播力为其保驾护航，为此，本研究将从"组织传播"、"大众传播"和"人际传播"这三种交互融合的传播方式角度具体探究提升中国图书国际传播力的路径。

1.组织传播方式

组织传播指的是组织所从事的信息活动，它包括两方面：一是组织内传播，二是组织外传播。从这个角度看，中国图书出版"走出去"可以依靠书展、行业会和参加各类国际国内图书大赛等渠道，利用相关组织的力量实施国际化的宣传和营销。

（1）书展。"书展"这种组织传播模式是目前国际范围内最专业、最市场化的图书版权交易平台。具有600余年历史的法兰克福书展是当今世界上规模最大的书展，同时也是全球最重要的国际图书贸易信息服务平台和国际知识产权交易平台。在全球文化领域里，该书展有着重要的国际影响，是全球范围内文化交流活动的风向标。其对于世界图书出版事业具有的极大影响力，堪称出版业的"奥运会"，甚至对全球下一年度的图书出版也有着重要的影响，据统计，每次在该书展达成的版权交易约占世界全年版权交易总量的75%以上。中国第一次以主宾国身份主持参加的国际书展是2009年10月的第61届法兰克福书展，此次书展上中国共有274家出版单位参展，共向外输出版权2 417项，图书总贸易额超过87万元，在版权输出数量上创下了历史最高纪录。[2]通过这样的国际出版业盛会，中国以书展"主宾"的身份第一

---

[1] 彭琳.典型图书版权输出案例分析与思考 [J].商丘职业技术学院学报，2010，9（4）：121-122.

[2] 宋应离，李瑞.从2009年法兰克福书展谈中国出版走出去 [J].中州大学学报，2010（4）：54-56.

次在国际出版业展示了我国优秀出版物，推出了若干杰出的中国作家，并且通过一系列国际合作拓宽了图书版权输出的渠道，增加了图书版权贸易额。正是因为取得了如此优异的成绩，参加书展这种方式成为了中国图书出版走向国际的绝佳平台[1]，2012 年中国继续参加法兰克福书展，根据中国新闻出版网公布的数据，此次书展中国参展出版社再获佳绩，版权输出数量达 2 409 项。而在同年举办的世界第二大国际图书版权交易会伦敦书展上，中国作为主宾国也取得了丰硕的成果，共输出版权1 859 项。

除此之外，中国不仅要参加国际性的大型书展，还可以自行组织国际性的图书博览会或者书展，因为申请成为国际级书展的"主宾国"如同申办奥运会那样并不能"百发百中"。2012 年 8 月 29 日开幕的第十九届北京国际图书博览会上，中国参展出版社共达成各类版权输出与合作出版协议 1 867 项，也算是成绩斐然。

而参加国际书展除了可以增加版权输出量和贸易额，还可以获取大量图书出版领域内相关专业的有益信息，书展上世界各地知名的出版人、版权代理商、书商、作家、书评人和记者汇聚一堂，其中流动的出版业信息也会使中国图书出版国际化道路受益匪浅，因此书展不仅是国际图书版权交易的场所，也是世界出版业间行业信息交互和构建专业人士人际关系网络的重要平台。

综上所述，无论是从客观的数据还是从主观的信息获取角度，参与、以"主宾国"身份承办和自行组织国际书展无疑是中国图书出版国际化进程中非常重要的宣传营销渠道。通过这样的国际专业平台，中国人文社会科学类图书及其传播内容将最大限度地被世界瞩目，这在提升图书版权输出贸易额大幅提升的同时，更将中国哲学社会科学成果推向世界。可喜的是，国家在"十二五"期间组织了开罗、伦敦、伊斯坦布尔书展主宾国活动和以主宾国身份参加的贝尔格莱德书展和美国书展[2]，这些都无疑强化了"书展"这一国际出版文化交流合作活动的品牌效应，为中国图书出版"走出去"打开国际营销渠道。

（2）行业会议。除了书展，组织和参加国际性的行业内会议也可以网罗图书出版业内的大家和专业成功人士，凭借针对有关议题的研讨和经验推介等环节及内容向世界推荐我国优秀的图书作品。例如，中法出版人圆桌会议、中英出版论坛、中欧出版论坛、中国（宁夏）国际穆斯林出版机构版权贸易洽谈会等，这些系列研讨

---

[1] 尤建忠.2012 年中国图书版权输出热点和发展趋势综述 [J]. 出版广角，2013（1）：79-82.

[2] 王珺."十二五"上半期新闻出版走出去成就与思考 [J]. 中国出版，2014（6）：3-7.

会穿插于国内外大型行业会展之中，大大激发了国内外图书出版业界交流的热情，增进了中外图书行业在各个领域间的互动。[1]

为此，中国图书出版界还可以专门组织和参与国际性的行业会议或论坛，从实践中寻找和挖掘图书出版领域内的国际性问题进行研讨，在会议上发出"中国声音"的同时，向世界推荐我国优秀图书作品和相关研究成果。例如，由联合国教科文组织、深圳读书月组委会等主办的"2014 全球图书会议：数字图书与未来科技"于 2014 年 11 月 29—30 日在深圳举行，会议全面探讨了当前全球图书业现状和面临的挑战、图书业新技术如何发展、新技术条件下的版权保护等系列问题，大会专题演讲以"数字图书的现状、机遇与挑战"为主题，共分为 7 个小组进行研讨交流，讨论话题包括"即将出现的科技（对于读者、作者和消费者的影响）"、"出版产业和发行行业面临的挑战"和"图书馆和档案系统所面对的挑战"等，同时会议最后还发布了《深圳宣言》，表达各国与会人士对会议研讨主题所达成的共识。[2] 这样的图书出版行业国际研讨会虽然不像书展那样可以直接进行图书国际版权贸易，但在来自世界各国业内人士的论题研讨过程中，每个国家都势必会通过总结和推荐本国图书出版经验来进行观点阐释，也有一些从事国际版权贸易的专业人士参与研讨。因此在此期间，中国图书出版业除了可以学习其他国家先进经验之外，还能向国际出版界宣传自己，推出最新成果，并在传播行业国际形象的同时拓宽图书出版海外营销渠道。

（3）图书评奖。这种"组织传播模式"的宣传手段虽然不是主流，但也可以在拓宽中国图书出版"走出去"传播渠道方面起到辅助性作用，这种方式便是组织和参加各类图书评奖，以奖项带动和促进图书出版的宣传工作。

作为国家级政府奖项，"中华图书特殊贡献奖"旨在表彰对介绍中国、翻译和出版中国图书做出重大贡献、努力促进中外文化交流的外国翻译家、作家和出版家，该奖自设立以来已颁发 7 次，来自 14 个国家的 33 名人士获奖。自 2012 年起，"中华图书特殊贡献奖"改为一年一次，并向获奖人首次颁发奖金，金额为每人 5 万元人民币，越来越多为传播中国文化做出努力的海外人士受到我国政府和业界的认可与鼓舞。[3] 虽然这是中国国内设置的图书奖项，但是从历年获奖人的国籍来看，其国

---

[1] 王珺．"十二五"上半期新闻出版走出去成就与思考 [J]．中国出版，2014（6）：3-7．

[2] 资料来源：中国新民网，http://tech.xinmin.cn/2014/12/01/26082086.html，2015-2-23．

[3] 王珺．"十二五"上半期新闻出版走出去成就与思考 [J]．中国出版，2014（6）：3-7．

际化程度相当高，例如，获得第五届（2010 年）"中华图书特殊贡献奖"的翻译家、作家和出版家分别是：印度尼赫鲁大学中文副教授狄伯杰，荷兰莱顿大学教授施舟人，日本中央大学文学系教授饭冢容，美国著名的未来学家约翰•奈斯比特，英国剑桥大学出版社全球首席执行官及印刷管理总裁潘世勋；获得第六届（2012）"中华图书特殊贡献奖"的 6 位国际人士分别是：对中国传统哲学思想在柬埔寨传播起到积极作用的柬作家克罗缇达，研究并翻译中国文学的德国汉学家莫芝宜佳，致力于翻译中国当代作家作品、研究中国近现代文学并在韩国推广传播中华文化的韩国翻译家金胜一，策划、组织、翻译、出版了中西双语版图书《西行、西行：中国作家西班牙纪行》，促进两国人民相互了解的西班牙汉学家达西安娜•菲萨克，推动耶鲁大学出版社和中国外文局合作出版中美最大的合作出版项目《中国文化与文明》系列丛书的美国耶鲁大学校长理查德•雷文，对"中国文化与文明"项目的创立和成功运作做出重要贡献的联合国副秘书长约瑟夫•V•里德。[1]

中共中央政治局委员、国务委员刘延东在第 19 届北京国际图书博览会开幕式暨第 6 届"中华图书特殊贡献奖"颁奖仪式上表示："中国政府将一如既往地高度重视和支持文化交流与传播，促进中国出版业的发展。希望获奖专家向世界介绍更多的优秀中国图书、中国文化，共同维护文明多样性，推动不同文明间的对话、交流和借鉴，共享人类文明成果。"[2] 这一讲话充分表达了中国政府对图书出版"走出去"工作的高度重视和殷切期望，也反映出中国图书出版业想借此奖项进一步加大版权输出的宣传力度，并由此拓展传播渠道。因为虽然这些获奖的国际专家并非版权贸易市场内的专业人士，但他们却是国际图书出版业和相关领域内极受尊敬的专家、学者和官员，他们作为"意见领袖"可以帮助中国图书出版业在国际范围内提升影响力，从而促进中国文化的国际传播。

此外，如果说组织和举办这样的国家级图书奖项是邀请国际图书出版业"走进来"的话，那么鼓励、帮助和扶持中国优秀作家主动出击，"走出去"参加各类国际图书奖项也是促进中国图书出版国际化的有效途径。中国有很多非常优秀的人文社会科学类图书作品，但由于缺少国际化的宣传手段和国际传播渠道而无法被世人看到，即使被翻译成多种语言也只能占据很小的国际图书市场份额，因此参加国际级的图

---

[1] 资料来源：http://baike.haosou.com/doc/1535196.html，2015-2-23.

[2] 李苑. 第 19 届北京国际图书博览会开幕刘延东会见中华图书特殊贡献奖获奖者 [N]. 光明日报，2012-8-29（第 5 版）.

书大赛，获得具有国际水平的图书或文学奖项，借助国际图书奖项的各种传播手段和交流平台是被世界关注最快、最有效的宣传和营销方式。

2. 大众传播方式

大众传播方式主要是指通过报纸、杂志、广播、电影、电视和网络等大众传播媒介来传播信息的方法和过程，凡是中国图书版权输出的成功案例都借助了大众传媒尤其是国际媒体这一平台。比如上文提到的《狼图腾》和《于丹〈论语〉心得》，《狼图腾》在进行海外推广时就被美国《时代周刊》、《纽约时报》，英国《泰晤士报》，法国《世界报》，意大利《意大利邮报》，以及德国《明镜周刊》、《德意志报》等多家西方主流媒体关注、报道，并在媒体上刊发了大量评论；《于丹〈论语〉心得》的海外推广成功也再次印证了大众媒介传播和宣传渠道的重要作用，在欧美媒体，如美国、英国、日本、德国等国的媒体就该书在中国的持续热销以及"于丹现象"和"国学热"所引起的广泛报道与争论接连采访于丹之后，国际图书出版界都注意到了这本书，国际出版市场由此打开。这些都是中国图书出版业借助国际新闻媒体进行的有效宣传和国际传播，而新闻媒体是具有公信力的国际传媒，通过其传递的信息更被世人所信服。由于国际新闻媒体尤其是西方主流新闻媒体近些年对"中国"话题始终保持着非常高的关注度，我们可以利用他们这样的兴趣点主动"策划"和"组织"中国图书出版业内的公共事件或公关宣传活动，让中国优秀的图书作品通过登上国际主流新闻媒体的方式再进入国际图书流通和版权贸易市场。此外，组织传播方式中国图书出版业所进行的的各类活动也可以依托国际新闻媒体，由此在全球范围内取得较好的宣传效果，从而拓宽活动本身的国际影响范围。

除了国际新闻媒体，电影、电视和网络的强大传播力也是中国图书出版"走出去"的强大支持和宣传平台。2015年年初，中法合作拍摄的电影版《狼图腾》正式登陆各大院线，首映当天就取得了2 920万票房[1]的好成绩。《狼图腾》之所以被电影界看中，耗时5年精心打造并隆重推出，完全是因为其文学作品在国际图书市场的强势传播和国际影响力，就连法国导演让·雅克·阿诺都是因为读了一半该小说而兴奋至极，欣然决定接受执导该影片。这是一个由国际畅销图书带来影视业繁荣的案例，国际上这样的例子也不在少数，著名的有《哈利·波特》系列小说、《指环王》和《暮光之城》等。

---

[1] 资料来源：http://fun.hsw.cn/system/2015/0223/41415.shtml，2015-2-23.

国际畅销图书被改编成影视作品进行全球传播，是最能直接刺激、带动影片票房和增加影视衍伸产品销量的途径，而且影视作品全球上映，播出地区范围越广，传播效果越好，其图书作品也会随之更加畅销世界，这是一个互惠互利的良性循环。其实反之亦然，能在国际上获得一定影响力的影视作品也能为其改编的文学作品宣传、造势，并带动其进入国际图书市场。例如，《山楂树之恋》的"纯爱"主题与中国文革背景的巧妙融合虽然都是符合国外读者的"卖点"所在，但"搭电影便车"的营销策略则无疑在版权贸易实际操作过程中成为制胜的一招。[1]《山楂树之恋》借助同名电影的热映，再加上是中国著名导演张艺谋的作品，在全球卖出 20 个语种的版权，小说外文版也在英国、荷兰、加拿大、希腊等国出售。由此看来，已经在国内畅销的人文社科类图书可以借助影视剧跨国界的强势传播将其推向世界，因为视听语言比文字语言更容易被全球不同文化背景和语言习得的人们所接受和认可，一旦深入人心，其文化内涵的传播效果将被放大，而且很多受众有看过影视剧想再"拜读"原著的欲望和习惯，因此图书作品通过影视剧的传播效应被国际市场接纳就"水到渠成"了。

此外，新媒体环境下网络的国际传播力相较于影视剧有过之而无不及，尤其是社交媒体的强大渗透性和交互性，可以在很短的时间内将一件本来"无人问津"的事情变成全球性公共事件。虽然目前国内社交媒体与国际社交媒体还处于"割裂"状态，但未来的世界将在网络空间中真正成为"地球村"。因此，中国图书出版的宣传和营销可以借助网络媒体的强大穿透力进行全球传播，逐步形成一套系统成熟的网络宣传与营销手段，积极推动图书版权贸易的海外输出。

3. 人际传播方式

人际传播指个人与个人之间的信息交流，人际传播的形式可以是两个人面对面的直接传播，也可以是以媒体为中介的间接传播。虽然这种传播方式不是中国图书"走出去"主要的宣传推广方式，但如果它与组织传播和大众传播结合起来也可以充分发挥其"亲近感"和"信任感"等优势，获取外国读者和外国出版商或版权代理商的兴趣和关注，进而帮助开拓中国图书的国际市场。

最有代表性的例子是 2012 年的伦敦书展，中国作为主宾国在组织传播的基础上，充分利用了人际传播的方式，帮助中国参展图书乃至整个中国图书出版业造势宣传。

---

[1]　尤建忠.2012 年中国图书版权输出热点和发展趋势综述 [J]. 出版广角，2013（1）：79–82.

期间，中国作协主席铁凝亲自组队参展，王蒙、莫言、安妮宝贝、西川、刘慈欣、盛可以等20位中国优秀的知名作家在伦敦书展集体亮相；另外，阿来、阿乙、毕飞宇、迟子建、冯唐、郭小橹、韩东、李洱、李敬泽、刘震云、欧宁等30多位作家参加了英国多个城市间文化交流。[1] 这种中国当代作家与英国出版人、作家、学者、艺术家及读者进行多场面对面的交流、沟通与对话的活动，使中国当代作家和现当代文学第一次被置于世界主流媒体的聚光灯下，让世人觉得即亲切又可信，其宣传作用不可估量。因此不可否认，作家参与书展的这种人际传播方式着实为中国图书出版业和中国文化"走出去"做出了巨大贡献。

有了这样的成功经验和传播效果，中国图书出版业可以有针对性地专门组织类似活动，甚至可以像打造影视明星那般着力包装中国优秀作家，将欲进入国际市场的图书作者推介出去，让他们在写作之余多参加图书宣传活动。由作者自己阐释作品的主旨、精髓和内涵，比由出版社或版权代理商介绍更让人觉得真实可感和由衷的信任，因此中国图书出版社和版权代理机构可以充分利用作家在人际传播方面的优势，将他们打造成为和图书一样的品牌产品，这样对该作者今后作品的宣传推广也大有好处，因为一旦认识并且喜爱上了某位作家，该作者的系列作品都会被大家所认可和追捧，这在国际图书市场也是如此。

另外，邀请一些国际知名的书评人在公开场合对欲推广的图书进行点评和推介也是一种发挥人际传播优势的方式，出版机构可以在某些行业活动的组织传播基础上邀请国际公认的业内人士发表评论。如果说作家自己推荐有"王婆卖瓜"之嫌的话，那么这种人际传播会让受众觉得真实和权威，而再配合国际新闻媒体的广泛报道就更能为中国图书出版的海外输出锦上添花了。

（三）发展多元输出，共建多样化的海外输出平台

中国要想增加海外图书版权贸易额，除了借助优质海外出版资源和增强国际传播力之外，发展多元输出、构建多样化的海外输出平台也是有效的传播渠道之一，这里所说的多元输出指的是"输出范围"、"输出形式"和"输出平台"。

1. 拓展海外输出范围

正如之前所述的中国图书出版国际化发展中面临的问题之如何真正"全球化"，虽然中国图书在出口种次、册数和金额上都有了大幅度提升，但从图书海外输出范

---

[1] 尤建忠.2012年中国图书版权输出热点和发展趋势综述 [J]. 出版广角，2013（1）：79-82.

围看依然存在很大提升空间。中国香港、台湾地区这两个目前最大的输出地本质上不属于海外输出范畴，因此未来中国图书出版的海外输出应该在保持欧美发达国家输出水平的同时，进一步扩大世界其他洲和区域的输出范围。如上文提到的浙江出版联合集团充分利用浙商在非洲的基础和人脉，近年来积极开展与非洲出版界的合作，与非洲出版界合作出版了多部丛书，虽然这些书不能算作哲学社会科学类，但却是根据输出国家和地区的实际需要进行出版图书的内容选择，这对于打开中国图书出口非洲市场很有益处。

其实，欧美发达国家之所以成为我国图书出版贸易活动的重点输出国，除了其自身发达的国际图书贸易市场外，英语作为图书翻译语言也是重要原因之一。因此，要想拓展除英国和美国之外的海外图书市场，除英语之外的其他小语种翻译人才是中国图书出版业急需的专业人才，否则再好的内容和宣传手段也无法使中国图书走进那些小语种国家的图书市场。另外，有针对性地研究除欧美发达国家之外其他国家和地区的图书出版市场运作规律和发展走向也是拓展海外输出范围的有效途径。俗话说"知己知彼才能百战不殆"，中国图书出版业中无论是研究者还是实践者都应该有的放矢地对此进行现状分析和田野考察，在有了大量鲜活的个案研究和实践分析之后，中国图书才有基础和条件积极拓展此范围的海外市场，真正实现图书出版和中国文化的"国际化"。

2. 创新版权输出形式

目前中国图书出版海外输出的形式大都以纸质的实体版权为主，但随着国内一些网络原创文学网站的盛行和发展，网络文学作品加入版权海外输出也初见端倪。据悉，《穿 Prada 的王妃》和《大姑子北北小姑子南》等 7 部网络小说在 2012 年 3 月集中输出至越南，这些小说涉及穿越、后宫、青春、婚恋等多种网络流行小说题材。[1] 2012 年，晋江文学城与台湾知名文学网站鲜网达成战略合作协议，力争将更多优秀作品以繁体字的形式推广到台湾地区，从而成为一场跨地域的强势合作，业界预期网络原创文学的图书版权输出将渐入佳境。由此看来，中国图书出口的确可以以网络文学作品的版权形式远销海外，因为这些作品已经拥有了良好的受众基础、读者口碑和传播渠道，再加上专业化的出版团队运作一定能将中国人文社会科学成果推向国际。

[1]　尤建忠.2012 年中国图书版权输出热点和发展趋势综述 [J]. 出版广角，2013（1）：79-82.

3. 构建数字出版平台

除了输出范围和输出形式，中国图书海外输出平台也需要实现多元化，其中最符合当下国际主流模式的便是构建国际化数字出版平台。数字出版与传统出版相比，其特有的出版形式和网络发行方式，传播速度更快，传播形式更多样，传播范围更广泛，它不受空间、时间限制，将内容瞬间精准到达客户；具有较强的互动性，可实现双向互动、多向互动，由线性传播变成网状传播；以读者为中心，提供更专业化、个性化的内容服务；无纸化出版、按需印刷，解决库存积压以及运输、保存损耗难题；海量存储，便于内容的检索和整合；简化出版程序，压缩出版时间，缩短信息传播流程，降低制作和发行成本，其盈利模式没有物流、资金流的循环系统，而是由出版者发布，读者点击阅读，网上即时支付。[1]数字出版已成为全球出版业未来的发展方向，也是未来版权输出新的增长点。

"数字出版"既已成为国际图书出版业流行的传播渠道，国内出版机构就应该主动适应这一国际潮流和趋势，通过合作、学习和自主探索等多条途径获取相关资源和经验，积极推出各类数字化产品，开拓全媒体的传播渠道。例如，中国出版集团、中南出版传媒集团、南方出版传媒集团等国内重点出版集团与圣智学习、施普林格等国外知名出版机构确立了包括开展数字出版业务在内的合作协议和计划，以"借船出海"的方式尝试进入国际数字出版市场。[2]2013年，中国出版集团旗下荣宝斋借助英国和加拿大数字出版公司的发行渠道，将艺术类图书和期刊通过手机和电脑平台推广及销售。在自主探索数字化的道路上，中国的出版机构也努力尝试搭建数字化出版平台和设计多元数字产品，积极将内容和随之的服务转化成数字资源加以推广和利用。例如，中国出版集团"译云"平台已于2013年上线，旨在提高其走出去翻译服务能力；中国国际出版集团旗下中国国际图书贸易集团针对喜欢中国菜的外国人开发了应用产品"iChinese cooking"，并在苹果商店上线销售，将内容产品转化成内容资源，利用数字形式加以推送。[3]虽然目前这些数字化服务是针对传统中国美食文化的，但有了这些实践探索和经验积累，其数字化手段和数字传播渠道势必会成为将来大力推广承载中国哲学社会科学成果图书的有效途径。

除此之外，有学者认为"网络书店"的商业模式和"电子阅读器"技术对于中

---

[1] 周蔚华，钟悠天.中国出版走出去要有六个转向 [J].中国出版，2014（4）：6-10.

[2] 王珺.2013年中国出版走出去亮点解析 [J].出版参考，2014（2）：6-8.

[3] 王珺.2013年中国出版走出去亮点解析 [J].出版参考，2014（2）：6-8.

国数字出版"走出去"也非常重要。[1]网络书店近年的强劲发展势头已经让许多实体书店"摇摇欲坠",甚至"分崩离析",它是销售数字出版终端产品的重要平台,中国图书出版业应该创新和开拓既有民族特色又有国际水平的网络书店商业模式,为我国图书数字出版的国际化发展探索出一条长效的发展道路。美国的亚马逊书店就是全球范围内比较成功的案例之一,我国的当当网和博库书城等也正在借鉴和模仿亚马逊的商业模式开拓国内外图书市场,国家和相关部门以及中国图书出版界可以给予这样的模式以一定力度的扶持,使得他们在数字化的道路上越来越国际化。

其次,电子阅读器作为数字出版最直接的载体,凭借其体积娇小、阅读便捷、视觉效果良好、无线资源获取和阅读成本不高等优势成为了图书市场的宠儿。2012年12月,亚马逊中国发布了中国亚马逊Kindle(亚马逊的电子阅读器)电子书商城,预示着中国加入了电子书阅读的世界潮流中;美国苹果公司于2010年4月正式推出平板电脑iPad,随后iBooks(专用于苹果设备上的电子书阅读软件)作为iPad的核心应用也随之推出。iBookstore是iBooks购买图书的主要渠道,可以提供多达数以万计的图书内容,且数量还在与日俱增之中,它除了支持传统出版书籍方式之外,还允许独立作者直接发布自己的作品。在其推出的短短一个月内,iBookstore上的书籍购买量突破了150万,成为与亚马逊比肩的移动阅读市场领先者。然而,目前中国的电子阅读器市场和电子书行业,如汉王的电纸书、博库阅读器、盛大的Bambook(锦书)等,都与亚马逊的Kindle和苹果公司的iPad差距甚远,这些都是未来中国数字出版业需要进一步建设和重点打造的领域。最后,数字出版领域创意无限,中国应该在现有的基础上不断挑战自我,紧跟国际潮流,积极发展如有声阅读、电子书包、数字报等为代表的新型数字产品,拓展除网络出版以外的其他新技术数字出版手段,如手机出版和云出版等,全方位构建中国图书全球数字出版平台,为推动中国哲学社会科学成果"走出去"添砖加瓦。

三、"走出去"之"系列工程与特色项目"路径研究

任何有规模、成系统,并且由国际、政府或相关职能部门推行的项目或系列工程都以其范围广、参与度高、执行力强和支持力度大等特点而收效颇佳,中国哲学社会科学图书出版也可以依托这样的项目或国家工程开拓其国际化发展道路。除了

---

[1] 周蔚华,钟悠天.中国出版走出去要有六个转向[J].中国出版,2014(4):6-10.

之前论述的"传播内容"和"传播渠道及手段"这两类途径之外，本研究在此将结合中国已有相关系列工程或特色项目对这一类途径进行分析和探究，具体案例为"中国图书对外推广计划"和"中华学术外译项目"。

（一）中国图书对外推广计划

1. 起源和实施 [1]

图书，尤其是哲学社会科学类图书作为最传统、最广泛、最普遍的文化载体和沟通桥梁，可以让世界各国读者完整、真实地了解和认识中国，"中国图书对外推广计划"正是中国政府基于这一点，通过资助出版中国图书和向国外图书馆赠送图书等方式，让中国图书较好地"走出去"，让全球各国人民更好地了解中国，进而提升中国文化的国际影响力而采取的一项举措。"中国图书对外推广计划"起源于2004年中法文化年，当年3月中国作为主宾国参加了第24届法国图书沙龙，由国务院新闻办公室提供资助，由法国出版机构翻译出版的70种法文版中国图书在沙龙上展示和销售，一时间受到了法国公众的热烈欢迎。在短短6天里，被译为法文的中国图书约有1/3售出，这是法国图书出版机构首次大规模地翻译出版中国图书，并使其进入主流销售渠道销售。此次资助活动表明了中国政府以图书为媒介向世界介绍中国的积极态度，既拓宽了外国了解中国的渠道和视野，同时也在中国图书出版的国际化道路上开启了新的模式。

基于这一次资助模式的成功，2004年下半年国务院新闻办公室与新闻出版总署在此基础上启动了"中国图书对外推广计划"。启动第二年（2005），中国通过该计划与英国、法国、日本、美国、澳大利亚和新加坡等国的10余家出版机构签署了资助300多万元人民币、出版170多种图书的协议。2006年1月国务院新闻办公室与新闻出版总署在北京联合成立了"中国图书对外推广计划"工作小组，工作小组实行议事办事合一的工作机制，办公室设在中国图书进出口总公司。工作小组成员单位包括中国出版集团、中国国际出版集团、中国科学出版集团、北京出版社出版集团、上海世纪出版集团、广东出版集团有限公司、山东出版集团、湖南出版投资控股集团、辽宁出版集团、重庆出版集团、凤凰出版传媒集团、四川出版集团、浙江出版联合集团、吉林出版集团、外语教学与研究出版社、北京语言大学出版社、北京大学出版社、清华大学出版社、五洲传播出版社、新闻出版总署信息中心等国

---

[1] 这一部分的基本信息来自"中国图书对外推广网"：http://www.cbi.gov.cn，2015-2-25.

内知名出版机构。工作小组自成立后就不断加大对"中国图书对外推广计划"的宣传推广力度,同时还积极组织和推荐中国图书参加各类国际书展,组织工作小组成员单位出访,考察国外类似计划的实施情况,并向国外出版机构宣传介绍"中国图书对外推广计划"等,这些都是为了让更多的国内外出版和发行机构了解这个计划,并积极参与其中。

"中国图书对外推广计划"工作流程方面,每年由国内出版单位分两次集中向工作小组办公室推荐图书,第一次为1月初至2月底,第二次为7月初至8月底,也可以根据需要随时向工作小组办公室推荐。推荐图书的范围主要为:反映中国当代社会政治、经济、文化等各个方面发展变化,有助于国外读者了解中国和传播中华文化的作品;反映国家自然科学、社会科学重大研究成果的著作;介绍中国传统文化、文学和艺术等具有文化积累价值的作品等。此外,"中国图书对外推广计划"工作小组每年出版《"中国图书对外推广计划"推荐书目》,利用书展、媒体、网站和杂志等各种渠道向国内外出版机构介绍推荐图书。各出版单位在本单位图书被选入《"中国图书对外推广计划"推荐书目》并与国外出版机构或版权代理机构谈妥版权转让事宜后,与购买版权的国外出版机构协商确定一方负责资助申请;而未列入推荐书目的图书,在转让版权后,也可按照上述程序提出申请,工作小组对资助申请进行审查,凡符合资助条件的,国务院新闻办公室将与申请单位签订《资助协议书》。《资助协议书》签订后,国务院新闻办公室将拨付全部资助费用的50%,待所资助图书正式出版,出版机构须提供样书若干册后,国务院新闻办公室再拨付其余的资助费用。

2. 发展和成绩

"中国图书对外推广计划"从2006年组建工作小组正式推广开始,国家和相关部门在各方面都投入了大量的人力、物力和财力,也取得了不菲的成绩和良好的传播效果。2007年3月6日,国务院新闻办公室副主任李冰、国家新闻出版总署副署长柳斌杰与Google(谷歌)全球副总裁暨大中华区总裁李开复共同开通"中国图书对外推广"网站(http://www.chinabookinternational.cn)。[1] 该网站在建立之初是中国第一个以向国外推广中国图书为主要目的的中英文双语网站,经过近8年

---

[1] 朱京玮."走出去"又添数字平台——"中国图书对外推广"网站开通[J]. 出版广角,2007(4):8.

的建设，目前网站已有中文、英语、法语、荷兰语、俄语和西班牙语 6 个版本，网站内容也从最初设有 CBI 概况、新闻中心、作家档案、翻译名家、书目信息等 15 个栏目改版和发展到了拥有版权贸易案例、版权输出成果、数字阅读、水评书摘和中国之窗等 18 个栏目，这些内容都具有信息发布、互动交流、检索查询、分类浏览、文件下载、内部交流和库存管理等多项功能。网站作为一个数字平台通过报道中国出版业发展状况、宣传国家相关政策、提供图书信息等，实现国内信息交流以及与海外出版界的互动，以促进中国图书版权输出和实物出口，构建中国图书与国际图书市场之间的沟通平台。"中国图书对外推广计划"网站为中国图书的版权贸易和实物出口搭建一个平台，为中国图书走出去建立了多种渠道。同时，选择 Google 作为合作伙伴，也是为了让世人迅速地了解这个网站，从图书的搜索、网页搜索、多语言的网站以及机器翻译等各方面给予中国图书推广计划以支持。自网站开通，Google 将把中国图书对外推广计划向国外推荐的中国图书纳入自己推出的 Google 图书搜索之中，利用其在中国首度推出的全文检索技术及其全球平台，向全世界推介中国图书，但可惜的是随着 Google 退出中国大陆，这些业务和功能也都无法实现了。

除了数字平台的搭建与发展，"中国图书对外推广计划"还辅以一系列配套项目以促进和扩大计划的实施与效果。例如始于 2006 年的"中国之窗"赠书项目是"中国图书对外推广计划"的子项目，它利用图书馆之间的馆际交流渠道向国外图书馆赠送中国图书，赠书以外宣出版物和推广计划工作小组推荐的优秀图书为主；2007 年，"中国图书对外推广计划"工作小组聘请了由 10 位外国专家组成的顾问团，这些专家既有著名出版集团的主席或首席执行官，也有经验丰富的资深编辑，还有出版领域的著名学者，他们从专业角度给"中国图书对外推广计划"提出了宝贵的意见和建议。这一专家团队经过十年的发展，尤其是定期召开外国专家座谈会，队伍逐渐庞大，在 2014 年"中国图书对外推广计划"外国专家座谈会上，随着孤独星球首席执行官丹尼尔·霍顿、英国多林金德斯利有限公司全球销售及市场总监丹尼尔·谢泼德、英国泰勒与布朗希斯出版集团旗下劳特利奇出版社人文与传媒图书总编辑邓本理获颁外国专家聘书，"中国图书对外推广计划"已拥有 33 位外国专家 [1]；2009 年，作为"中国图书对外推广计划"升级版本的"中国文化著作翻译出版工程"正式启动，该工程以资助系列产品为主，既资助翻译费用，同时也资助出版及推广费用。

---

[1] 小竹."中国图书对外推广计划"外国专家座谈会在京举行 [J]. 中国出版，2014（9）：69.

这一工程有利于更加充分地利用中国文化和出版资源，发挥国内外热心传播中国文化的专家、学者和出版界专业人士的力量和优势，采取政府扶持资助、联合翻译出版、商业运作发行等方式，将更多的中国文化推向世界，让全球范围内更多的人共享中国人文社会科学成果。"中国文化著作翻译出版工程"实际上是"中国图书对外推广计划"的"加强版"，对外仍然称"推广计划"，并使用原 LOGO，它以更大规模、更多投入与更广领域支持中国图书"走出去"。[1]正是有了这些全方位的整合发展，"中国图书对外推广计划"在各项指标上都有所突破和收获，国务院新闻办公室三局局长张雁彬在 2014 年的外国专家座谈会上介绍，"中国图书对外推广计划"实施以来，已经同 63 个国家的 529 家出版机构签订 1 233 项资助出版协议，涉及 42 个文版，2 414 种图书；中国文化著作翻译出版工程同 21 个国家的 52 家出版机构签订了 83 项资助协议，涉及 12 个文版、897 种图书。

（二）中华学术外译项目

1. 起源与实施

2010 年由国家社会科学基金设立的"中华学术外译项目"目前是国内规模较大、影响力较强，旨在推动中国哲学社会科学学术成果走向世界的国家级学术研究项目。项目启动 4 年来，资助了一大批哲学社会科学优秀研究成果以外文形式在国外权威出版机构出版，并进入国外主流发行传播渠道，有效增进了世界对当代中国和中国哲学社会科学的了解，成为推动中国哲学社会科学走出去的一个重要平台。为了能够确保申报项目可以代表中国哲学社会科学领域的优秀成果，国家社科基金在审批项目和结项考核两方面严把质量关，力争所有立项成果都可以反映当代中国发展的新形势和新成就，可以体现我国哲学社会科学领域内的最新成果。

中华学术外译项目主要资助研究当代中国以及中国传统文化的我国哲学社会科学优秀成果的翻译及在国外的出版，以外文写作且完成 60% 以上的成果也可以申报，项目常年随时受理申报，并计划 4 月、10 月各集中通讯评审一次。目前资助文版包括英文、法文、西班牙文、俄文、德文、日文、韩文和阿拉伯文共 8 种，国内具备本学术领域较高专业水平和双语写作能力的科研人员、与国外科研机构开展密切学术交流的国内科研机构、具有国际合作出版经验的国内出版机构均可申请。申请人

---

[1] "中国图书对外推广计划"工作小组办公室. 中国图书从这里走向世界——"中国图书对外推广计划"三周年回顾 [J]. 出版广角，2009（10）：8–12.

申请前须与国外权威出版机构签订出版合同，并妥善处理好所翻译著作的版权相关事宜，项目资助经费主要用于项目成果的改写、翻译及在国外的出版，每10万汉字资助10万元左右，总字数一般不超过30万字，总资助额度不超过50万元。[1]

内容方面，立项项目基本围绕以下几个领域：研究马克思主义理论特别是中国特色社会主义理论体系研究的优秀成果，如《"三个代表"重要思想学习纲要》、《科学发展观学习读本》、《社会主义核心价值体系学习读本》、《中国特色社会主义理论体系形成与发展大事记》、《马克思主义若干重大问题研究》和《科学发展观重大理论和实践问题研究》等系列图书，向国外集中推介马克思主义中国化最新成果；研究中国经济、政治、文化、法律、社会等各领域的发展变化，总结中国发展经验的优秀成果，如《中国经济转型30年》、《中国社会变迁30年》、《中国走向法治30年》、《中国经济改革发展之路》、《中国经济特区史论》、《中华人民共和国国情词典》和《中国和平发展与构建和谐世界研究》等，有助于国外了解中国国情和发展道路；研究中国传统文化、哲学、历史、文学、艺术、宗教、民俗等具有文化积累和传播价值的优秀成果，如《中国佛教与传统文化》、《郭店竹简与中国早期的思想世界》、《社会生物学下的儒家思想》、《中国家庭史》和《藏医学通史》等，有助于国外了解中国历史文化和民族精神；除了图书翻译外，中华学术外译项目还包括以外文学术期刊为主要载体的中国哲学社会科学最新研究成果，如《中国哲学前沿》、《中国经济学前沿》、《中国经济学人》、《中国法学前沿》、《中国历史学前沿》和《中国教育学前沿》等，以推动当代中国哲学社会科学走向世界，提高国际学术话语权和影响力。[2]

2. 发展与成绩

"中华学术外译项目"自2010年开始以来，5年间共立项281个，具体年代分布及学科分布详见图4-8和表4-6[3]：

---

[1] 资料来源：全国哲学社会科学规划办公室官网，http://www.npopss−cn.gov.cn/n/2014/0102/c219469-24004351.html，2015-2-26.

[2] 资料来源：全国哲学社会科学规划办公室，http://www.wenming.cn/zxshkx_pd/201301/t20130115_1029068.shtml，2015-2-26.

[3] 数据来源：国家社科基金项目数据库，http://fz.people.com.cn/skygb/sk/index.php/Index/seach，2015-2-26.

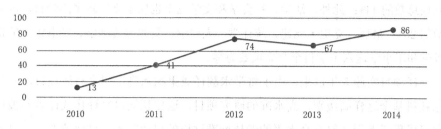

图 4-8：中华学术外译项目立项年度分布（2010—2014）

表 4-6："中华学术外译项目"立项学科分布

学科	立项数	学科	立项数
马列·科社	1	宗教学	6
党史·党建	0	中国历史	32
哲学	35	世界历史	2
理论经济	32	考古学	3
应用经济	22	中国文学	25
统计学	0	外国文学	1
政治学	13	语言学	4
法学	20	管理学	7
国际问题研究	13	新闻与传播学	0
社会学	22	图书馆·情报与文献学	0
体育学	1	教育学	7
人口学	0	艺术学	10
民族问题研究	1	军事学	0

　　根据图 4-8 显示，"中华学术外译项目"自 2010 年开设以来，立项数基本处于逐年递增的发展状态，只有 2013 年在数量上稍有下降，2014 年立项数是该项目开设初年 2010 年的 6.6 倍，这说明在国家和各高校及科研单位等相关部门的大力推进下，越来越多的个人和单位投身到中国经典学术外译和国际出版的事业中，也有越来越多的中国优秀哲学社会科学著作和期刊正在被推向世界。立项学科分布方面，从表 4-6 来看，经济学、哲学和历史学这三大学科是"中华学术外译项目"立项的主要学科，

占立项总数的 44%；此外，法学、社会学和文学三个也属于立项较多的学科，占立项总数的 25%；最后，党史·党建、统计学、人口学、新闻与传播学、图书馆·情报与文献学和军事学这六个学科至今立项数为零。

外译项目实施 5 年以来，由于将学术翻译成果纳入到了国家科研项目，尤其是国家社科基金这样高级别、高水准的研究项目，这使长期以来译作或译著不被认定是科研成果或者无法符合高水平的考核标准这样的局面得到了彻底改变，一时间受到学界特别是高校教师的热烈欢迎和积极响应，这也是项目立项数逐年增加的重要原因之一。全国哲学社会科学规划办公室的统计数据显示，截止到 2013 年年底，受理申报 600 余项，批准资助 200 多项，立项率为 30%，立项成果涵盖 20 多个一级学科，目前已成功出版 40 多种，结项率约为 20%，这些出版的外译作品均受到国内外学术界和出版界的认可和欢迎。[1] 英国伦敦政治经济学院亚洲研究中心研究员 Qun Chan 对《中国经济转型 30 年》评论说："该书向西方读者提供了大量关于中国经济发展 30 年中具有代表性的数据和案例调查，不仅如此，该书也提供了符合读者需求和兴趣的大量有关中国经济发展过程的事件。因为这些都是非技术性的阐述，所以更大程度地扩大了读者范围。除此之外，该书对于大学图书馆和公共图书馆都是有价值的"；美国《中国研究书评》（*China Review International*）对《中国治理变迁 30 年》进行评价，称其为西方读者了解中国 1978—2008 年 30 年间中国治理变革的轨迹提供了必要的参考物；[2]《南沙争端的由来与发展》被菲律宾南海问题专家、前驻新加坡大使阿尔伯特·恩科米恩达（AlbertEncomienda）称为"具有信服力的著作"；美国普林斯顿大学图书馆馆长卡林·崔纳（Karin Trainer）称赞《中华人民共和国国情词典》"总结并填补了外国对于近现代中国认知的某些的空白"。[3]

除了这些国际级专家的好评与认可之外，与"中华学术外译项目"立项成果合作的外方出版机构大都是具有国际影响力的知名出版社，如英国剑桥大学出版社、美国圣智学习出版社、德国施普林格出版社等。根据全球最大的图书馆目录数据库（Worldcat）检索显示，已出版成果也被众多国外图书馆收录，如《中国民间组织30年》、

[1] 杨庆存.中国文化"走出去"的起步与探索——国家社科基金"中华学术外译项目"浅谈[J].中国翻译，2014（4）：5-7.

[2] 资料来源：全国哲学社会科学规划办公室，http://www.wenming.cn/zxshkx_pd/201301/t20130115_1029068.shtml，2015-2-26.

[3] 杨庆存.中国文化"走出去"的起步与探索——国家社科基金"中华学术外译项目"浅谈[J].中国翻译，2014（4）：5-7.

《中国经济转型 30 年》和《中国对外关系转型 30 年》分别被 60 多家图书馆收录。依照这样的发展态势，正如中国人民大学教授、中国人民大学出版社社长贺耀敏表示的，"中华学术外译项目"经过若干年坚持不懈的努力，必将实现一批优秀的中国原创学术著作在海外翻译出版，必将推动一批优秀的哲学社会科学学者走向世界学术交流的前沿，必将搭建一个中外学者交流对话的崭新学术平台。[1]

（三）创新国家系列工程或特色项目，积极推进中国哲学社会科学图书走向世界

正是在国家和政府的高度重视及大力扶持下，各相关出版企业和研究机构积极响应、全情投入，这些都是中国图书"走出去"源源不断的动力和支持。无论是"中国图书对外推广计划"或"中华学术外译项目"，还是"经典中国国际出版工程"或"大中华文库项目"，对外传播中的中国图书承载着我国哲学社会科学领域内多年来创新和积累的大批优异成果，正在国际化的道路上越走越自信。我们应该充分利用好如此坚实的发展基础和大好时机，国家和政府在不断完善已有工程的基础上还可以创新推出各种新型特色项目，积极推进中国哲学社会科学图书"深度"走向世界。

1. 合理规划是关键

"中国图书对外推广计划"实施 10 年来，已经同 63 个国家的 529 家出版机构签订了 1 233 项资助出版协议，涉及 42 个文版，2 414 种图书；"中国文化著作翻译出版工程"实施 6 年来跟 21 个国家 52 家出版机构签订了 83 项资助协议，涉及 12 个文版、897 种图书；"中华学术外译项目"设立 5 年来共立项 281 个，国际出版图书 40 余部；"大中华文库项目"几乎涵盖了中国五千年文化的精华，包括《论语》、《孟子》、《老子》和《庄子》等 51 种、92 册图书；分为"中国学术名著系列"和"中国文学名著系列"两大系列的"经典中国国际出版工程"自 2009 年第一期项目评审和实施以来，已累计资助 2 000 多种图书。[2] 从这些成绩来看，中国图书"走出去"国家系列工程和特色项目无论从涉及地区、部门，还是资助成果数量，亦或是国际出版地域范围，都可以说是中国历史上规模比较大的，因此，合理规划如此庞大的系列工程中各项工作有条不紊地开展至关重要。

首先，"中国图书对外推广计划"、"中华学术外译项目"、"经典中国国际

---

[1] 贺耀敏.中华学术外译项目：传播中国文化的重要平台 [N].光明日报，2011-5-11（第 13 版）.

[2] 王玉梅.418 个品种拟获资助将输往 39 个国家 [N].中国新闻出版报，2014-6-4（第 6 版）.

出版工程"和"大中华文库项目"等国家系列工程或特色项目之间的关系必须协调好。此类项目或工程都是为中国图书"走出去"推波助澜的，因此之间肯定有交叉、融合或是关联的部分。国家和相关职能部门应最大化地发挥参与者的积极性，合理统筹和规划国家及政府提供的各类资源，彼此互补、协同发展，并且帮助这些项目或工程避免重复建设、管理混乱和条块不清，真正从统筹、规划和管理等方面为参与者或参与单位创造良好的发展环境。

其次，这么多的项目或工程资助和推荐大量中国图书走向世界，出版书只是形式，真正要传播的是其内容和核心价值观，那么谁来决定传播内容，传播什么样的内容才能真正达到中国图书"走出去"的终极目标是国家和有关部门必须关注和考虑的。以"中华学术外译项目"为例，从上文的数据统计来看，26 个哲学社会科学学科中有 6 个学科目前仍然是零立项，也就是说这 6 个学科领域的优秀成果还没有通过该项目进行对外传播。出现这种结果的原因很多，也许是这几个学科的意识形态敏感性较强，如新闻与传播学和军事学，也许是这几个学科的成果在翻译上存在较大难度使得很多翻译者"望而却步"，或是这几个学科最近几年比较优秀的成果没有被翻译者看中。我们姑且不去追求究竟是什么原因，但中国哲学社会科学成果的国际传播应该"百花齐放"，我们应该不遗余力地将各个学科领域成果推向世界，因此，国家和项目设立部门或单位可以在统筹和规划层面有的放矢地兼顾各学科领域，鼓励和支持一些并不是很发达的学科成果被翻译并走向国际，争取在未来几年有所突破。

最后，无论是哪个工程或是项目，最终目标都是要将中国图书出版到国际市场，因此出版成功才能算是工程或项目的最终成果。"中国图书对外推广计划"和"经典中国国际出版工程"基本以出版单位申报的形式进行，因此这类项目成果基本都已经由国内知名的出版社计划出版，在得到国家资助后再寻找国际图书市场的进入方式；而"中华学术外译项目"则需要申请个人或单位事先找到合作出版单位再进行申请，这样就会出现以个人行为寻找的拟出版社不一定具有国际图书出版的先进经验，势必影响立项成果的国际出版和发行。因此，作为国家行为的"中华学术外译项目"出版物应当由国家级的出版社，联合国外有影响力的知名出版社共同出版，国外出版社由于在当地有着多年的出版经验和广泛的发行渠道，对"中华学术外译项目"出版物进入主要发行渠道和图书市场起着决定性的作用。[1] 也只有这样"中华学术外译项目"成果才能为外文所在国认可,顺利进入国际图书流通渠道,并且摆上他们的书架,同时也为他们的学术界和广大民众所接受和喜爱,从而切实提高中国哲学社会科学成果的国际影响力。基于这点,国家、政府以及相关部门可以通过合理规划和统筹安排,帮助申请项目的单位和个人搭建国际化的出版平台,为这些优秀成果的对外传播创造顺畅的出版发行渠道。

2. 队伍建设是保障

无论是多大的规模还是多高的资助,所有的项目或工程最后都要落实到具体的人和专门的人才来进行并完成,因此人才队伍建设成为最终成败的关键。

首先,从事此相关工作的出版人才应该通晓各种国际出版信息,了解国外图书市场的运作规律和国外受众的阅读兴趣及习惯。针对这一点,国家除了设立一些直接资助图书海外输出的项目或工程之外,还可以专设一些海外出版的人才培育工程,让一些已经有良好基础的专业人才以"个人联系"或"组织外派"的形式走出去,真正进入国际图书出版与发行的核心领域内进行学习和实践,国家根据设定的条例和申报原则给予一定的资金和资源资助,从而推进中国图书出版和发行国际型人才的培育工程。

其次,中国图书无论走进其他哪一个国家的图书市场,首先需要的都是翻译工作,因此中国哲学社会科学图书出版的国际化道路发展离不开翻译人才队伍的建设。从中国传统文化到现当代文学作品,从中国畅销小说到中国哲学社会科学学术著作,这些内容对于翻译者来说无论是文化、学术水平还是语言水平等方面的要求都相当高,目前中国还未形成一支文化水平高、专业性强和翻译水平精湛的专业化人才队伍。因此,国家和相关部门可以制定一系列教育政策,推出各级各类培训计划,致力于专业团队和人才队伍的打造和建设,比如在各高校已有翻译专业的基础上,增设哲学社会科学领域"学术著作翻译"方向,培养一批既懂专业又精通翻译的专业人才;国家和相关部门还可以设立一些专业化高级研修计划,选拔一批翻译水平高,并有一定文学或学术著作翻译经验的年轻人才,采取"派出去"和"请专家进来"相结合的方式,让他们有机会向国际一流的翻译家们学习,甚至合作共事,以此不

---

[1] 李雪涛. 对国家社科基金"中华学术外译项目"的几点思考 [J]. 云南师范大学学报(对外汉语教学与研究版),2014,12(1):1-4.

断提高文学作品和学术著作的翻译水平，真正成为中国哲学社会科学成果"走出去"强大的后备军。

3.后期监督促发展

任何项目或计划离开了后期的跟踪管理和监督考察，其效果和成果都会大打折扣。因此，为了能够保障这些有着良好基础的国家级系列工程和特色项目取得预期的成效，除了前期的资金支持之外，国家和相关设立部门还应设计一套有效的后期管理和监督机制，确保每一个立项成果最终得以实现，并且为今后的项目开展积累更多的经验。

以"中华学术外译项目"为例，截至2013年的数据统计，在通过审批的195个立项成果中，已有40多种成功在海外出版，结项率为20%左右，从2010年开设此项目到2013年短短3年有这样的成绩实属不易，但如何监督和保障所有成功立项的项目最终都能"开花结果"是每一个项目设立部门在设计规划项目最初必须考虑的重要问题，千万不能出现"重立项、轻结项"的恶劣状况和学术氛围。

为此，相关部门首先可以制定惩罚措施，在计划规定时间内没有完成预定内容的除了在经济资助方面给予大幅度缩减之外，还可以与申请人所在单位联合给予其科研考核或工作绩效一定程度的扣分或惩处，也可以取消其一定时间段内类似项目的申请资格，并业内通报批评；其次，有罚必有奖，项目设立机构还可以设计制定一些追加奖励的形式，鼓励申请人在完成既定任务后，追求更高目标的发展，比如由项目或系列工程资助的海外出版图书除了进入国际出版市场外，还可以鼓励翻译者或出版单位积极参加各类国际级专业奖项的评比，实现从数量到质量上的全新跨越；第三，在每一个计划或系列工程进展过程中，设立部门可定期召开专业研讨会或专家座谈会，让所有立项成功的个人或单位汇报项目进展、交流研究心得。这种后期监督和管理的办法既可以让有相同研究兴趣和事业发展志向的研究人员相互之间取长补短，也可以督促立项人在同行面前不断追求进步，更有机会形成一些学术共同体，以促进项目质量在更高水准上的不断提升。

第五章 中国哲学社会科学成果非传统渠道的对外传播

学术传播渠道分为正式和非正式两类，正式渠道多指文献传播，前面三章有关中国学者在 SSCI 和 A&HCI 期刊发表论文、中国哲学社会科学国际学术期刊和中国哲学社会科学图书出版国际化均为通过正式渠道进行的文献传播，它们构成了中国哲学社会科学成果对外传播的主流传统渠道；非传统渠道一般是指学者之间的人际沟通和人际传播，如信函往返、会议交谈、无形学院、学术社群交流等，虽然这些不是最主要的学术传播渠道，但也会对中国哲学社会科学成果对外传播起到极其重要的辅助作用。因此，本章将针对"国际学术会议"、"中外访问学者互访"和"国际学术共同体"三方面具体探究中国哲学社会科学成果非传统渠道对外传播的现状和发展。

第一节 举办国际学术会议：展示中国哲学社会科学成果的窗口

所谓国际学术会议，一般指的是由来自世界各地的学者和研究人员共同参与的学术会议，本节所涉及的中国哲学社会科学成果通过国际学术会议进行对外传播主要指中国学术界自己主办，邀请世界各地学者参加的国际会议，以及中国哲学社会科学领域学者走出国门参与的境外主办的国际会议。[1]

一、中国主办的哲学社会科学领域国际学术会议（2010—2014）

每年由中国举办的国际学术会议种类繁多、名目多元，举办单位和举办地也难以一一列举，至今没有一个数据库或数字资源可以提供准确、全面的国际学术会议数据和各类信息。北京外国语大学张西平教授主编的《中国文化走出去年度报告（2012卷）》[2] 中有关"国际学术会议"部分的论述明确指出其数据来源于中文社会科学引

---

[1] 这一类无法用数据统计的方法来确认有中国学者参与的国际会议数量和具体内容，只能用案例分析的方法呈现状况。

[2] 张西平. 中国文化走出去年度报告（2012 卷）[M]. 郑州：大象出版社，2012.

文数据库、中国期刊网、中国学术会议在线、中国教育新闻网、中国高校人文社会科学信息网等重要网站以及北京大学、清华大学、中国人民大学、南开大学、复旦大学、武汉大学、中山大学、厦门大学等知名高校官方网站。虽然这从数据来源上来看已经较为丰富，但仍然无法涵盖所有中国举办的国际学术会议，并且不同数据库的数据和信息会有重复和交叉。因此，本研究将以中国知网的"中国学术会议网"[1]为例，详细分析其中收纳的中国举办的哲学社会科学领域的国际学术会议情况。选取该网站进行数据统计[2]的原因有：中国知网是目前国内最大、最全面的学术网站和数据库，其有关学术数据也最为全面和权威，因此可以"以小见大"地总观中国举办的哲学社会学科领域内的国际学术会议概况；在同一个数据库中进行检索，可以避免数据重复和交叉，有利于得出较为清晰和准确的结果；在中国学术会议网注册的国际会议所产出的论文集大都被各大数据收录，更加有利于学术传播。

在该网站"会议检索"中选择"高级检索"，输入包含"国际会议"字样，选择时间起止：2010.1.1—2014.12.31，并在学科分类中选择"哲学与人文科学"、"社会科学Ⅰ辑"、"社会科学Ⅱ辑"和"经济与管理科学"，最后经过逐一校对和梳理，不完全统计出共有 77 次国际学术会议在 2010—2014 年间在该网站注册并举办成功，论文集也大都被 CNKI、ISTP 收录，还有不少被 EI 收录。

（一）"中国学术会议网"中哲学社会科学类国际学术会议年度分布（2010—2014）

根据本研究对该网站的逐项统计，共检索到 2010—2014 年间共 77 次哲学社会科学领域国际学术会议，其中 2014 年 13 次、2013 年 11 次、2012 年 15 次、2011 年 24 次、2010 年 14 次，见图 5-1：

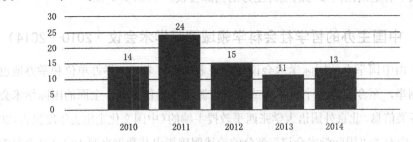

图 5-1："中国学术会议网"哲学社会科学领域国际学术会议年度分布（2010—2014）

---

[1] 中国学术会议网：http://conf.cnki.net，中国知网（CNKI）旗下的学术会议网站。
[2] 数据检索时间：2015-3-26.

从图 5-1 数据来看，近 5 年内在"中国学术会议网"注册的哲学社会科学领域国际学术会议年度发展较为平均，只有在 2011 年在数量上猛增了将近一倍，随后的 2012 年又恢复到了平均水平。这说明哲学社会科学领域的国际学术会议近 5 年并没有跳跃式发展，基本处于稳定、平和的发展态势，这与第二章论述的"中国哲学社会科学领域学者在国际核心学术期刊发表学术论文的高速发展"有所不同。

（二）"中国学术会议网"中哲学社会科学类国际学术会议学科分布（2010—2014）

根据对每一个在"中国学术会议网"上注册的哲学社会科学类国际学术会议的数据统计，本研究发现 77 次国际学术会议大部分集中在管理学科（48）次，跨学科和教育学学科领域的国际学术会议也占了一定比例，详细数据见图 5-2：

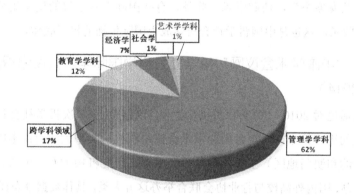

图 5-2："中国学术会议网"哲学社会科学领域国际学术会议学科分布（2010—2014）

数据显示，管理学科占据了 62% 的比例，跨学科领域举办的国际学术会议以 13 次占据 17%，而教育学学科举办的国际学术会议次数为 9 次，占 12%，经济学学科的国际学术会议有 5 次，占 7%，除此之外，社会学和艺术学各举办一次，各占总数的 1%。

（三）"中国学术会议网"哲学社会科学类国际学术会议召开地分布（2010—2014）

有关"中国学术会议网"中注册的哲学社会科学领域国际学术会议召开地点的数据统计被分为境内和境外两类，境外包括大陆地区以外的所有国家和地区，包括中国香港、台湾和澳门地区，详细数据见图 5-3：

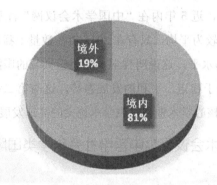

图5-3："中国学术会议网"哲学社会科学领域国际学术会议召开地情况（2010—2014）

由此可见，中国举办的哲学社会科学领域国际学术会议绝大部分还是在境内召开的，所谓"国际会议"主要是指邀请世界各地其他国家相关学科领域的学者和专家来中国"共襄盛举"，切磋学术；此外，有些国际学术会议的论文集最后被国际学术数据库收录，这也是中国哲学社会科学成果国际传播的极好载体。

（四）"中国学术会议网"哲学社会科学国际学术会议组织机构状况（2010—2014）

本研究通过对2010—2014年"中国学术会议网"上77次哲学社会科学领域国际学术会议的逐一检索，发现各国际学术会议组织机构类型大致有：中国高校（包括香港、台湾和澳门地区）主办、行业协会主办、研究机构主办、中国高校与行业协会联合举办、国内外高校与行业协会联合举办这五大类，具体数据分布详见图5-4：

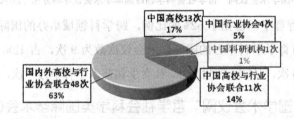

图5-4："中国学术会议网"哲学社会科学领域国际学术会议组织机构情况（2010—2014）

从这五大类型的组织机构主办国际学术会议比例来看，国内外高校与行业协会联合举办会议占据了半壁江山；由中国高校（包括单一高校和多家高校联合）主办的会议占将近20%的比例；此外，由国内高校与国内行业协会联合举办的会议次数也达到了14%，这说明这些在"中国学术会议网"注册的哲学社会科学国际学术会议大部分是由多家机构（一半是国内外联合）联合举办的，这也增加了这些国际学术会议的"国际化"程度，同时也有助于中国哲学社会科学成果国际传播的有效到达。

二、中国哲学社会科学学者参与的境外举办的国际学术会议（以新闻传播学为例）

如果说由中国主办的哲学社会科学类国际学术会议属于 组织传播行为的话，学者参与境外主办的国际学术会议则属于自发的个人学术行为。相较于前些年，现在中国哲学社会科学领域的学者已经开始意识到参与国际学术会议的重要性和有益之处，越来越多的研究者开始在各类国际学术会议上公开传播自己的最新科研成果。但每年全世界各个国家举办的国际学术会议数不胜数，参与的国际学者数量庞大，在不能进行完全数据统计的情况下，本研究将以新闻传播学科领域内享有盛誉的国际传播学会每年举办的年会（学术会议）为例，通过对会议内容的分析和参会国外学者及中国学者的访谈，考察此类国际学术会议在中国学术成果对外传播过程中的作用和总体情况。

国际传播学会[1]（International Communication Association，简称 ICA）是一个国际性学术组织，致力于为研究、教授人类和媒介传播的各方面知识，并为从事实践应用的学者提供服务。建立至今 60 多年来，ICA 已经由当初一个完全由美国学者组成的小型协会，发展成为一个覆盖近百个国家、拥有超过 4 000 名成员的国际性协会；从 2003 年开始，国际传播学会已经以非政府组织的身份正式与联合国建立了合作关系。作为一个国际性的学术组织，国际传播学会向全世界范围内进行传播研究的学者提供最新的前沿成果和最新的学术思想，国际传播学会的成员也积极主动地参与各种社会议题的讨论，伸张一个学者的公益使命。提升国际传播学会的国际化水准，更加关注有关公共利益的研究是国际传播学会工作的首要目标。正因如此，国际传播学会一年一度举办的年会成为了全世界各个国家致力于新闻传播学研究的学者们聚首，并且共同探讨世界领域内的新闻传播学前沿话题的绝佳场所，也为中国新闻传播学学术成果走向世界搭建了良好的展示平台。

2014 年第 64 届国际传播学会年会于 2014 年 5 月 22—26 日在美国西雅图举行，此次会议以"传播与美好生活"为主题，着眼于研究当下传播对人类实现美好生活

---

[1]　国际传播学会（ICA）简介：http://media.people.com.cn/GB/22114/105486/105487/6392805.html，人民网，2015-4-2.

所产生的促进、阻碍、影响或是改变。本次会议由来自超过 40 个国家的 2 200 个学者组成了 549 个反映传播学领域最新成果的展示会议，本研究首先尝试从 2014 年 ICA 年会的会议流程和项目内容手册中考察中国学者的参与情况。参加 2014 年 ICA 年会的中国学者约为 124 人（包括港、澳、台），占全世界参与学者的 5.6%，其中香港学者 65 人、大陆学者 44 人、台湾学者 12 人、澳门学者 3 人，详细比例见图 5-5：

图 5-5：参加 2014 年 ICA 年会的中国学者比例分布

毫无疑问，国际传播学年会是美国学者的天下，但中国学者参会人数在逐年提高，2014 年占到 5.6% 已经是非常可喜的成绩了，因为能够参与会议意味着中国学者的学术成果，也就是学术论文被大会认可，而担任该国际学术会议论文评审的基本都是国际传播学界相对权威的学者，同时也都是各顶级新闻传播学国际核心期刊的主编或编委。根据美国一位资深传播学终身教授，同时也是若干国际期刊编委介绍，美国学者认为能被高水准的国际学术会议接纳会议论文，很多时候比被国际核心期刊录用更难。因此，124 位中国学者的学术论文被 ICA 接纳足以证明这些学术成果在国际学术领域内的地位及其质量。然而，从上面那个比例分布图来看，124 位参会中国学者中 52% 来自香港，港澳台地区总共占 64%，这说明大陆高校和科研机构的学者跟国际学术接轨的程度远没有香港学者高，学术成果对外传播能力也不如他们强。

中国学者除了参会人数逐年增加，展示的学术成果无论从数量还是涉及范围也在不断进步。据统计，由中国学者单独完成或合作完成的约 78 篇学术论文在 2014 年 ICA 年会中展示，其中涉及约 57 个话题，分别属于健康传播（4）、全球传播与社会变迁（5）、新闻研究（4）、传播与技术（14）、政治传播（5）、信息系统（1）、大众传播（4）、传播法规与政策（1）、公共关系（4）、组织传播（2）、环境传播（2）、人际传播（2）、传播史（1）、跨文化传播（2）、游戏传播研究（1）、流行传播（2）

等研究领域，其余还归属于一些主体发言、工作坊和小组讨论等。从这些统计数据可以看出，参与此次会议的中国新闻传播学科学术成果中涉及最多的是"传播与技术"领域，这从一个角度说明了世界传播学发展前沿话题和中国学者成果的领域分布。此外，中国学者入选的78篇学术论文题目绝大部分（90%以上）都是以中国（主要是大陆地区和香港地区）问题为研究对象，充分展示了当今中国社会与传播学发展的紧密关系，也显示了国际学术领域对中国问题的关注和兴趣。

在学术合作方面，从对此次会议中国学者展示的学术成果数据分析看，由个人完成的会议论文比例并不是很高，大部分都是由同一单位或不同单位学者合作完成的。其中，中国学者与美国学者合作完成的会议论文约有14篇，与新加坡学者合作完成的有4篇，与荷兰学者合作完成的有2篇，与日韩学者合作完成的有1篇，这些与海外学者合作完成的成果占总展示成果的27%左右。一位参会多次的华裔美国传播学教授认为，与海外尤其是美国学者合作申请参加会议是非常有效的成功途径，这一点和与海外学者合作完成学术文章并成功被国际核心期刊录用"异曲同工"。

除此之外，虽然2014年中国学者参与ICA年会中只有5篇论文是由中国大陆学者和港台地区学者合作完成的，但一些参会的中国学者认为此类学术深度合作，也是提高成功申请参加国际学术会议的有效方法。因为，随着近年来港台地区与大陆地区之间频繁学术活动的开展，双方的学术交流机会大大增加；由于同是中国学者，双方对于中国问题的认识和研究有共同的目标，比较容易达成共识；在国际学术规范和英文论文写作方面港台学者具有优势，而在对中国现实问题的把握和分析材料获取方面大陆地区学者具有优势，双方合作可以取长补短，互相学习。因此，未来在保持与海外学者的密切合作之外，加强与港台地区学者的学术合作也将有利于中国学术成果在国际学术领域崭露头角，进一步推进中国学术对外传播。

三、充分利用各类国际学术会议，努力完善非传统渠道学术对外传播的阵地

国际学术会议是集组织传播和人际传播优势于一身的学术传播渠道，对于中国学术传播来说，更是非常重要的对外传播平台。针对目前我国国际学术会议的现状，本研究将根据拉斯韦尔传播模式，从传者、渠道、内容、受众和传播效果这一过程探讨完善这一非传统学术成果对外传播渠道的发展对策。

国际会议作为学术传播渠道，其主要功能是分享各国学者间的研究成果，因此

其传者和受众具有非常明显的兼任双重身份特征，参与国际会议的学者既是传播学术成果的传者，也是分享传播内容的受众，这种间或交替的双重身份使得此类传播行为拥有与一般传播行为的明显差异性。然而，从中国国际学术会议同时肩负中国哲学社会科学成果对外传播功能这一角度来看，其传者和受众却有非常显著的传播单向性，中国学者通过各类国际学术会议的平台将自己的科学研究成果与其他国家学者进行分享，这就是一个中国学者向世界各国学者进行学术传播的过程。

（一）国际会议主体：传者和受者

在"传者和受者"这一对问题上，当我们的目光投向由国内高校或研究机构举办的国际学术会议时，不难发现其"传者"除了学术传播常规主体"学者"之外，还有一个隐藏于这一常规主体之后的"组织传播"主体——主办单位。因此，要发挥国际学术会议对外传播的功能，既要让中国学者在此学术传播过程中尽可能传递其最新研究成果，让世界各国相关领域的学者了解中国目前的学术前沿动态，也要充分发挥中国作为主办方的优势，积极利用"组织传播"主体权力帮助和促进中国哲学社会科学成果对外传播的范围更广、效果更佳。

在本章第一节第一部分以中国知网的"中国学术会议网"为例的详细分析中，本研究发现中国举办的哲学社会科学领域国际学术会议将近一半主办机构都是由国内外高校、研究机构或行业协会等联合组成，这对于国际会议的参会学者国际化和传播学术全球化是非常有益的。本研究认为，中国高校或科研机构作为此类国际学术会议的主要承办方除了进行会议常规工作外，还应重点在促进中国学术对外传播方面多做工作。例如，会议主办方可在条件允许的情况下充分利用外方协作单位的资源，尽可能邀请相关领域内较为知名的各国学者和专家，其中中国知名学者可以作为典型中国学术成果的传播者，代表学术科研日益崛起的中国向世界展示最新研究成果；而其他国家知名学者和教授除了与国内学者进行学术交流，帮助国内学者以最直接的方式接触世界最前沿的成果之外，他们还可以兼有中国学术对外传播"受众"和"二级传播者"双重身份将中国最新学术成果在更为广泛的世界级学术领域内传播，这些国际学术界的"意见领域"将对扩大中国学术对外传播范围和增强传播效果起到极大的帮助和推动作用。此外，作为国际会议主办方的中国高校或科研单位还可以利用会议组织的便利，为国内一些青年学者提供学习和在世界级学术平台上展示学术成果的机会。因为比起那些知名教授，这些青年学者正处于学术科研成长期，虽然已有一定的学术成果，但由于水平和资历等原因一时间没有机会自己去参加国际级的学术会议。因此，在基本条件审核通过的情况下，可以让这些青年学者利用参加国际学术会议的机会进入国际学术领域，从而积累经验和学术资本，以帮助他们尽快进入学术研究的良性循环，早日成为肩负中国学术成果对外传播使命的接班人和栋梁。[1]

　　然而，对于国外机构主办的国际学术会议来说，中国学者要想成为"传者"远比成为受众困难很多。首先，较为权威的国际学术会议都有严格的参会论文审核机制，要求均不亚于向国际期刊投稿。只要有经费支持，以纯粹受众的身份参加国际学术会议，了解世界一流科研成果和研究动态并不是件难事，但从目前中国学术成果的传播现状来看，能够在国际会议上宣读论文才是最有效的对外传播方式。有美国教授认为："有时候论文能被国际级学术会议录用，比国际期刊刊登我的论文更让我高兴，因为这更有价值。"[2]从本节第二部分的案例分析（国际传播学年会）来看，虽然参与该学科权威顶级学术会议的中国学者人数在逐年增加，但从地区比例来看，香港学者仍然占据了超过一半的江山，这说明大陆地区高校和科研机构学者的学术论文被国际学术会议采用的比率还有提高的空间。因此，对于中国哲学社会科学领域的学者来说，也许可以把自己最新研究成果先投向一些权威的国际学术会议，因为这种利用组织传播和人际传播双重优势的对外传播方式相较于学术期刊更有利于中国学术成果的全球扩散，并取得良好的传播效果。正如前文所述，中国内地高校的学者还可以采取和香港高校学者合作的方式，针对国际会议设定的议题共同完成研究论文，借助香港学者的国际科研优势提高国际会议审稿的通过率，从而获得参加顶级学术会议的机会。其次，在国内参加一次学术会议并不难，而对于很多中国人文社会学科的学者来说，出国参加国际学术会议在经费方面可能就有些捉襟见肘。"去一趟美国开个会至少要花费1.5万—2万元人民币，我们一个文科课题经费2万—4万，如此　来大半经费没有了，还怎么进行其他研究活动呢？所以通常很多人也不太高兴投文章去参加。"[3]"去国外参加学术会议，一来开销实在太大，项目经费本身就不多；二来仅仅是宣读论文，我们学校的科研考核分数也不是很多，功利地说

---

[1]　这部分建议和对策来自在对一些青年学者相关话题的访谈内容提炼，访谈时间：2015-2-3.

[2]　访谈一位美国传播学教授，访谈时间：2015-3-30.

[3]　访谈内地某高校社会学学科副教授，访谈时间：2015-3-18.

信价比不高啊！"[1]"说句实话，折腾一趟去个美国之类的地方开个会，时间、精力和经济成本都比较高，还不如我在国内多写几篇论文，能够在国内、国际期刊上发表，这对评职称比较有用。"[2]这些都是目前国内高校很多学者（尤其是拥有副教授职称的中青年学者）真实想法的缩影，大家虽然知道参加国际级的学术会议确实对中国学术成果"走出去"有很大裨益，但由于职称晋升和生活的压力，他们无奈地选择了更有"价值"的学术传播方式。因此，仅仅依靠中国学者自发地进行学术对外传播活动是远远不够的，各高校、研究机构和教育研究部门应该承担起重要的政策和经济支撑作用，在参会费用、科研考核以及其他各类鼓励学者作为学术传播者身份广泛参与世界各地举办的国际会议等手段方面多做尝试。比如设立"国际学术会议资助项目"，在对国际学术会议级别、资质和传播效果，以及对申请学者参会论文的综合考核之后，给予学者们经费上的支持，为他们解决后顾之忧；各单位还可以针对不同级别的国际学术会议，在科研绩效考核方面做出政策倾斜，鼓励学者走出国门，在世界级的学术舞台上展示中国学术成果。

（二）国际会议核心：内容与效果

从传播过程这一角度来看，国际学术会议其传播内容和传播效果是息息相关的。通过学术会议进行对外传播最终的目的是传播中国学术成果，让世界了解中国、关注中国学术研究的最新动态，积极打造学术强国的国家形象。然而，达到这一目标的前提是让世界各国的学者或学术界关注中国，对中国学者传播的学术成果产生兴趣，这样才能获取我们预想的传播效果。

关于这一点，由中国主办的国际学术会议相较于国外举办的学术会议更能产生我们所期望的传播效果。首先，东道主的优势可以帮助我们在组织传播过程中利用"议程设置"的原理设立一切有利于中国学术成果对外传播的环节，比如会议主旨发言、中国问题专题研讨和重点推荐宣讲论文等；其次，参加中国举办的国际学术会议的外国学者心里十分清楚所谓"主场"的传播目的，因此他们会有意识地对中国学术成果表现出较为积极的关注态度，如此主动接受传播内容的"受众"对增强传播效果非常有利。因此，在举办此类国际学术会议过程中，中方完全可以毫不避讳地突出"中国"色彩，充分利用天时、地利、人和等优势进行学术成果对外传播，尽可

---

[1] 访谈内地某高校哲学学科副教授，访谈时间：2015-3-22.

[2] 访谈内地某高校法学学科副教授，访谈时间：2015-3-20.

能争取较高的传播效果。同时，也可以设立一些会议版块或环节，邀请外国学者和专家加入此传播过程，与中国学者产生互动，比如相似研究话题的区域国别比较等，这些都将帮助"受众"积极参与传播活动，兼有传者和受者的双重身份，同样可以达到传播效果最大化的目的。

此外，中国学者以个人行为参与国际学术会议在传播内容和传播效果方面近年来也呈现出比较明显的特征。以上文论及的国际传播学年会为例，中国学者论文共入选约 78 篇，其中 90% 以上都是以中国（主要是大陆地区和香港地区）问题为研究对象。当然，中国学者研究中国问题"天经地义"，并且在研究可行性、抽样便利性和意义实践性等方面具有得天独厚的优势，然而入选论文以研究"中国"为主的更为主要的原因是大国崛起的中国正越来越被世界关注。"我觉得我们中国学者就应该将研究我们国家前沿问题的成果在国际级的学术会议上频繁展示，根据我的经验，这相对来说比较容易被录取，而且外国学者们对这个还是很感兴趣的，每次报告完之后都会有很多提问和评价，这对我来说很有帮助，当然对我国的学术成果国际化也是很有意义的。"[1] 在本研究访谈过的若干中国学者中，大部分人都持有这样的态度，他们认为研究本国问题是自己最有把握，也最容易被国际学术会议邀请的途径之一。而对于参加国际学术会议的外国学者来说，中国学者这样的研究报告也的确很有吸引力，"我觉得现在很多中国学者的研究非常有价值，其实我们美国教授中也有很多对中国问题研究感兴趣的，但是我们不在中国，对中国文化也不熟悉，所以能在会议上听到这么多优秀的中国学者的学术报告真是太棒了！"[2] "现在有很多有意思的中国话题，这些报告让我们外国学者更深入地了解了中国，也更加激发了我们研究的兴趣，也许将来我们可以合作。"[3] 从对美国学者的访谈内容中我们不难看出，外国学者对研究中国的学术成果关注度非常高，这样的学术传播内容不仅获得了预想的传播效果，还可能激发"受众"进一步了解与传播内容相关的其他问题，这对于增强中国学术成果"走出去"的传播效果和扩大传播涵盖范围等都非常有意义。

---

[1]　访谈中国某高校语言学副教授，访谈时间：2015-4-19.

[2]　访谈美国高校经济学学科终身教授，访谈时间：2015-4-17.

[3]　访谈美国高校新闻学学科副教授，访谈时间：2015-3-17.

第二节　跨越国际学术边界：架起全球学者间学术传播的桥梁

学术传播的正式渠道是各国推进文化全球传播的重要阵地，也是投入人力、物力和财力最多的领域，中国近年在国际期刊学术论文发表、国际学术期刊创办和发展、图书出版国际化道路等方面取得的优异成绩充分证明了中国哲学社会科学"走出去"战略的指导思想和实施策略都是卓有成效的。另一方面，学术传播还有非正式渠道，一般是指学者之间的人际沟通和人际传播，如信函往返、会议交谈、无形学院、学术社群交流等，上一节探讨了国际学术会议的在中国哲学社会学科成果对外传播过程中的现状和发展策略，根据目前中国的现状，本节将重点关注通过世界各国学者间人际传播进行的中国学术成果对外传播现状和未来发展，具体表现形式为国际访问学者和跨国学术共同体的建设。

一、发挥国际访问学者学术成果全球传播的积极作用

据统计，中国每年向国际派出的"访问学者"数量逐年上升，其中既有依托国家项目，也有通过部委办局、地方政府或高校和科研单位等的项目，还有少量属于学者个人行为。但无论通过哪种渠道，中国学者走出国门，去世界各地（欧美为主）进行访学活动已经越来越"流行"和"繁荣"。那么这样的访学项目能否对中国学术成果对外传播起到积极作用，如何利用人际传播推动学术传播的全球扩散都是值得讨论和探究的。

（一）中国访问学者出访数量：逐年递增

"国家公派出国留学计划"一直以来是中国访问学者"走出去"的主要渠道，项目按照科教兴国、人才强国战略和留学工作方针，自 1996 年以来共选拔 16 余万人出国留学，按期回国率保持在 98% 以上，为国家经济社会发展提供了强有力的人才支持，为推动中外教育科研交流与合作、促进中外人文交流做出了积极贡献。

2014 年 10 月 30 日，国家留学基金管理委员会公布了 2015 年国家公派出国留学选拔计划，将选拔各类国家公派出国留学人员 25 000 人，比 2014 年增加 17%，选派

类别主要为访问学者、博士后、博士研究生、硕士研究生、本科交流生等。[1] 此外，根据国家留学基金委官方网站上公布的 2015 年公派留学计划的具体内容，其中国家公派高级研究学者及访问学者（含博士后）项目 3 200 人；博士生导师短期出国交流项目 500 人；高校合作项目（青年骨干教师出国研修项目）3 000 人；地方和行业部门合作项目 2 700 人，其中西部地区人才培养特别项目及地方合作项目 2 100 人、与行业部门合作项目 600 人；国际区域问题研究及外语高层次人才培养项目和政府互换项目（与有关国家互换奖学金计划）1 650 人；国外合作项目 1 650 人；艺术类人才特别培养项目 300 人。[2] 这些数据显示，国家 2015 年将派出 15 700 名访问学者（除去学生留学项目），占总留学计划的 62.8%，这说明国家对各高校和科研机构学者的国际访学活动支持力度非常大，同时也为中国学术成果的全球推广建立了良好的传播平台。

（二）中国学者国际访学的目的：以"学"、"养"和"迫"为主

传统意义上的学术传播功能有：①揭示，为了学术社群的利益，发表研究的新发现；②刺激，由构想之交换，激发思想；③回馈，学术著作被接受或批评；④酬报：得到酬报的基本方式就是出版，出版首要功能得到同行的认同及评审，其次为告知他人研究的成果。[3] 根据这一逻辑起点，本研究通过深度访谈的方法调查了中国学者国际访学的目的，以此来考察这一类访学项目是否对中国学术对外传播起到推动作用。

本研究随机挑选了 30 位在美国访学的中国学者进行访谈，其所属学科包括：新闻传播学、政治学、社会学、经济学、哲学、教育学、语言学、管理学、法学、计算机科学、农学、生物学和医学等 10 余种，兼具了哲学社会科学和自然科学两大类别。然而，由于本研究的主要对象是哲学社会科学成果的对外传播，因此访谈哲学社会科学学者比例占总数的 77%；此外，被访谈的中国学者均来自中国各大高校和科研院所，所在城市和区域分布全国各地，因此来源地相对均衡，可以排除地区差异导致

---

[1]　"国家留学基金委公布 2015 年公派出国留学选拔计划"，中国教育信息网，http://www.jyb.cn/world/cglx/201410/t20141030_602762.html，2015-4-24.

[2]　"2015 年国家留学基金资助出国留学人员选拔简章"，国家留学网，http://www.csc.edu.cn/Chuguo/fc8d228ee3ec4374ae66c004ccb16e1f.shtml，2015-4-24.

[3]　百度百科，http://baike.baidu.com/link?url=rm1u872fELjk7-2t0BsVgMihtc9ZEeY9yin8eKl-dZ7Y9EILVEVa1VnNrIU4FNlv3e1od7bwzF08rf5t-hvdx，2015-4-26.

的结果偏差。访谈结果显示，除了某些个人原因，如家庭和原工作单位环境变化等，绝大部分中国学者来美国访学的目的以"学"、"养"和"迫"为主。

所谓"学"，指的是学习访学所在国和机构的相关学术成果和研究方法。中国学者普遍认为美国在世界学术领域毫无疑问处于领先水平，来这里访学最主要的收获便是学习自己所在学科领域内的先进知识和技术，从而提升自身的科研能力和水平，为回国后的工作发展和职称晋升做准备。"作为大学老师，我们也需要充电，除了教书育人，我们必须保持一种学习的状态，根据目前的大环境和个人情况，我觉得来美国访学还是比较理想的充电途径。"[1] "除了教书育人，大学教师最重要的工作就是从事科研工作，这是我们的责任，同时也是社会对我们的要求，但有时也会遇到瓶颈期，所以我来美国学习一下全球最前沿的知识和技术，寻找自己今后的科研增长点。"[2] "现在美国回去的海归博士特别多，大部分是去国内高校和科研单位，这对于我们这些'土博士'其实压力挺大的，因为他们都是经过美国系统学术训练的，在科研方面至少是研究方法比我们国内学者要先进和规范很多，所以我这次来主要是学习相关学科领域比较前沿的研究方法的。"[3] 虽然这只是众多中国访问学者的几个，但却是典型的缩影和代表，绝大部分中国学者，甚至其所在单位，都将出国访学作为高校教师和科研人员未来发展和提升的重要途径，一些资助项目也对访问学者提出了硬性规定和要求以示督促，例如访学期间必须听几门国际课程并在回国后在原单位开设此类全英文课程[4]；科研方面，访问学者在规定期限内必须撰写若干高质量的学术论文并且在权威期刊上发表等。

所谓"养"，指的是中国学者自身的"休养生息"和对孩子的"国际培养"。除了学习目的之外，很多来自中国的访问学者都将访学看作自己一段绝好的"学术休假"，"国内目前高校竞争激烈，压力挺大的，有机会逃出来修养一年我觉得挺好的，看看书、写写文章，最重要还能享受一下美国的绝好自然环境，调整好了回国才能投入更激励的战斗"[5]；"国内太累了，复杂的人际关系、繁重的教学任务和高强度的科研压力，这里挺好的，远离纷乱修养一年，还能出点成果，虽然经济上

---

[1] 访谈中国某高校语言学副教授（男，36岁），访谈时间：2015-1-28.
[2] 访谈中国某高校生物学副教授（男，35岁），访谈时间：2015-2-1.
[3] 访谈中国某高校新闻传播学副教授（女，37岁），访谈时间：2015-3-22.
[4] 此规定来自中国教育部"教学英才"和"科研英才"的基本要求。
[5] 访谈中国某高校哲学副教授（女，34岁），访谈时间：2015-4-2.

损失比较大，但还是挺值得的"[1]。除了自身"休养生息"，还有很多访问学者将访学当作让孩子接受"国际教育"的绝佳机会，"其实我觉得来这里一年受益最大的是我儿子，在这里读了一年小学，语言进步姑且不谈，他学会了很多在中国不曾接触到的知识，以及从未锻炼过的能力，这对他各方面素质的培养都很有好处"[2]；"说实话，这次出来访学主要是为了孩子，想让她有这么一段国际生活的美好经历，除了语言环境的营造外，更多是希望她能接受一些新理念，扩大国际视野，我觉得这对她将来发展会非常有帮助"[3]。

所谓"迫"，是指中国学者的国际访学行为是被迫实施的。除了"学习"和"培养孩子"这两个主要目的外，还有一些中国学者是为了满足原单位对职称晋升的要求，例如一些高校的政策是无论申请副高或正高职称的人员，必须有 6 个月或以上的国际访学经历。"说实话，我本身不是很想出来，一个是孩子太小走不开，另一个出国一年经济损失太大，国内收入停了不说，这里开销实在太大。但没办法，我们学校评职称就有这个硬性要求，非满足不可，哎，就当投资吧"[4]；"我现在处于职称需要晋升的阶段，必须积累学术成果，但是很多研究在国内开展才有一手的研究材料，来这里只能做做文献部分，听听课什么的，但实在没办法，学校硬性规定，不得不来"[5]。

（三）发挥国际访问学者的中国学术成果对外传播作用：依靠"内外兼修"

本研究通过对访谈结果的数据统计发现，以"学"为目的或者被"迫"访学的中国学者大部分是 40 岁以下的副教授或讲师，他们正处于事业和学术上升期；而以"养"为主要访学目的的中国学者大部分是 40 岁以上的教授，在经历了前期"艰苦奋斗"之后需要给自己放假，并把培养孩子作为下一阶段主要任务。但无论是出于哪种访学目的，整个访谈过程中，几乎没有访问学者主动提及以"传播中国学术成果"为访学目的的，只有个别受访者在被问及"是否在访学期间从事过中国学术对外传播活动"时表示有过一些类似"给美国学生开讲座"、"跟美国教授们开研讨会"

[1] 访谈中国某高校农学学科副教授（女，38 岁），访谈时间：2015-4-22.

[2] 访谈中国某科研机构经济学研究员（女，40 岁），访谈时间：2015-3-18.

[3] 访谈中国某高校计算机学科教授（男，43 岁），访谈时间：2015-2-24.

[4] 访谈中国某高校管理学讲师（男，30 岁），访谈时间：2015-2-17.

[5] 访谈中国某高校社会学讲师（女，32 岁），访谈时间：2015-3-28.

和"参加过两次美国的国际学术会议"等活动。[1] 因此，目前看来通过派出国际访问学者进行中国学术成果对外传播的现状和效果并不是很乐观，本研究认为要想充分发挥国际访问学者对中国学术成果对外传播的作用需要做到"内外兼修"。

国际访问学者作为学术成果推广的人际传播媒介，必须从内心认同自己的这种身份，自觉履行展示和宣传中国哲学社会科学成果的光荣使命（这就是所谓的"内修"），这一过程中拥有副高或者正高职称的中国学者更应该成为传播中国学术成果的中坚力量。然而，从目前的状况看，拥有副高职称的中国学者过分强化了"学习目的"，大部分人从个体角度出发，为了积累成果和职称晋升主要从事向国际学者学习的学术活动；而拥有高级职称的学者则更多采取"自由"态度，以学术休假和培养孩子为目进行一些自主科研工作。其实，这两类访问学者是进行中国哲学社会科学成果对外传播的最佳人选，教授已经拥有大量丰富的学术成果，而副教授为了职称晋升正值科研作品高产期，大量的学术成果都可以作为展示中国学术能力和水平的资源库。因此，拥有较高职称的中国学者应该正视自己的优势和国家使命，访学期间在完成自身学术研究和学习任务之余，抓住和创造一切机会向国际同行或访学所在高校的师生展示近几年中国学术研究的新发展和新成果。

此外，必要的外在压力（也就是所谓的"外修"）也是保障中国学术成果通过国际访问学者成功"走出去"的有力手段，相关单位、机构和访学项目资助部门可以制定系列考核手段或评估机制，帮助中国访问学者在国外访学期间在"内外兼修"的推动下，积极发挥向世界传播中国学术成果的重要作用。例如开设专题讲座介绍自己的最新成果，这既是传播中国学术成果，也是自我提升的锻炼途径；多参与自身学科领域的国际学术会议并宣读论文，很多高水平、高级别的国际学术会议举办地在境外，多参加访学所在地的会议对资金不足的中国学者来说事半功倍，不仅能够推动中国学术成果的对外传播，同时也是对自己科研成果的有效检验；积极主动参加访学所在单位或部门的研讨会，虽然很多国外访学单位对中国访问学者（尤其是哲学社会科学学科的）在工作方面没有硬性规定和特殊要求，但参加国外高校或者研究机构的研讨会，并且经常发表自己的观点一方面可以让国际同行了解中国学术的最新动向，另一方面也有助于激发国际同行对中国问题研究的兴趣从而促进国际学术合作，有关部门对这些活动进行硬性规定并列入考核计划中，将对中国学术

---

[1] 访谈中国访问学者记录汇总，访谈时间：2014.10–2015.4.

成果对外传播起到促进和保障作用。

二、组建跨国学术共同体，积极推进中国哲学社会科学成果对外传播

学术界对"学术共同体"的讨论由来已久，德国学者斐迪南[1]最初提出"共同体"的概念："凡是在人以有机的方式由他们的意志相互结合和相互肯定的地方，总是有这种方式的或那种方式的共同体"，而我国在引进西方经典译著时常常会把"共同体"的概念译作"团体"或"社群"等。遵循这一理论基础和框架，有学者对当代中国大学的学术共同体做了一些阐释，如"大学学术共同体"可以解释为以学术为业的大学教师和学者，基于共同的规范和准则，相互尊重、联系并相互影响，以发展大学的学术为根本追求的目标群体[2]；"高校教师学术共同体"是一个典型的知识密集型团队，因为知识是这一团队的关键性投入和产出；学术共同体的日常运作实质上就是知识资源的投入、共享、整合和创新的过程，其最终成果表现在创新知识的数量和质量上。[3]基于这些定义，无论是"团队"、"社群"还是"共同体"，其核心内涵就是一群志同道合的人出于共同的目标和追求，组成了一个拥有统一理念和行动准则的群体。本研究所定义的"跨国学术共同体"指的是由来自世界各国的学者组成的旨在共同进行相近科学研究的学术群体，团队之间的学术交流从本质上说就是国际学术传播的过程。因此，组建中国哲学社会科学领域的"跨国学术共同体"将对中国哲学社会学科成果对外传播起到积极的推动作用。

（一）积极推进"访问学者"请进来，组建由国际知名学者领衔的"跨国学术共同体"

访问学者是各国学者进行的国际间互访和学术交流活动，因此对于中国高校或科研机构来说既有中国学者走出去，也有国际学者请进来，除了一些常规的访学项目之外，目前国内比较高层次的国际访问学者引进项目有长江学者（国家层面）和东方学者（地方高校）等。

---

[1]　斐迪南·滕尼斯.共同体与社会——纯粹社会学的基本概念 [M].北京：商务印书馆，1999：58-65.

[2]　张玥.大学的内涵式发展——基于学术文化与共同体生成 [J].曲靖师范学院学报，2015（1）：6-9.

[3]　陈搏.高校教师学术共同体的知识创新能力建设研究 [J].高教探索，2014（3）：167-172.

"长江学者奖励计划"[1] 是中华人民共和国教育部与香港李嘉诚基金会为提高中国高等学校学术地位，振兴中国高等教育，于 1998 年共同筹资设立的专项高层次人才计划，该计划包括实行特聘教授岗位制度和长江学者成就奖两项内容。其主要宗旨在于通过特聘教授岗位制度的实施，延揽大批海内外中青年学界精英参与我国高等学校重点学科建设，带动这些重点学科赶超或保持国际先进水平，并在若干年内培养、造就一批具有国际领先水平的学术带头人，以大大提高我国高校在世界范围内的学术地位和竞争实力；上海高校"东方学者"岗位计划于 2007 年年底正式启动，主要资助从海外引进、在上海高校从事学科建设的高水平学科带头人及其团队。[2]上海高校特聘教授（东方学者）岗位计划着眼于上海经济社会发展需求，主要对与高新技术产业密切相关的学科领域进行择优重点资助，以提高上海高校教学质量，形成上海高等学校的学科优势与特色，强调资助工作要为上海社会经济发展服务，促进与上海社会经济发展紧密结合的学科专业的发展。

不管是国家层面还是地方教育机构设立的这些国际访问学者引进项目或计划，其核心宗旨都是引进国际一流学者进入中国各高校和科研机构，带领中国学者，尤其是青年学者从事国际间的学术合作，帮助中国学术尽快与国际接轨，从而提高中国学术的国际地位乃至提升中国的国家软实力。除此之外，本研究认为，这类国际访问学者引进计划或项目，我们还可以从另外一个角度去挖掘和拓展其功能，那就是组建由国外知名学者或教授领衔的"跨国学术共同体"。参与的中国学者在学习世界一流学术科研最新成果和研究方法的同时，还可以通过共同体间的学术交流和科研合作，积极向世界推介中国已获得的学术成果。

这种学术对外传播方式的优势在于，首先，中国学者在科研经费并不充裕的情况下可以不出国门，向本学科国际知名教授推荐自己的学术成果，而这些国际访问学者可以作为二级传播者把这些成果推广至世界范围内。其次，这类计划或项目是通过支付经济报酬来聘请一些国际知名学者或教授的，因此都有岗位对应的要求和工作规划。作为被引进或聘请的国外专家或学者，他们也会因为取得了经济报酬而

---

[1] 百度百科: http://baike.baidu.com/link?url=c9OjBwVD0sRZVDtLpnEiCNK301BRpWM5kRrw-QvzePO2tT1TaVO4nViNPEFcFT9FAxFqd0Qr1LstQRAXO53lFc9CI11r1GYdPaZeyGIknROO1lxbJehn2t5ntluZXOAWUcho4IiiZ3iQxOU-opSvSvUbmi-b-qmGZBjO3PTG_yXYscdC0RRaRjviF7l32uzP，2015-4-30.

[2] 资料来源：http://www.edu.cn/html/t/dfxz2008/，2015-4-30.

自觉、认真完成相应任务，积极主动地组建"跨国学术共同体"，组织和参与各类学术交流活动，并且对中国已有科研成果和团队成员的学术论文表现出较高的兴趣。最后，经由此类项目或计划组建的"跨国学术共同体"，其科研合作大部分以中外结合的选题为主，例如一些比较研究和区域国别研究等。这类选题集中了中外最热点的研究问题和丰富的研究资源，在学术成果国际传播过程中更能引起国际学术界的关注和兴趣，这将大大增强中国学术成果对外传播的效果。

（二）积极发挥国际华人学者在"跨国学术共同体"中学术对外传播的中坚作用

所谓"国际华人学者"，指的是在国外高校或科研机构从事学术研究工作，并且已经取得一定学术职称的华裔学者，这类华人学者大都拥有国外一流大学的博士学位，并且由于文化亲近性在从事中国问题研究方面已经取得了相应的学术成就。

国际华人学者之所以可以成为"跨国学术共同体"中推动中国学术成果对外传播的中坚力量，源于以下三方面的原因。

首先，目前中国各项人才引进计划或项目都向华人学者敞开了大门，各大高校或科研机构也非常欢迎他们成为兼职或特聘教授，因此华人学者有更多的机会与国内学者组建"跨国学术共同体"，进行长期的学术科研合作。例如，上海外国语大学在 2013 年聘请了圣地亚哥州立大学教育技术与传媒系王敏娟教授，她先后获得北京大学学士学位、美国宾夕法尼亚州立大学硕士（比较文学）、美国密苏里大学博士学位（信息科学与教育技术）。王教授在 2014 年组建了"移动学习与语言教学"的学术团队，计划开展一个大型的移动学习语言教学研发项目，探索移动学习在语言教学中的使用模式。该团队定期召开学术研讨会，交流各位团员的研究心得和学术成果，并且在王教授的带领下积极参加各国举办的国际学术会议。

其次，国际华人学者比纯粹的国际学者更了解中国，更知晓中国学术水平的国际现状，他们知道如何帮助中国学者更快与国际接轨，"其实很多美国教授并不知道我们中国学者需要什么，所以在进行合作的过程中并不是很容易找到契合点，而华人学者在这方面比较有优势，他们既熟悉美国的学术圈，又知道中国的情况，因此可以帮助中国学者尽快找到进入国际学术领域的途径，帮助中国学术成果在国际范围内得以展示"[1]；"中国的学术系统跟外国不同，有些外国学者可能无法正确理

---

[1]　访谈美国高校华人教授（男，终身教授），访谈时间：2015-4-11.

解中国的某些学术成果，但是华人学者在这方面比较有优势，他们可以起到很好的中间推荐和阐释作用"[1]。

最后，国际华人学者虽然大部分已经拥有了外国身份，但"我是中国人"的身份认同仍然是他们挥之不去的民族情结，他们非常希望有机会为祖国贡献一份力量，为中国学术提高国际地位出谋划策。以"国际中华传播学会"为例，Chinese Communication Association 于 1989 年在美国创办，致力于传播多元的研究思想、研究方法，服务全球传播界的华人学者。该学会成立 20 多年来，在全世界已有 200 多名会员，包括加拿大、新加坡以及台湾、香港、澳门地区等，会员中担任美国或者国际最有影响期刊主编的有两位，副主编的有 8 位，编委有十几个。CCA 中大部分成员都是世界各地的华人学者，他们除了致力于国际传播学领域的学术研究之外，每年都会组织各类国际学术活动，学会中的国际华人学者也频繁与中国传播学学者进行科研合作，组建"跨国学术共同体"，这些都为中国与世界架起了学术沟通的桥梁，他们在向中国介绍世界传播学前沿成果的同时，也在大力推进中国传播学学术成果的对外传播。

（三）"跨国学术共同体"中学术对外传播的中国价值坚守

虽然"跨国学术共同体"可以帮助中国学术成果对外传播更加有效开展，但在真正实施和推进过程中，中国学术界和中国学者不能仅仅为了追求自我提升而急功近利、盲目崇外，也不能为了获得国际关注而轻易丧失价值底线。因此，在构建"跨国学术共同体"和推进中国学术成果对外传播的过程中，中国价值的坚守与中国学术"走出去"同样重要。

一个好的学术共同体不仅是一个知识共同体，也是一个知识人追求真理、尊重学术规范的价值共同体，同时它还应该是一个知识同行交流思想、代际传承的情感共同体。[2]"跨国学术共同体"在这方面面临的是在团队成员跨文化背景下生发出的价值观差异，因此共同体中的中国学者在学习国外一流科学知识和学术研究方法的同时，还要积极传播中国学术成果、树立中国学术大国形象，更要有坚持中国主流意识形态领导的历史使命感和中国理论、文化及价值自觉与自信。理论文化的"自觉"包括对自我文化特质的把握、建构和自信，也包括对中国文化在国际格局中地位和

---

[1] 访谈美国高校华人教授（女，副教授），访谈时间：2015-3-21.

[2] 金志军，唐忠毛.学术共同体的构建与学术权力的平衡——"哲社综合性学报建设的困境与机遇"主编高峰论坛述评 [J].华东师范大学学报（哲学社会科学版），2014（6）：146-148.

竞争影响力的清醒把握。有学者强调要注重用中国的话语范式研究看待中国文化，不用言必称西方，要和世界文化沟通对话，但不应迷失自我文化。[1] 任何一个国家，想要发展并在世界舞台上占有一席之地，都必须建立自己的理论话语体系，中国要走适合自己的发展道路，就要构建并坚守自己的理论基础和价值信念。

中国学者在"跨国学术共同体"的学术交流和科研合作中可能会遇到"文化帝国主义"直接或间接的"压迫"，从学术语言到学术规范，从科研评价标准到国际学术期刊的主办国等，无不透露着以美国为首的西方文化霸权，即使是关系不错的学术共同体成员之间，西方的学者教授们也常常以世界前沿学术引领者自居。"我有一次与英国某高校教授谈论合作的论文，主题为中国的电影工业如何在全球电影产业强势传播的背景下自我突破和发展，那位教授居然说，你们中国电影根本抵挡不住以美国为首的电影全球化传播影响，因此甚至谈不上工业发展"[2]，如此傲慢的观点不知道是这位英国教授不懂中国，还是从骨子里散发出的西方文化霸权腐朽气息。事实上，中国改革开放的持续发展使社会经济结构和阶层发生了深刻变迁，全球化背景也使各种理论、文化的交流或碰撞更加活跃，中国社会各界思想观念也发生了多样变化，涌现出各种理论和思潮。社会理论有价值属性，因此中国理论建构中不仅要张扬中华民族文化的特色和优秀传统价值，还要凸显社会主义道路的价值主张。[3] 这些都是中国学术最新成果，理应在"跨国学术共同体"的各类活动中得到最大限度的国际传播和全球扩散，而在此过程中，中国学者尤其是哲学社会科学领域的学者应该对人文社会科学理论研究中的价值问题做多元思考和各方辩证，在吸取西方乃至世界普适性学术科研经验的基础上，积极构建中国特色的价值主张和理论体系，并使之通过"跨国学术共同体"向世界传播，这是具有国家责任感的中国学者理应的中国价值坚守。

第三节　打破传统学术传播生态圈：利用全球学术社交网站传播中国学术成果

在传统的学术文献传播模式和主流渠道中，学术期刊和学术出版机构承担了主

[1] 葛晨虹.学术共同体的理论责任与价值自觉 [J].中国高教研究，2013（4）：21-25.

[2] 访谈国内某高校青年学者（男，讲师），访谈时间：2015-1-30.

[3] 葛晨虹.学术共同体的理论责任与价值自觉 [J].中国高教研究，2013（4）：21-25.

要的核心角色，它们即作为学术文献传播的质量把关人，即同行评议、编辑审稿修改等，又是渠道传播的执行者，如印刷出版、组织推广等。虽然这些学术传播主流渠道的核心地位依然如故，但随着互联网时代的到来和网络新技术的日新月异，传统的学术传播生态圈被打破，原有的学术传播格局也悄然发生了变化。原有学术传播模式中存在的问题阻碍了世界学术信息交流的进一步发展和繁荣，例如无论是学术论文还是学术专著，复杂的审稿和修改流程大大延长了学术交流的周期，从而使得一些时效性较强的学术成果失去了原有的价值；而"僧多粥少"的版面资源限制等现实问题也导致很多学术成果无法在学术圈得以流通和传播；虽然传统学术文献出版从纸质媒介发展到了学术资源开放数据库，但是单向传播方式阻碍了学者之间的互动和交流，而这些问题在互联网技术的介入和社交网站兴起的影响下得到了一定程度的缓解。

一、学术社交网站功能：传统学术传播的有效增益

在线社交网络所倡导的用户创造内容、社会化、平等、交互、去中心化与学术交流的本质要求高度重合。正如一些学者所指出的"在技术的影响下，一个社会与技术互动的非正式学术社交网络业已形成"，"Web 2.0再次改变了非正式学术信息交流系统，使得非正式学术交流更广泛、更易获"。[1] 学术社交网站正是在这样的背景下应运而生的，它是以全球学者、科研人员和学生等从事学术活动的人群为目标受众，以各领域内的科学知识和学术研究成果为传播内容的在线学术交流平台，依据社交网站的传播特性和传播优势，其对传统学术传播渠道有以下四方面的有效增益。

首先，社交媒体有着很强的即时性，对于所有学者用户来说，只要能够接入互联网就能第一时间获得学术社交网站上所有信息和内容，同时也能以最快的速度上传自己的最新研究成果，与全球同行学者分享。无论是学者互动、交换学术观点、点评学术作品，还是科学知识求助，学术社交网站都能为用户提供最快最便捷的使用服务，这也有效缓解了传统学术出版因严格的评审机制和复杂的出版流程而导致的学术成果传播滞后等问题。

其次，学术社交网站相较于各大国际学术期刊和学术出版机构，其准入标准相

---

[1] 许洁.学术社交网站对学术出版的影响初探[J].出版发行研究，2014（3）：48-52.

对较低，一般来说，只要拥有正规学校或学术机构成员身份和 email 地址证明的用户均可注册登录。而目前世界知名的开放获取学术数据库都属于收费平台，虽然目前很多国内高校和科研机构已经开始购买这些数据库的部分学术服务，但与国外学术圈相比，中国学者在资源获取方面处于严重劣势。因此，学术社交网站的"低门槛"这一特点使得各国学者和研究人员都有公平的机会在全球性的学术平台上获取最优质的资源和展示自己的最新成果，大大拓展了原有学术成果传播的范围和内容。

再次，学术社交网站拥有社交媒体所独有的自媒体特性，其用户创造内容的方式和及时获得同行有效反馈及评价等特点也给予了注册学者极大的学术研究积极性。原本只能得到学术期刊"刊发"或"不刊发"两种反馈的学术研究者，如今可以在学术社交网站上发布自己的最新力作，并且可以得到相关领域同行及时、中肯的评价，其中正面评价可以增强学者的创作欲望，激烈学者"再创佳绩"；客观建议可以帮助内容发布者修改和完善学术作品，继而在较为严格的学术传播渠道——国际学术期刊中流通。

最后，社交媒体超越了虚拟与现实空间的间隔，帮助用户完成线上和线下的双重交往行为融合。因此，学术社交网站可以使学者摆脱只能对着冷冰冰的学术出版物的单向传播方式，在线上网络空间与各国同行展开积极互动的同时，将学术交流和科研合作等行为延展到线下，从而拓展了人际传播渠道和学术资源网络。

二、学术社交网站发展现状：以 Research Gate（研究之门）为例

随着世界范围内大众型社交网站的蓬勃发展，近年来，以 Academia 和 Research Gate 等为代表的专门针对学术与科研工作者的"小众"型社交网站也展露了迅猛发展的势头。作为一种创新的国际学术传播和交流平台，学术与科研型社交网络对传统科研方式、科研合作方法、科研成果发布模式和科研人员互动交流形式等都产生了巨大的影响。如果说早期的学术交流网站侧重于"学术性"，那么在 2008 年左右迅速兴起的学术与科研社交网站则更注重于交流平台的"开放性"及"学术社交"功能。无论是在用户数量，还是在平台功能等方面，此类学术与科研社交网站都实现了较大突破，更好地满足了其针对特定群体的工作与交流需求。这类网站以 Academia，Research Gate，Mendeley 等为代表，它们各有特色与所长，均由科研工作者在学习、

工作过程中根据实际科研与交流需要创办成立[1]，本研究选取 Research Gate 作为分析案例，对此类平台进行考察。

　　Research Gate 是一个社交网络服务网站，于 2008 年 5 月上线。该网站是针对科学研究者和专家学者提供的一个研究分享平台，旨在推动全球范围内的科学合作，用户可以联系同行，了解研究动态，分享科研方法以及交流想法。研究人员可以注册该网站而免费分享全球各个领域尖端科学专家学者最新科研成果和学术著作，并且能够按照他们的意愿迅速扩大整个研究领域对自己的研究成果的关注。2010 年 4 月"研究之门"已有 2 000 多个科学小组，截至 2012 年 2 月，这个虚拟学术社区已拥有来自全球 192 个国家和地区的 140 万名注册会员，共有 20 多个分类社区，其中最大的医学社区有 35 万注册用户。[2]

　　在"研究之门"里，科学家和学者们可以分享研究成果、学术著作，以及参加一些科研论坛或兴趣小组，一些需要向社会公布的科研项目或成果也可以提前在社区里宣布，让大家讨论并提出建议等。另外，一些科研组织和学术会议，例如德国马克思—普郎克研究会也使用"研究之门"服务的虚拟会场来讨论专业问题或研究细节。此网站提供的应用程序包括文件共享、微博通讯、科研论坛、建立和加入科学小组等功能，其图书资料平台主要功能是为用户搜取论文的语义检索引擎 SASE，平台索引含有八大数据库的登记，包括 Pubmed、Citeseer、Arxiv 和 Nasa Library，总共包含约 3 500 万个登记。2009 年起 Research Gate 开始提供开放存取科学论文的基础设施，科研人员可以使用借由开放存取自存档上载文件功能以便分享已经出版的论文给学术界。[3]

　　"研究之门"采取严格的注册资格审核制度，新用户想要成功进入该网站，必须使用被认可的正规高校或科研机构邮箱地址进行注册，这种"准入制度"不仅为这一类学术社交网站进行了人员学术能力方面的质量和资格把关，保障了内部资源的学术性和权威性，同时也可以帮助该学术虚拟社区成员建构其集体身份认同。网

[1] 陈亮.新型国际人才交流平台——学术与科研社交网络的兴起，千人杂志：http://www.1000thinktank.com/cykj/1475.jhtml，2015-4-18.

[2] 资料来源：百度百科，http://baike.baidu.com/link?url=o7neGe9-fihWhEqyMWZk23LUsr6U4wrLjPJmynocZlJdRO4O-Zl79G660pYJKnrmOmK2kYoPvuvm_zs1afK1Rq，2015-4-26.

[3] 资料来源：维基百科，http://www.baidu.com/s?ie=utf-8&f=8&rsv_bp=1&rsv_idx=1&tn=baidu&wd=researchgate&rsv_pq=d2017c8500002c58&rsv_t=8a5fRypWgM13dX4FRnu3m2DjHNtP7bD%2FolOv8fGx2cOzicO3YPARxnfBajY&rsv_enter=0&oq=research%20inputT=1708，2015-4-27.

站首页导航内容主要分为"提问和回答"、"发表"、"工作"、"搜索"和"个人空间"等，注册用户可以在该网站发布自己的最新研究动态、就某一研究领域的问题进行提问并获取同行答案、搜索相关领域的专家学者并成为其粉丝对他进行关注、发送站内信息以获得人际沟通、建设个人空间等，这一切都与一般的社交网站，如 Facebook、人人网和开心网类似。例如，一位在德国卡尔斯鲁厄尔工作的病毒专家在"研究之门"网站上寻找一种标定分裂细胞 DNA（脱氧核糖核酸）颜色的方法，他在 24 小时内就获得了巴西细胞生物学家、印度生物化学家、澳大利亚癌症专家和土耳其分子基因学专家的答复。[1] 另外，和 Facebook 一样，在"研究之门"网站上与网友建立联系后，用户可自动获取网友在网上发表的论文和其他信息。

新用户在注册过程中需根据自身所属学科和兴趣选择相应的学科社区和研究领域，成功注册会员之后系统将根据分类自动推送一些相对应学科的学术信息和资源，如在"提问和回答"单元，会员可以根据所选领域进行提问和回答，也可以根据自身兴趣关注其他会员的提问和回答情况；在"发表"单元中，系统会自动推送符合会员学科分类的其他成员上传的最新论文和研究成果，会员均可下载、关注和分享这些学术资源；在"工作"单元中，网站也会根据会员的学科归属将"你可能感兴趣"的工作机会推送到网页上，而这些工作也都与科学研究相关，同时会员也可以借助该网站发布自己所在科研单位的招聘信息。此外，"研究之门"中还有一个比较重要的单元就是会员个人学术空间，其主要内容有"总体概况"、"个人著作"、"领域信息"、"数据统计"和"学术评分"。"研究之门"的这些内容和网站功能为全球的科研人员搭建了一个专业性强、学科多元、学术权威、资源丰富、沟通便捷和广泛交友的虚拟学术社区，很多科研人员从中获益良多。

三、积极发挥全球学术社交网站的创新功能，推进中国哲学社会科学成果走出去

如果说国际学术期刊严格甚至苛刻的审核要求让很多中国学者望而却步，又或者说高昂的国际学术会议参会开销让中国学者止步国门，那么全球性的学术社交网站则为中国学者提供了一个"开放获取"、"免费的"和"社交的"虚拟学术社区

---

[1] 资料来源：豆瓣，http://www.baidu.com/s?ie=utf-8&f=8&rsv_bp=1&rsv_idx=1&tn=baidu&wd=researchgate&rsv_pq=d2017c8500002c58&rsv_t=8a5fRypWgM13dX4FRnu3m2DjHNtP7bD%2FolOv8fGx2cOzicO3YPARxnfBajY&rsv_enter=0&oq=research%20&inputT=1708，2015-4-26.

和学术传播平台。然而，本研究通过考察目前全球比较成熟和人气高的几个学术社交网站后发现，此类学术社区中自然科学领域社区和注册科研人员要远远多于人文社会科学的，各大社交网站注册的中国会员也主要以自然科学领域学者为主。本研究认为中国哲学社会科学领域的学者也可以积极利用此类学术社交网站，在获取世界优质学术资源的同时，努力把中国学术成果推广至世界。

全球性学术社交网站对于中国哲学社会科学领域学者的准入门槛除了正规研究机构身份认证之外，主要还是设在语言层面，英语仍然是此类社交平台的主要学术和交流语言。"在这个网站里交流都要用英语，挺费脑子的，而且会花费很多时间。"[1] "文科不像理工科都是知识性的内容，很多是思想观点和意见建议之类的问题，所以用英语表达不太容易，沟通效果未必好，从个人角度来说收获也不一定大。"[2]看来，语言问题似乎成为中国哲学社会科学领域学者较少参与此类学术社交网站的主要原因，但如果从另外一个角度看待这一问题会发现，这恰恰是提高中国学者国际学术语言能力的好机会。通过与各国学者之间的互动和交流，中国学者可以慢慢熟悉和掌握如何运用英语进行学术研究和语言表达，这对撰写英语学术论文也会大有帮助。

此外，中国学者还可以将自己在哲学社会科学领域的最新研究论文或科研报告上传至学术社交网站，这样可以让更多的同行学者通过全球性的学术社交平台发现和关注中国的最新研究。尤其是那些还没有正式发表的学术成果，由于一些原因无法被国际学术圈关注，但它们确实也体现了中国哲学社会科学的最新研究现状和发展，社交网络便可以帮助这些成果在更大范围内被同行关注，有时还可以获得专业点评和意见反馈，这些除了可以推进中国哲学社会科学成果对外传播，还能提高学者们的国际学术研究能力，帮助他们尽快与国际接轨。

最后，中国学者除了在学术社交网站上进行日常的人际交往、学术资源获取和学术成果上传这些常规活动之外，还可以主动开设一些论坛或讨论区，就一些热门、前沿的中国话题或研究对象展开全球范围内的大讨论，吸引世界各国的同行学者了解和关注中国，吸引他们也从事相关研究，甚至促成国际学术合作。除了个人行为，中国高校或研究机构也可以学习德国马克思—普郎克研究会，尝试使用"研究之门"服务的虚拟会场组织全球中国问题研究的"国际学术会议"，在网络空间掀起中国专题学术合作和成果交流的热潮，这将大大推进中国哲学社会科学成果的全球传播。

---

[1] 访谈国内某高校管理学教授（男，45岁），访谈时间：2015-3-23.

[2] 访谈国内某高校管理学教授（男，45岁），访谈时间：2015-3-23.